Richard F. Stratton

Die Wahrheit über den American Pit Bull Terrier

Titelfoto: *Pit Bull Terrier Champion Gideon.*
Foto Buchrücken: *Pit Bull Susie.*

Umschlaggestaltung: Herbert Wolter

© Copyright T.F.H. Publications, Inc, Neptune City, USA
Titel Originalausgabe: The Truth about the American Pit Bull Terrier

Deutsche Übersetzung: Helga und Dr. Dieter Fleig.

© Copyright deutschsprachige Ausgabe 1995
Kynos Verlag Dr. Dieter Fleig GmbH, Am Remelsbach 30, D-54570 Mürlenbach/Eifel
Telefon: 06594/653 - Telefax 06594/452

Gesamtherstellung: Dr. Cantz'sche Druckerei, Senefelder Str. 12, 73760 Ostfildern

ISBN-Nr. 3-929545-23-3

Richard F. Stratton

Die Wahrheit über den American Pit Bull Terrier

Kynos Verlag - Mürlenbach

American Pit Bull Hündin mit ihren Welpen. Besitzer: Pet Barbers/Eric Rosenstein. Foto: *Isabelle Français.*

INHALTSVERZEICHNIS

American Pit Bull Terrier, Besitzer: Lynn Fergeson. Foto: *Isabelle Français.*

ZUM GELEIT

»Ham Se wat über de Pit?« In den letzten Jahren wurde mir diese Frage immer häufiger gestellt, Jahr für Jahr einige hundert mal. Die Antwort lautete stets: »Pits sind gar keine echte Hunderasse, die in unseren kontinentalen Ländern planmäßig gezüchtet wird. Da gibt es eine Reihe von Spinnern, die mischen da alles zusammen, was beißt, ganz gleich wie die Hunde aussehen. Die einzelnen Kreuzungen werden von kranken Geistern zusammengestellt - Ziel - Erfolg im Hundekampf! Und wir als seriöser Verlag sind nicht in der Lage, solche Perversionen auch noch durch Fachbücher zu fördern.«

Die Repräsentanten des europäischen Hundewesens haben über Jahre planmäßig versucht, die Medienkampagne gegen »Kampfhunde« auf den »Pit Bull« abzuleiten, ihm möglichst alle Unfälle unterzujubeln. Natürlich störten dabei die amtlichen oder halbamtlichen Statistiken von Behörden oder Unfallversicherungen, aus denen man eigentlich messerscharf ableiten konnte, daß Pit Bulls an Unfällen nahezu unbeteiligt waren. Auch die unter dem Begriff Kampfhunde zusammengefaßten Rassen blieben weitgehend unauffällig, während durchaus die anerkannten Diensthunderassen - schon ihrer großen Popularität wegen - auf der Statistik weit vorne zu finden waren, übrigens gemeinsam mit den Mischlingen, die ja in der öffentlichen Meinung heute weit oben angesiedelt sind - »ein Lob dem Bastardl«.

Tatsache ist, die überragende Publizität, die der Pit Bull in dem Medienrummel über gefährliche Hunde gefunden hat, ist unangemessen, - noch - unverdient.

Eine Rechnung ist nicht aufgegangen - den Pit Bull als so eine Art »Bauernopfer« preiszugeben - Beispiel Holland - den Behörden und Parlamenten zu suggerieren, daß wenn erst einmal Pit Bulls kastriert und mit Zuchtverbot belegt werden, das Problem von Unfällen mit Hunden gelöst sei. Schnell zeigte sich - mit dem Essen erwacht erst der Appetit - Ministerien, Parlamentarier, Behörden und die Medien warfen alle Kampfhunde in einen Topf. Welche Rasse in den einzelnen Landesgesetzen namentlich aufgeführt wurde, war keine Frage der ihr angelasteten Unfallhäufigkeit, mehr des zufälligen Informationsstandes der Ministerien oder Parlamentarier. Man erließ Verordnungen, machte Gesetze, damit hatte man ja seinen Wählern gegenüber etwas getan, konnte stolz verkündigen, daß man jetzt die gefährlichen Hunde an die Kette gelegt habe.

»Kampfhundesteuern« wie »Zuchtverbote« und »Leinen- und Maulkorbzwang« beschäftigen heute zu Recht viele Gerichte - bis hinauf zum Bundesverfassungsgericht. Auf den Richtertischen liegen die Gutachten international anerkannter Verhaltensforscher, die unterschiedslos herausstellen, daß mit Sicherheit die Zugehörigkeit zu einer bestimmten Rassegruppe keine klaren Hinweise enthält, daß eine einzelne Hunderasse gefährlich wäre. Für die Hundebesitzer bedeutet die Verordnungslawine eine ganz wesentliche Beeinträchtigung ihrer eigenen Lebensqualität. Was bei den Pits angefangen hat, bedroht heute mit Sicherheit mehr als ein Drittel unserer Hundepopulation und ihre Besitzer.

Wenn fehlendes Wissen und Medienhetze den Lebensraum der Menschen und ihrer Hunde so einschneidend eindämmen, ist es allerhöchste Zeit, daß substantiiertes Wissen vermittelt wird. Dies ist Aufgabe der Spezialisten, Rassekenner und der Medien - zu denen ja auch Verlage gehören. Besonders auffällig bei allen meinen Gesprächen, alle Anfragen »Ham Se wat über de Pit?« waren auf konkrete Informationen ausgerichtet. Unterhaltungen mit den »Pit-Besitzern« dokumentierten krasses Unwissen, viele waren skrupellosen Geschäftemachern zum Opfer gefallen. Leider ließ sich solch fehlendes Wissen durchaus auch bei Gesprächen feststellen, die wir mit der Ministerialbürokratie mehrerer Bundesländer führten. Fehlendes Fachwissen war Ausgangspunkt von Sachverständigengutachten, die ich im Auftrage von Gerichten wie Versicherungen erstellen mußte, um hundliches Verhalten verständlich zu machen. Dies alles führte letztendlich zu der verlegerischen Entscheidung, das Buch von Richard F. Stratton »The Truth about The American Pit Bull Terrier« ins Deutsche zu übertragen und zu veröffentlichen.

Es gibt berühmte Philosophen, die sich lange den Kopf darüber zerbrochen haben, was die »absolute Wahrheit«, die »reine Wahrheit« oder die »relative Wahrheit« sei. Diese Überlegungen gehen dann so weit, daß kluge Leute behaupten, die Wahrheit liege immer im Auge des Betrachters! Richard F. Stratton ist mit der »Pit« zutiefst verbunden, dies hat maßgebend sein Leben geprägt. Wen wundert es, daß er für die Pits eine Lanze bricht, sich mit ihrer Rassegeschichte und den dahinter stehenden Ideologien voll identifiziert? Und - er ist ein sehr geschickter Anwalt des Pits!

Besonders wichtig für die Freunde des Pits sind alle die Fakten, die Stratton's Buch aufzeigt. Faszinierend ist die Beziehung zwischen dem »Pit-Dog« und dem »Pit-Man«, für Psychologen, Kynologen wie Verhaltensforscher. Aber auch unsere Politiker sollten sich das Ganze einmal näher ansehen und überlegen, was alles in unserer Welt verändert werden muß, um Menschen nicht in die Isolation zu treiben.

In meinen zwei Kampfhundebüchern habe ich recht klar nachgewiesen, wie soziale Stellung, persönlicher Frust, Lebensangst, fehlende Anerkennung der Umwelt zu Aggressionen führt, die seit den römischen Gladiatorenkämpfen immer wieder in von der Obrigkeit tolerierten Volksbelustigungen ein Ventil fanden. Selbst Ausgang des 20. Jahrhunderts stoßen wir noch immer auf Stierkämpfe, Hahnenkämpfe, Hundekämpfe, Sportveranstaltungen, bei denen zuweilen die Hooligans die Sportfreunde zur Verzweiflung treiben. Wer will es leugnen, daß Laschheit in der Erziehung, Arbeitslosigkeit, fehlende Aufstiegschancen und Langeweile Fanatismus auslösen, der sich in unserer Zeit durchaus nicht nur in perversen Tierkämpfen manifestiert?

Positiv an der »Stratton'schen Wahrheit« empfinde ich, mit welcher Klarheit er herausarbeitet, daß die beim Pit Bull auftretende Aggressivität gegenüber Tieren in aller Regel von *extremer Freundlichkeit uns Menschen gegenüber* begleitet ist. Diese Aussage gilt für alle Kampfhunde! Ihr früherer »Beruf«, die Aufgaben, für die sie einmal gezüchtet wurden, machte Menschenfreundlichkeit zu einer zwingenden Notwendigkeit. Aggressive Hunde wurden ausgemerzt - zumindest in der Zucht.

Sehr bedenklich ist die von Stratton aufgezeigte extreme weltweite Nachfrage nach Pits, die - ausgelöst von viel zu hohen Preisen - zweifelhafte Vermehrer in die Rasse brachte. Noch mehr Sorge bereitet, daß zu viele Pits in die falschen Hände kommen. Matchos, Halbwelt und Drogenabhängige sind mit Sicherheit nicht die Hundehalter, denen man guten Gewissens solche Hunde in die Hand geben sollte. Noch schlimmer - gezieltes Umleiten des Aggressionsverhaltens vom Tier auf den Menschen durch skrupellose Hundedressur! In einer eindrucksstarken Sendung hat das Deutsche Fernsehen nachgewiesen: *Die Bestie ist der Mensch!*

Und genau hier liegt der Ansatzpunkt für Polizei, Staatsanwaltschaft und Gericht. Kein vernünftiger Hundehalter wird leugnen, daß die Öffentlichkeit vor *gefährlichen Hunden* geschützt werden muß. Diese Darstellung ist aber schief - in Wirklichkeit geht es um *Schutz vor gefährlichen Menschen!* Wer wie ich als Gerichtssachverständiger erleben mußte, wie lächerlich niedrig der Strafantrag des Staatsanwalts bei klar grob fahrlässigem, ja vermutlich vorsätzlichem Fehlverhalten von Hundebesitzern bleibt, daß noch nicht einmal ein *Hundehaltungsverbot* beantragt wird, dem geht es weniger um neue Gesetze, vielmehr um sinnvolle Anwendung bestehender Gesetze durch Polizei wie Gerichte. Was neue Gesetze angeht, das Land Nordrhein-Westfalen hat zum 1. Januar 1995 eine »Verordnung über Zucht, Ausbildung und Halten gefährlicher Hunde« erlassen, die keinerlei Rassen diskriminiert, von allen vernünftigen Hundebesitzern wie auch dem Tierschutz mit Sicherheit als richtungsweisend anerkannt wird.

Abschließend leider - noch ein sehr nachdrückliches Fragezeichen zu »Stratton's Wahrheit«. Fehlendes Sozialverhalten steht im krassen Widerspruch zur Psyche des Hundes! Der Hund ist ein auf soziales Zusammenleben in Rudelgemeinschaften ausgerichtetes Lebewesen. Soziale Isolierung gehört zu den schlimmsten, tierquälerischen Grausamkeiten, die man einem Hund überhaupt zufügen kann. Dies gilt auch für die Kettenhaltung von Hunden! Der für den Hundekampf über züchterisches Ausleseverfahren dem Pit Bull angezüchtete zerstörerische Kampftrieb ist eine unentschuldbare Fehlsteuerung. Wenn der Pit nur durch den Hundekampf in seiner Einmaligkeit des Charakters erhalten werden kann, dann *muß* er aussterben!

Wie schon im Buch ausführlich dargestellt - *der Zweck heiligt nicht alle Mittel!* Im übrigen bin ich der Auffassung, daß das ganze Wortgetöse um die Rechtfertigung des Hundekampfes nichts anderes ist als mangelndes genetisches Wissen, fehlende züchterische Vorstellungskraft, auf welch andere Weise die Wesensfestigkeit eines Hundes überprüft werden kann. Wir brauchen ganz einfach in heutiger Zeit keine vierbeinigen Piranhas im Hundefell!

Ulrich Klever, der renommierte Hundekenner, schrieb einmal im Geleitwort zu meinem Buch *Kampfhunde I* unter »die Blutspur!«: »Kampfeslust und Todesmut, das sind die Eigenschaften, die wir hierzulande bei den Kampfhunderassen schätzen. Deshalb werden Erzählungen aus ihrer Geschichte glorifiziert und wird immer wieder nach Hunden von bedingungsloser Schärfe und Wildheit gefragt. Dabei sind diese Gedanken vom richtigen Mann und seinem tapferen Hund doch nur romantische Phantasien, denn wer kann und will schon im modernen Alltag mit einem Hund zusammenleben, der eine Blutspur hinter sich läßt, wo auch immer er auf andere (Gegner) trifft? Dieser Traum vom treuen, vierbeinigen Tod als Begleiter geistert durch viele Männerköpfe!«

Zum Schluß - uneingeschränkt - der Pit Bull - wie er in Stratton's Buch dokumentiert wird, ist wirklich beeindruckend, kein Hund für jedermann, bestimmt aber für manchen Hundefreund durchaus ein Traum. Das ändert aber überhaupt nichts daran - alle Staatsmacht gegen Hundekämpfe - sie sind eine abscheuliche Perversion hundlichen wie menschlichen Verhaltens, haben keinerlei moralische Daseinsberechtigung!

Möge dieses Buch dem Pit Bull Terrier mehr Gerechtigkeit bringen, allen seinen Freunden den Umgang mit diesem großartigen Hund erleichtern!

Mürlenbach, 25. Februar 1995   Dr. Dieter Fleig

WIDMUNG

Ich widme dieses Buch meinen drei Schwestern
~ Louise, Claudia und Marie ~
die immer einen
älteren ~ und klügeren! ~
Bruder zu ertragen wußten.

Vis-a-vis: *Sandy Musgrove mit Susi, einer Inzesttochter von Heinzl's Cowboy Bob.*

EINLEITUNG

Dies ist mein viertes Buch über den American Pit Bull Terrier. Alle Leser werden sich wundern, wie man über eine Hunderasse überhaupt vier Bücher schreiben kann. Schließlich fragte ein Freund, als er vor vielen Jahren hörte, daß ich mein zweites Buch schrieb: »Was in aller Welt hast Du noch darüber zu schreiben? Du hast doch bereits *alles* im ersten Buch ausführlich dargestellt!«

Aber der American Pit Bull Terrier, für alle jene, die ihn am besten kennen, ist er mehr der »Bulldog« und für sie alle ist er bestimmt nicht nur einfach eine weitere Hunderasse. Ich selbst könnte *Bände über ihn* schreiben! Und dabei fehlte mir nie ein Thema, um es zu diskutieren, in Frage zu stellen oder einfach eine Debatte oder ein Gespräch unter den vielen Anhängern der Rasse auszulösen. Wenn Du diese Seiten liest, wirst Du schnell erkennen, daß ich unter Druck stehe, all das zu schreiben, was ich zu sagen habe. Mir liegt sehr daran, daß meine Leser wirklich verstehen, was ich mitteilen will. Dabei möchte ich aber einzelne Punkte nicht überbetonen, und ich habe zu wenig Geduld mit all jenen, die überhaupt nichts von der Rasse wissen, sie aber nur zu gerne angreifen. Anders ausgedrückt, ich habe eine starke gefühlsmäßige Bindung zu dieser Hunderasse und bin niedergeschlagen, wenn ich einige der völlig krankhaften Presseberichte über sie lese. Alle meine Nerven sind jedoch bei den seltenen Gelegenheiten angespannt, wenn irgendwo die Rasse so gezeigt wird, wie sie wirklich ist - als ein wahrhaft wunderbares und bemerkenswertes Tier.

Es liegt noch nicht lange zurück, da brachte ich Hoover, einen meiner Zwingerhunde, zum Tierarzt, um nach seiner geschwollenen Pfote sehen zu lassen. Wie ich schon vermutet hatte, war der Auslöser ein Insektenstich. Das Wichtige war, ich mußte ihn zu einem neuen

EINLEITUNG

Tierarzt bringen, da mein Haustierarzt gerade nicht in der Stadt war. Und der neue Tierarzt konnte - zu meiner großen Freude - nicht damit aufhören, alle die Vorzüge des Hundes hervorzuheben. Er legte seine Hand auf Hoover's Kopf und sagte voller Bewunderung: »Es ist einfach ein Vergnügen, einen solchen Hund zu behandeln.« An seiner ganzen Haltung konnte ich sehen, daß er wirklich meinte, was er sagte. Und dies alles machte mich so stolz, als wäre dieser Hund mein Sohn und hätte gerade eine verdiente und seltene Auszeichnung errungen.

Es entbehrt nicht einiger Bitternis, wenn ich solch eine Zuneigung zu einer Hunderasse bekenne - auch wenn dies nicht einfach nur eine andere Rasse ist. Obgleich diese Rasse wirklich einzigartig ist, hat sie Feinde, die ihre Existenz bedrohen, und es gibt sicher viele Dinge, die es mehr wert wären, daß sich die Menschen darum kümmerten. Ja, auch ich habe wirklich meine eigenen Sorgen. Zufälligerweise bin ich aber gerade von Beruf her ein akademisch geschulter Lehrer, hatte mannigfaltige Möglichkeiten, für Zeitungen politische Kommentare zu schreiben. Obgleich mir natürlich die Bezahlung meiner Beiträge Freude macht, habe ich dennoch nicht das Gefühl, daß meine Beiträge über Politik in den Zeitungen wichtiger waren als jene, die ich über den guten alten American Pit Bull Terrier geschrieben habe.

Brus Balboa, der es noch voll genießt, einige Schurken in die Flucht geschlagen zu haben. Besitzer: Danny Webb.

Red Dawn beim Beobachten der Fische. Besitzer Behne.

Zugegeben, ehe ich erstmals über diese Rasse schrieb, mußte ich einen gewissen inneren Widerstand überwinden. Ich war mir darüber klar, daß solche Beiträge meinen guten Ruf beschädigen könnten, daß man mich beschuldigen würde, Hundekämpfe zu rechtfertigen. Eine solche Beurteilung ohne Anhörung könnte für viele meiner Vorhaben in einer ungewissen Zukunft den »Kuß des Todes« bedeuten. Und wie vorausgesehen, eine solche Entwicklung trat auch ein. Aber trotz meiner Vorahnungen sprang ich ins kalte Wasser in der Überzeugung, daß diese Angelegenheit für mein Leben sehr wichtig war, und je hoffnungsloser sich die Geschichte entwickelte, je weniger Dank sie mir einbrachte, um so dringender und selbstloser wurden meine Motive.

Aber etwas zu wissen und dann tatsächlich selbst zu erfahren sind immer zwei Paar Stiefel, und es gab Zeiten, da war ich fast bereit, mein edles und selbstloses *danach* ein ganzes Stück zum Teufel zu wünschen. Glücklicherweise dauerten solche Gefühle nicht allzu lange. Heute empfange ich unerwarteten Lohn für all mein Schreiben über solch ein umstrittenes Tier.

Berühmte Footballspieler, zufällig Anhänger dieser APBT-Rasse, haben mich um ein Autogramm gebeten. Einige von ihnen besuchten mich sogar, um meine Hunde kennenzulernen. Dies war sehr erfreulich, denn ich bin ein großer »Footballfan«. Dazu kamen auch all die Ärzte und Wissenschaftler, denen ich begegnete, die sich auch als Anhänger dieser Hunde bekannten. Den meisten von ihnen wäre ich mit Sicherheit nie begegnet, wenn ich nicht über diese Rasse geschrieben hätte.

Captain Crunch, Besitzer: Buch Slater.
Visavis: *Mims's Femme Boots Koty geht auf den berühmten*
Tramp's Red Boy zurück. Besitzer: Debbie Smollich.

Eine ganz besondere Genugtuung war es, daß Menschenrechtsvertreter, die ich in der Vergangenheit als »Humaniacs« beschimpft hatte (ein Ausdruck, den ich von den Zeitungen übernahm) - mich um Rat, zumindest um meine Meinung über verschiedene Aspekte der Rasse und der sie begleitenden Gesetzgebung baten. Es ist meine große Hoffnung, daß auch Mitarbeiter des Tierschutzes - zumindest einige von ihnen - das bestätigen werden, was ich immer gesagt habe. Die Öffentlichkeit wird erkennen, daß alles - was in diesem Buch noch folgen wird - die Wahrheit - nichts als die Wahrheit über den American Pit Bull Terrier ist.

Oben: *Ein Pit Bull liebt es, an einem Stück Fell oder an einem Reifen zu arbeiten.*
Visavis: *Hammonds's Andy L, der Vater einer Reihe guter Pit-Hunde wie Rufin, Red Doodle und Roberto.*

Ein American Bulldog im Besitz von Thomas Scanlan. Visavis: *American Bulldog als Wächter.*

DIE WAHRHEIT ÜBER DEN AMERICAN PIT BULL TERRIER

===================================
**»Meine Art des Scherzens ist die
Wahrheit zu sagen. Sie ist der
komischste Scherz in der Welt.«**
GEORGE BERNARD SHAW
===================================

Wenn ich Dir erzählte, daß ich mir einen Border Collie als Familienhund gekauft habe, wüßtest Du vielleicht nicht, was für ein Hund das ist, aber Du wärest ganz bestimmt nicht entsetzt - besonders wenn ich noch erklärte, daß man mit dieser Rasse Schafe hütet. Erzählte ich Dir aber, ich hätte einen Pit Bull-Welpen gekauft, wärest Du entsetzt. Niemand ist gegen die Medienhetze immun, deshalb ist in Deinem Kopf der Gedanke gespeichert, es handelte sich um ein wirklich gefährliches Tier, etwas ähnliches wie eine »Babyklapperschlange«. Dieser Welpe würde zu einer Gefahr heranwachsen, es wäre vorbestimmt, daß er mich an-greifen und obendrein meine Kinder verletzen würde. Nach all diesem Tun würde der Hund dann natürlich aus meinem Anwesen ausbrechen, sich daran machen, die Stadt zu zerstören.

Aber dies alles ist reiner Blödsinn, und ich habe versprochen, die Wahrheit zu sagen. Nun - das ist die Wahrheit: Viel wahrscheinlicher würde der Border Collie meine Kinder oder mich beißen als der Pit Bull! Und bitte, laß mich betonen, daß ich ein großer Bewunderer des Border Collies bin! Ich möchte aber auch über diese Hunderasse ganz ehrlich sein - Tatsache ist, ihre Mitglieder sind etwas »schnappig« - besonders Fremden gegenüber. Tatsache ist, daß *keine andere Hunderasse* so verläßlich gegenüber Menschen wie der Pit Bull ist. Welche Ironie, daß die freundlichste Hunderasse zum Begriff für die Verkörperung der Bösartigkeit geworden ist! Von allen Hunden löst diese Rasse am ehesten den Kommentar aus: »Warum in aller Welt möchtest Du ausgerechnet einen solchen Hund haben?«

Laßt mich zunächst einmal erklären, wie ein American Pit Bull Terrier wirklich ist. Als erstes lasse ich am besten den Begriff »Pit Bull« völlig fallen. Ich gebrauche ihn eigentlich

DIE WAHRHEIT ÜBER DEN AMERICAN PIT BULL TERRIER

Juli ist ein vielgeliebter Familienhund in Norwegen.

nur deshalb, weil der Hund eben heute in der Öffentlichkeit darunter bekannt ist. Aber auch andere Hunde werden in die gleiche Kategorie eingereiht, deshalb ist es ein Begriff, den ich lieber nicht benutze. Von nun an werde ich von dem American Pit Bull Terrier als Rasse nur noch als »Bulldog« schreiben, denn unter diesem Begriff ist er all denen bekannt, die ihn am besten kennen. Gelegentlich muß ich natürlich wieder den formellen Namen erwähnen oder seine Abkürzung APBT - American Pit Bull Terrier.

Fest steht - einen typischen Bulldog kann man schändlich mißhandeln, ohne daß er irgend jemanden beißt. Von kleinen Kindern nimmt er Maulschellen hin und genießt es sogar. Er liebt das rauhe Spiel - solange er weiß, daß es Spiel ist - und ist in seiner Geduld unübertroffen. Eines der verbreitetsten Merkmale der Rasse ist ihre Liebe zum Spiel. Die Spielfähigkeit wird oft als Merkmal für die Intelligenz einer Tierart hervorgehoben. Dieser Vorstellung stimme ich voll zu, sie ist aber auch ein Ausdruck von Lebensfreude. Bulldogs haben einen riesigen Vorrat an solcher Spielfreude, praktisch jeder Gegenstand kann für sie zum Spielzeug werden. Zwingerhunde kann man aus Schüsseln oder Steintrögen füttern, beides benutzen sie als Spielzeug. Im Haus gehaltene Hunde spielen gern mit Bällen, einem Frisbee oder anderen Gegenständen. Da Bulldogs recht schnell verstehen, was für sie ein Spielzeug und was verboten ist, sind Haushaltsgegenstände fast nie ein Problem. Da bei der Erklärung des Charakters eines Bulldogs er mir immer direkt vor Augen steht und im Augenblick, da ich diese Zeilen schreibe, zu meinen Füßen liegt, erzähle ich wohl am besten von meinem Haushund Boozer, schildere meine Erfahrungen mit ihm.

Dharma, Tochter von Hoover und Tar, im Besitz von John Maranghi.

Rechts: *Kelly Weldon mit ihrer Tochter Amber und dem Rüden Jake.*
Unten: *Er ist wie so viele Bulldogs ein wahrer Champion beim Klettern auf Bäume.*

DIE WAHRHEIT ÜBER DEN AMERICAN PIT BULL TERRIER

Links: *Blaze, ein Siegerrüde, geht zurück auf Rascal Jr. und Chinaman.*
Unten: *Trouble.*

Visavis: *Carroll's Breen im Sprung nach dem Stock.*

DIE WAHRHEIT ÜBER DEN AMERICAN PIT BULL TERRIER

Boozer, der Familienhund der Strattons'.

Boozer's Vater Burton's Dillinger wurde berühmt, weil er in kurzer Zeit einen Hund besiegte, den man als unschlagbaren »Pit Dog« ansah, später in etwas mehr als zwei Stunden einen Kampf gegen einen Hund namens Weasil verlor. Dillinger verlor seinen Kampf, nur weil sein Führer ihn aufnahm, um ihm das Leben zu retten. Über den ganzen Kampf gab es keine Unterbrechungen. Die Mutter von Dillinger war Reddick's Chigger - die Mutter des berühmten Simon. Boozer's Mutter war eine Tochter von Burton's Spade (ein roter Rüde, ob Du es glaubst oder nicht - ein großartiger »Pit Dog«), ihre Mutter war Delta Dawn. Weshalb ich Boozer's direkte Vorfahren erwähne? Nur damit der Leser klar versteht, daß Boozer direkt von in der Pit kämpfenden Vorfahren abstammt.

Von dem Augenblick an, da Boozer als kleiner Welpe in mein Haus kam, hat er niemals den Teppich verschmutzt. Von Anfang an erzog er sich selbst zur Stubenreinheit. Sein Wesen ist unglaublich weich und sanft und war es auch immer so.

Ich habe zwei Söhne, die das College besuchen, aber noch zu Hause leben. Sie lieben es ganz besonders, ihren entsetzten Freunden zu demonstrieren, wie bösartig dieser Bulldog ist.

Amber Weldon mit Jake.

Sie ringen ihn zu Boden, setzen sich auf ihn, halten ihn beidseits des Halses mit den Händen fest. Boozer röhrt geradezu vor Freude, erweckt aber den Eindruck, alles sei völlig ernst. Ein Zuschauer - gleich ob er durch den schlechten Ruf der Rasse verdorben ist oder nicht - ist felsenfest davon überzeugt, daß mein Sohn absolut verloren ist, wenn er diesen tollwütig gewordenen Hund losläßt. Dies alles ist natürlich Unsinn, alles nur Teil des übermütigen Spiels. Sofort nach dem Loslassen spielt Boozer völlig ruhig weiter. Was aber noch wichtiger ist - obgleich meine Söhne recht rauh mit ihm umgehen, behandelt er sie noch immer, als wären sie Babies, nie berührt er sie ernsthaft mit den Zähnen oder kratzt sie mit den Läufen.

Obgleich ich immer behauptet habe, für einen Bulldog sei Boozer recht dumm, verteidigen ihn meine Söhne mit Nachdruck, haben ihm eine ganze Reihe interessanter Tricks beigebracht. Er zeigt sie sehr geschickt - mit gespielter Ungeschicklichkeit - so gut, daß er zum Favoriten aller unserer Besucher wurde. Seine eigenen Favoriten scheinen in erster Linie junge Mädchen zu sein, vielleicht ist er deshalb gar nicht so ungeschickt wie ich dachte! Wahrscheinlich bevorzugt er aber Mädchen einfach nur deshalb, weil sie ihn viel streicheln, sich mehr um ihn kümmern als die Jungs und Männer, die uns besuchen. Gestreichelt und geliebt zu werden ist etwas, wonach er sich immer sehnt. Und wie so viele Bulldogs kann er so strahlend lächeln, wenn er all die ihm so wichtige Aufmerksamkeit findet.

Wie so viele Hunde liebt Boozer Veranstaltungen jeder Art. Wenn ich an übersinnliche Wahrnehmung glaubte, wüßte ich, daß Boozer sie besitzt. Er hat eine untrügliche Fähigkeit zu ahnen, wenn jemand ausgeht, weil er irgendwo eingeladen ist. Wir haben sogar versucht, ganz andere Worte zu wählen, um ihn zu täuschen - das nützt alles nichts!

Was Boozer zu einem so großartigen Gesellschafter macht, viel Freude bereitet, ist seine Ausdrucksstärke, die weit mehr als Gesichtsmimik ist. So erstaunlich sie auch

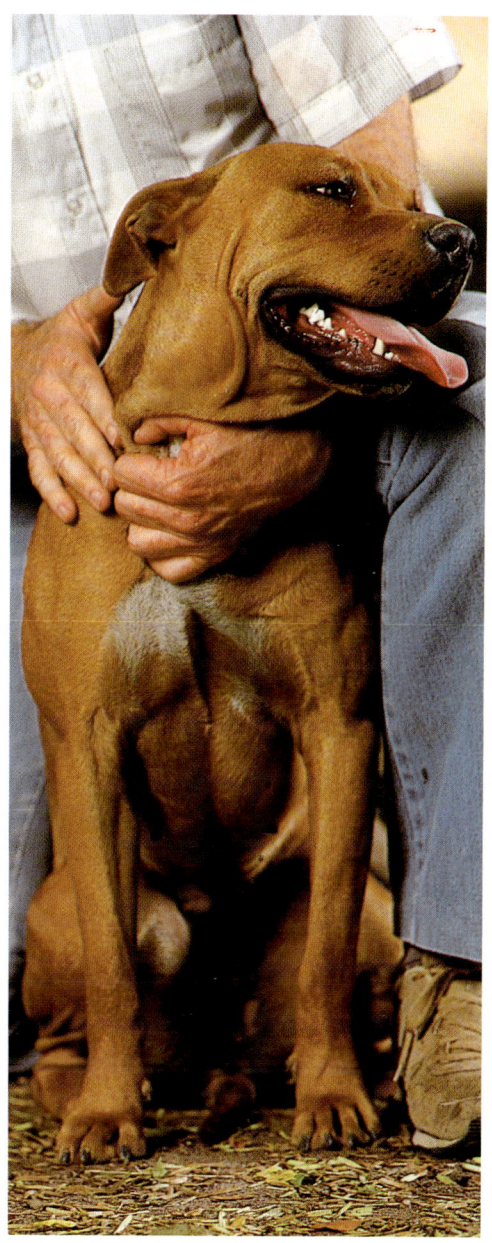

Riptide Sweetie Pie ist eine Tochter von Hoover, Enkelin von Grand Champion Hope.
Besitzer: Dick Stratton.

Nightman's Diesel, Sohn von Grand Champion Red John, Enkel des großartigen Rüden Jeep. Besitzer: Ed Laddomada.

sein mag, sie ist immer dadurch begrenzt, daß er - eben doch - ein Hund ist. Aber er bringt Töne hervor, die - wenn auch keine Worte - seine Gefühle und fast ebenso seine Wünsche übertragen. Damit sei keinesfalls gesagt, daß er ein lautes Tier wäre, denn - wie fast alle Bulldogs - bellt er sehr selten. Seine Laute, mit denen er sich mit Menschen verständigt, sind klagend, freudig, zuweilen fordernd, aber nie unangenehm oder störend.

Aufgrund seines Aussehens erschreckt Boozer die meisten Fremden, deshalb wird er - wenn wir neue Gäste zu Besuch erwarten - im hinteren Bereich des Hauses eingesperrt, bis ich die Möglichkeit hatte, den Besuchern Boozer zu erklären und ihnen zu versichern, daß er sie in keiner Weise belästigen werde. Nahezu uneingeschränkt haben mir alle bestätigt, daß Boozer der allerhöflichste Hund sei, den sie je getroffen haben und von äußerstem Charme. Und ich bin sicher, nicht alles war nur Schmeichelei für seinen Besitzer.

Boozer ist mit unserer Hauskatze und auch allen anderen Katzen völlig zuverlässig. Fremden Hunden gegenüber ist er immer freundlich, dabei furchtlos. Obgleich er viel kleiner ist als viele Hunde, denen er begegnet, scheint er sie dennoch irgendwie einzuschüchtern. Und die Rute des anderen Hundes hängt gewöhnlich nach unten, wenn die Hunde sich begrüßend beschnüffeln. Aber Boozer nutzt in keiner Weise seinen einschüchternden Auftritt - gegenüber niemandem - und kein Hund hat ihn jemals angegriffen. Wohl überlegt haben wir aber darauf geachtet, daß er mit keinen anderen Bulldog-Rüden zusammenkommt, denn ziemlich wahrscheinlich würde er dabei angegriffen. Und wir möchten in gar keiner Weise, daß er Lust am Kämpfen bekommt.

Kurz gesagt - Boozer kommt der Vorstellung eines perfekten Haushundes außerordentlich nahe. Obwohl er Menschen gegenüber die für seine Rasse typische weiche und sanfte Art hat, bringt es sein Auftreten mit 30 kg Körpergewicht mit sich, daß er ein vorzüglicher Wachhund ist - obwohl er nicht bellt. Er wird immer bereitstehen, einen eventuellen Einbrecher zu begrüßen, und nur wenige trauten sich einzutreten, wenn sie ihn gesehen haben. Ob er tatsächlich einen solchen Eindringling angreifen würde oder nicht, das ist etwas, was

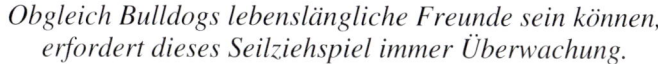

Obgleich Bulldogs lebenslängliche Freunde sein können,
erfordert dieses Seilziehspiel immer Überwachung.

Oben: *Gina, im Alter von vier Monaten.*
Links: *Julie Romero mit Squeezer, der auf die Bullyson-Linie zurückgeht.*

Visavis:
Emmerts's Tugger.

ich wirklich nicht weiß. Aber diese Rasse ist bekannt dafür, daß sie eigenes Urteilsvermögen hat, wenn es darauf ankommt. Wie dem auch sei - dies ist eine mehr akademische Frage. Einfach da zu sein und aufzupassen, scheint seinen Zweck voll zu erfüllen, denn seine Erscheinung und sein Ruf sorgen dafür, daß Diebe es nur sehr ungern mit ihm ausprobieren.

Boozer ist intelligent und unterhaltsam, wenn man vielleicht den Ausdruck liebenswürdig vermeiden will. Er hat ein kurzes, sauberes Haarkleid, das ihn als Haushund recht sauber und praktisch geruchlos macht. Er freut sich auf jede Art von Spiel oder Spaziergängen, deshalb ist er für alle jene von uns, die körperlich fordernde Anstrengungen unternehmen, beispielsweise Joggen oder Radfahren - ein vorzüglicher Gefährte. Oft nehmen die Jungs den Hund zu Wanderungen oder Skilaufen mit, dabei ist er ständig guter Dinge, völlig problemlos. Es fällt mir einfach schwer, nicht zu wiederholen, daß dieser Hund in jeder Art der ideale Familienhund ist. Natürlich, einige hätten es lieber, wenn er etwas kleiner wäre, und das eben läßt sich sogar etwas anpassen. Es gibt amerikanische Bulldogs praktisch in allen Größen. Deshalb kannst Du einen haben, der nur so etwa 15 kg wiegt, trotzdem ein wunderbares Tier ist, ganz Hund und mit absoluter Gewißheit nicht zimperlich!

Die Frage lautet jetzt ganz einfach: »Wie typisch ist Boozer?«. Nun, würde ich ihn hier echt als Beispiel aufgenommen haben, wenn ich nicht voll davon überzeugt wäre, daß dieser Hund in nahezu jeder Hinsicht für sein Rasse typisch ist? Ich muß aber zugeben, viele amerikanische Bulldogs entwickeln eine gewisse Lust am Kampf, selbst wenn man Begegnungen mit anderen Hunden meidet. Ungefähr 40 Prozent von ihnen töten fremde Katzen. Hunde, die Katzen nachjagen, werden auch höchstwahrscheinlich größere Tiere angreifen - von Rindern bis zu Berglöwen. Um die reine Wahrheit zu sagen, ein guter Prozentsatz der American Bulldogs ist für alle anderen Hunde eine Gefahr, und viele sind auch für Haustiere problematisch. Tatsächlich würden sie sich auch mit einem riesigen Texas-Langhornbullen anlegen.

DIE WAHRHEIT ÜBER DEN AMERICAN PIT BULL TERRIER

Solche Hunde muß man ganz einfach anleinen - wie in den meisten Städten und Ländern auch gesetzlich vorgeschrieben. Und selbst wir leinen Boozer an, wenn wir ihn auf einen Spaziergang mitnehmen, wenn auch nur, um den gesetzlichen Vorschriften Genüge zu tun.

Ich möchte an dieser Stelle dennoch unterstreichen, daß Boozer's Verträglichkeit mit anderen Hunden ihn in keiner Weise in der Rasse zu einem Feigling abstempelt. Viele Hunde sind so - einschließlich einiger sehr beachteter Pit-Hunde. Sofort kommt mir an dieser Stelle Jimmy Boots in den Sinn. Er ist ein weltberühmter, knochenbrechender Pit-Hund, wurde als Familienhund großgezogen und ließ alle anderen Hunde in Ruhe - es sei denn, sie machten den schrecklichen Fehler, ihn anzugreifen. Er war überdies ein sehr intelligentes Tier, dem man viele Tricks beigebracht hatte. Einer der interessantesten war, wenn man ihn fragte, was die Mädchen in Laramie wohl täten - einer Stadt, die wegen ihrer Bordelle überall bekannt ist. Jimmy Boots rollte sich mit gespreizten Läufen begeistert auf dem Rücken.

Zusammengefaßt ist diese Rasse als Familienhund ideal. Die Hunde sind intelligent, haben ein angenehmes kurzes Haarkleid und sind Menschen gegenüber absolut freundlich, ohne jede Tücke. Aber Hunderte von Jahren, zahlreiche Generationen haben aus ihnen zunächst Jäger, später Kämpfer gemacht, die Rasse wurde zu den gefährlichsten Hunden. Deshalb ist es verständlich - daß ihr schrecklicher Ruf entstand.

Ich habe die Vorzüge der Rasse dargestellt, bestimmt nicht, weil ich möchte, daß sie besonders populär wird. Sie ist heute viel zu populär geworden - das ist ein Teil des Problems. Der Grund, weshalb ich dieses Tier so lobend hervorhebe ist vor allem anderen, daß diese Hunde jedes Lob verdienen, das ich oder irgend jemand anderes ihnen zollt. Der Pit Bull verdient jedes Lob und fordert auch großen Respekt. Der zweite Grund ist - heute wird diese Rasse verfolgt. Sie ist die einzige Hunderasse, die meines Wissens jemals von irgendeiner Obrigkeit außerhalb des Gesetzes gestellt wurde. Diese Tatsache erschreckt mich nicht nur, sie ärgert mich besonders. Die Ungerechtigkeit, die darin liegt, können nur jene verstehen, die die Rasse kennen - wie sie wirklich ist - nur jene, die die *Wahrheit über den American Pit Bull Terrier* kennen.

Chance Dancing Goldie, eine vielbewunderte Hündin.

Rechts: *Rose's Red Cole plaziert sich auf einer Hunde-ausstellung in Kalifornien als Erste.* Unten: *Dies ist die Lieblingshaltung aller Pit Bulls mit Kindern - ganz im Gegensatz zu den Zerrbildern, die über die Medien durch die Welt gingen.*

Gary und Linda Emmerts mit ihrem Bulldog Tugger im Kostüm.

Rechts: *American Pit Bull Terrier, Besitzer: Charles M. Kopenhafer.*
Unten: *Champion Butch, Sohn von Champion Saloon.*

Oben: *Kolohe, einjährig, mit seinem Lieblingsspielzeug, einem Autoreifen.*
Visavis: *Nach der Anti-Pit-Bull-Gesetzgebung müßte dieser Welpe den jungen Menschen weggenommen werden.*

SCHLAGZEILENMENTALITÄT

```
===========================
```
**»Leichtgläubige Übernahme von
Geschwafel kann teuer werden!«
Das ist, was P.T. Barnum meinte,
als er sagte: »Jede Minute wird
ein Dummer geboren.«. Aber
viel gefährlicher ist, wenn
Parlamente und Behörden die
Fähigkeit kritischen Denkens
verlieren - die Folgen können
katastrophal sein.«**
CARL SAGAN
```
===========================
```

Was beim American Pit Bull Terrier zur echten Katastrophe führt, sind Verordnungen, die diese Rasse außerhalb des Gesetzes stellen. Derartige Verordnungen sind in zahlreichen Ländern und Gemeinden erlassen werden, wobei zuweilen auch andere Rassen mit einbezogen wurden. Um fair zu bleiben - die Verordnungen stellen in der Regel die Rassen nicht außerhalb des Gesetzes, aber der Effekt ist der gleiche wenn Versicherungsgesellschaften einen völlig überhöhten Beitrag verlangen, ohne Ersatz im Schadensfall zu garantieren. Andere Gesetze wiederum verordnen eine Leine - von ganz spezieller Länge - und einen Maulkorb, wenn man mit einer bestimmten Hunderasse spazierengeht.

Die Strategie der hundefeindlichen Gruppierungen ist klar. Nachdem der APBT in aller Öffentlichkeit als ein gefährliches Tier gebrandmarkt wurde, haben sie einen verletzlichen Punkt der ganzen Hundewelt entdeckt. Wenn es ihnen gelingt, diese eine Rasse außerhalb des Gesetzes zu stellen, werden sie alles tun, damit weitere folgen. Aber die Frage lautet: »Wie konnte der American Pit Bull Terrier je so einen schrecklichen Ruf gewinnen, dadurch so gefährdet werden?« Diese Frage ist gar nicht einfach zu beantworten.

Tatsache ist, daß die Rassegeschichte automatisch Vorstellungen einer wilden, gefährlichen Kreatur weckt. Alte Gemälde und Stiche zeigen, daß Hunde, die genau so aussehen wie moderne APBTs, erfolgreich als Jagdhunde eingesetzt wurden. Darunter versteht man die

SCHLAGZEILENMENTALITÄT

Jagd im Mittelalter, wobei die Hunde mit hinauszogen und halfen, die Beute zu töten. Später wurden diese Hunde von Metzgern dazu eingesetzt, einen zu schlachtenden Bullen im Hof zu halten. Die alten Bullenkämpfe (Bullbaiting) wurden in ihrer Entartung zum verbreiteten Volkssport. Nachgewiesen ist, daß die Rasse ihren Namen »Bulldog« dieser Aufgabe verdankt. Zu anderen Zeiten und in anderen Ländern waren sie als »Bullenbeißer« und »Bärenbeißer« bekannt. Während der moderne englische Bulldog (oder Ausstellungsbulldog) sicher nicht mehr in der Lage ist, Keiler zu jagen oder einen Bullen bei der Nase zu fassen und zu unterwerfen, vermag der American Pit Bull diese Aufgaben noch heute zu leisten. Die meisten Liebhaber des APBT sind überzeugt, daß ihre Rasse die reinste Form des echten Bulldogs des 18. und 19. Jahrhunderts geblieben ist. Daher auch die Namensgebung, die sich über die Jahrhunderte erhalten hat. Die Öffentlichkeit hat jedoch keine Ahnung vom jagdlichen Ursprung der Rasse, viel zu sehr konzentriert sie sich auf den Ruf dieser Hunde als Hundekämpfer. Für Menschen, die nicht viele Gedanken an dieses Thema verschwenden, erscheint es völlig natürlich, daß ein Kampfhund auch Menschen gegenüber aggressiv sein muß. Dies ist eine automatisch auftretende Schlußfolgerung, für die man die Menschen gar nicht einmal tadeln kann.

Links: *Bruiser, ein Rüde von 21 kg.*

Visavis:
*Sir Winston
bei der Arbeit
am Schutzarm.*

SCHLAGZEILENMENTALITÄT

Dennoch ist es wahr, daß es über Jahrhunderte einen planmäßigen Ausleseprozeß gab. Und hier muß man sich klar vor Augen halten, daß diese alten Jäger beispielsweise jeden Hund, der sich jemals gegen den Menschen wandte, sofort getötet hätten - besonders wenn er versucht hätte, sich mit den menschlichen Jägern um die Beute zu streiten. Später - niemand weiß genau wann - wurde diese Rasse besonders gern in Hundekämpfen eingesetzt. Diese Hunde waren bereits erprobte Kämpfer, besaßen Ausdauer, Schmerzunempfindlichkeit, Beweglichkeit und Mut. Hier gibt es einen bestimmten Ausdruck »Gameness«, hierunter versteht man die Hartnäckigkeit eines Hundes beim Verfolgen seiner Ziele, unabhängig davon, was sich ihm entgegenstellt. Viele dieser Eigenschaften entstanden bei der Zucht dieser Rasse als Jagdhund, der das Wild tötete - die damalige Jagd verlangte den »Killerhund«. Bei Hundekampfwettbewerben jedoch steckte man die Hunde nicht einfach in einen Käfig und ließ sie miteinander kämpfen. Vielmehr waren immer ein Schiedsrichter und zwei Hundeführer in der »Pit«. Oft wurden die Hunde getrennt, aufgenommen und versorgt. Alle Hunde, die den Menschen dabei aus Schmerz oder Angriffslust verletzt hätten, wären aus der Zucht ausgemerzt und damit eine solche Eigenschaft nicht weiter vererbt worden.

Der gesunde Menschenverstand sagt zunächst, daß ein »Killer« anderer Tiere Menschen gegenüber sicherlich gefährlich sein müßte. Aber sprechen wir einmal über die Retriever. Sie haben Menschen gegenüber ein geradezu vorzügliches, freundliches Wesen, aber starke Instinkte bei der Vogeljagd. Das gleiche gilt für Redbone Coonhounds, die gezüchtet wurden, um alles, vom Waschbären bis zum Grislybären, zu verfolgen und anzugreifen. Aber auch diese Hunde zeigen Menschen gegenüber eine herausragende Freundlichkeit. Die Züchter waren in der Vergangenheit gegenüber allen menschengefährlichen Hunden (»people-mean dogs«) absolut ablehnend, mit vollem Recht.

Weshalb dann all das Geschrei in den Medien ausgerechnet über den Pit Bull? Über dieses Phänomen war ich selbst geschockt, denn ich habe wirklich noch nie einen Bulldog besessen, der irgendeinen Menschen gebissen hätte. Tatsache ist, über die letzten 15 Jahre hat die Popularität des APBT geradezu explosiv zugenommen. Unglücklicherweise scheint der Hund gerade bei bestimmten Machoypen besonderen Anklang zu finden, bei Menschen, die in ihrer Veranlagung Mitmenschen gegenüber verantwortungslos sind, sich lauthals brüsten, wie bösartig und schrecklich ihre Vierbeiner sind. Und diese Menschengruppe könnte unglücklicherweise auch Hunde züchten, die »menschenfeindlicher« sind als dies für die Rasse normal ist. Die Dinge scheinen sich in der Nachrichtenwelt verselbständigt zu haben. Ursache - der Biß eines Pit Bulls läßt sich besser verkaufen als das Beißen irgendeines anderen Hundes. Deshalb werden häufig Beißunfälle, bei denen

STB and Hall's Champion Sugar ist eine vierfache Siegerin, Tochter von Wood's Snooty.

Oben: *Pat mit Kitty, Richard mit Honey und Patricia mit Tucker demonstrieren, daß Bull-dogs untereinander in Frieden leben können.*
Unten: *Behne's Clyde, ein Symbol der Kraft!*

SCHLAGZEILENMENTALITÄT

Slater's Samson Lee, ein As im Gewichtsziehen. Besitzer: Butch Slater.

Butch Slater mit Smokie Joe.

überhaupt nicht bewiesen ist, daß ein Pit Bull sie verursacht hat, ihnen einfach in die Schuhe geschoben. Viele Unfälle mit Mischlingen werden sicherlich in den Medien heute so dargestellt, als wären sie von echten Pit Bulls verursacht. Hierbei bin ich schon wieder terminologisch in den Ausdruck »Pit Bull« abgerutscht, weil die Medien ihn auch benutzen. So stellte vor kurzem ein Fernseh-Nachrichtensender eine Geschichte nach, Inhalt, der Kampf zwischen einem Chow und einem Pit Bull. Einige Jahre zuvor veröffentlichte selbst die *San Diego Tribune* auf dem Titelblatt eine Geschichte über einen *bellenden* Pit Bull. Eine so vorzügliche Plazierung ist ebenso untypisch für die *Tribune* wie für Pit Bulls zu bellen oder irgendwelche Menschen zu bedrohen.

Natürlich will ich nicht behaupten, daß es *nie* Angriffe von Pit Bulls auf Menschen gegeben habe. Aber dabei handelt es sich um äußerst seltene Anomalien - Abweichungen vom Rassecharakter. Das wahre Problem liegt darin, daß wenn irgendwo ein Hund beißt, es dabei überhaupt Zweifel gibt. Der Unfall wird einfach dem Pit Bull in die Schuhe geschoben.

Nahezu jede Hunderasse war schon in Angriffe auf Menschen verwickelt. Vor etwa 12 Jahren überfielen 3 Pekingesen als Meute ein Kind und töteten es. Aber natürlich gehen die meisten ernsthaften Angriffe auf größere Hunderassen zurück, ganz einfach, weil sie größeren Schaden anrichten können. Der APBT ist aber überhaupt kein großer Hund, er wiegt in der Regel zwischen 30 und 60 Pounds (13,6-27,2 kg). Es läßt sich aber bestimmt nicht leugnen, daß er beachtlichen Schaden anzurichten vermag.

Entscheidend ist jedoch, daß er solchen Schaden viel seltener anrichtet als andere Hunderassen, von denen Du vielleicht noch nie etwas gehört hast. Zugegeben, der APBT ist - trotz seiner Liebe zu Menschen - eine Gefahr für andere Hunde. Einige Einzeltiere

Mrs. Lehman mit Star.

SCHLAGZEILENMENTALITÄT

STB's Frankie ist beidseitig auf Snooty stark ingezüchtet.

könnten auch für Haustiere zur Gefahr werden - auch langhornigen, starken Stieren. Zu Recht macht das Gesetz für den Schaden, den ein Hund anrichtet, den Besitzer verantwortlich. Auch der Besitz eines Pit Bulls bedeutet große Verantwortung, die niemand leicht nehmen sollte. Aber es ist nicht schwierig, einen Hund auf dem Grundstück zu halten, nur angeleint auf Spaziergänge mitzunehmen, wie dies gesetzlich für alle Hunderassen verlangt wird. Für Menschen, die im American Pit Bull Terrier den besten Hund sehen, der zu Unrecht verteufelt wird, sollte diese Unbequemlichkeit kein echtes Problem sein.

Wir haben gesehen, daß die infame Kampagne gegen den Pit Bull auf eine Anzahl komplexer und verschiedenartiger Ursachen zurückgeht. An der Spitze steht natürlich der Opportunismus der Anti-Hunde-Mafia. An zweiter Stelle kommt der Hang der Medien, Pit Bull-Storys schlimmer zu machen, und sie so sensationell wie irgend möglich als Aufmacher zu benutzen. Eine junge Journalistin sagte mir: »Pit Bulls sind gerade heute zum echten »Sexy-thema« geworden! Hierunter verstand sie, daß Pit Bulls immer ein ganz heißes Thema sind, Nachrichten, mit denen man Zeitungen verkaufen, den Platz für Sensationen auffüllen kann, wenn gerade Mörder, Entführer und Vergewaltiger sich eine Ruhepause gönnen. Als drittes zu erwähnen ist die Anfälligkeit der Öffentlichkeit, automatisch immer das Schlimmste von dieser Rasse zu denken, weil sie einfach weiß, daß es sich um einen Kampfhund handelt. Als viertes kommt eine Art natürliche Neigung in der Öffentlichkeit hinzu, Schlagzeilen ohne jegliches kritische Denken zu übernehmen. Dies tun wir in gewissem Maße alle! Ich vermute, es ist davon abhängig, wie sehr uns das betreffende Thema gerade selbst interessiert.

Tatsache ist, daß wir alles, was wir lesen, immer hinterfragen sollten. Das gleiche gilt vielleicht noch vermehrt für das, was wir von Fernsehen und Rundfunk erfahren. Ich habe keine Ahnung, wer zuerst den Begriff »Schlagzeilenmentalität« gebrauchte, aber es ist ein guter, bezeichnender Ausdruck für die Art von Intellekt, absolut ohne Nachforschen und kritisches Denken Meldungen zu glauben. Man »schluckt den ganzen Zirkus«, den die Medien bieten. Es ist oft sehr enttäuschend, Menschen zu beobachten, deren Vorurteile durch die Nachrichten, denen sie ausgesetzt sind, programmiert wurden. Verstehen Sie mich nicht falsch! Ich glaube nicht, daß es unter den Journalisten und Nachrichtenleuten ein dunkles Komplott gibt, den Pit Bull zum Schurken zu machen. Aber Reporter sind Menschen und wissen alle, was Zeitungen verkauft und ihre Bosse glücklich macht. Sie müssen sich auch um viele Ereignisse kümmern. Gibt es ablehnende Reaktionen auf das, was sie geschrieben haben, müssen sie schon sehr massiv sein, wenn sie noch einmal alles prüften, denn auf ihrem Tisch liegt bereits eine neue Geschichte. Nein, ich schreibe nicht, daß die Reporter alleine die Schuld haben, aber ich bin nicht blind für die Tatsache, daß in den meisten Berichten viele Ungenauigkeiten enthalten sind. Dies gilt auch für Nicht-Hunde-Neuigkeiten, bei denen ich zuweilen nachgeforscht habe. Diese Geschichten waren wahllos zusammengetragen - oder schlicht und einfach falsch. Häufig konnte ich sogar die Ereignisse zurückverfolgen und feststellen, warum die Geschichten so unsinnig herauskamen. Zumeist waren es ganz einfach Mißverständnisse der Reporter, ohne böse Absichten.

Und deshalb sollten wir allen Geschichten, auch den neuesten Nachrichten gegenüber, skeptisch sein. Sonst gewinnen wir ein verzerrtes Bild unserer Welt. Und nur Bulldogfans können das volle Ausmaß ermessen, in dem der Ruf ihrer Rasse ruiniert wurde. Unglücklicherweise hat die verzerrte Sicht über Pit Bulls zu sehr gefährlichen Konsequenzen geführt.

Diesen Mädchen macht es große Freude, ihre Bulldogs für den Ausstellungsring vorzubereiten.

Oben: *Nancy Benson mit ihrem Rüden, dem großartigen Champion Bobby McGee.*
Visavis: *Gary Hammonds mit seinem berühmten Rüden Rufus.*

Oben: *Champion Gideon ist ein Pithund - dessen Foto in einem sehr populären Restaurant an der Wand hängt.*
Visavis: *STB's Dylan ist zweifacher Sieger und Sohn von Champion Peterbilt.*

UNTER DRUCK!

===========================
»Ich hatte nur ein Gebet
an Gott, ein ganz kurzes:
›Oh Herr, mach meine
Feinde lächerlich!‹
Und Gott hat meine Bitte erhört.«
VOLTAIRE
===========================

Mit Sicherheit hat kein anderer Hund je in der Geschichte einen so schlechten Ruf. Und welche Ironie - aus welch geringfügigem Anlaß. Eine Hunderasse, vor etwa 20 Jahren noch völlig unbekannt, ist heute in Jedermanns Mund. Welche andere Rasse wurde beispielsweise in Zeitungscartoons abgebildet? Drei derartige Cartoons drängen sich mir auf, und obgleich die Geschehnisse, die dahinter stehen, nicht spaßig sind, konnte ich mich eines Lächelns nicht erwehren, als ich sie sah. Ein Cartoon zeigte einen Hund, der einen menschlichen Körper an den Füßen ins Haus zerrt. Die Dame des Hauses, die das beobachtet, kommentiert das Geschehen ihrem Mann, der in einem anderen Zimmer die Zeitung liest: »Harold, erinnerst Du Dich - wir schafften unseren Retriever ab, weil er uns ständig die Zeitungen all unserer Nachbarn ins Haus brachte... und jetzt haben wir stattdessen einen Pit Bull!?«

Ein anderer Cartoon, der mich nur teilweise amüsierte, befaßte sich mit der Gesetzgebung einer Reihe von Gemeinden in Kalifornien gegen den Pit Bull. Er zeigte einen Pit Bull in einer Reihe Steckbriefe - »andere gesuchte Verbrecher!«

Ein dritter Cartoon brachte eine Reihe von Terroristen, alle so gezeichnet, daß sie wie die allergefährlichsten Menschen aussahen, mit Bärten und Tätowierungen, Gewehren, Messern und Handgranaten im Gürtel. Sie lasen eine Tageszeitung mit der Überschrift: »Zwei neue Pit Bull-Angriffe!« Sprechblase über einem von ihnen: »Diese Hunde stehlen uns noch die

Austin's Junior und ein kamerascheuer kleiner Bulldogfan.

ganze Show!« Was aber tatsächlich als Folge aller der Neuigkeiten über angebliche Pit Bull-Angriffe geschah, war in vielen Ländern ein massiver Druck auf die Behörden, den Besitz von Pit Bulls zu verbieten, manchmal noch durch den Begriff »und ähnliche Rassen« ergänzt. Die allererste Verordnung einer Großstadt wurde in Hollywood, Florida erlassen, und sie wurde bald durch einen Gerichtshof aufgehoben, weil sie eine bestimmte Gruppe von Hundebesitzern verfassungswidrig diskriminierte. Einige Gemeinden erließen Verordnungen im klaren Bewußtsein, daß sie gesetzwidrig waren. Gerade bei Kleingemeinden glaubte man in vielen Fällen vielleicht, daß niemand gegen die Verordnung vorgehen und ein Gericht anrufen werde. Leider ist die Geltungssucht von städtischen Beamten in kleinen Städten oft sogar stärker entwickelt als die ihrer Kollegen in großen Städten, und sie lassen sich überhaupt nicht darauf ein, sich von irgend jemanden reinreden zu lassen. Natürlich wußten sie über die Hunderasse, gegen die sie vorgingen, überhaupt nichts.

Die Reaktion der Hundefreunde und ihrer Organisationen war glücklicherweise einmütige Unterstützung, um keinen Präzedenzfall zu schaffen. Die meisten Artikel in den allgemeinen Hundezeitungen richteten sich gegen derartige Gesetze, und die »American Dog Owners' Association« leitete Gerichtsverfahren ein, um die Verordnungen aufheben zu lassen.

Ein Artikel allerdings, verfasst von einigen Veterinären, die offensichtlich die Macht kritischen Denkens noch nicht erlernt hatten, erschien in *Dog World* unter dem Titel: »Bringen Pit Bulls unsere braven Hunde in Verruf?« (»Are Pit Bulls Giving Good Dogs a Bad name?«). In diesem Artikel wurde der Nachweis versucht, daß die Anzahl von Bißunfällen je Pit Bull höher lag als es ihrer Population entsprach. Der Artikel benutzte aber völlig falsche Datengrundlagen und brachte ungeprüfte Annahmen. Es sei hervorgehoben, daß *die meisten Tierärzte* die ersten sind, Bulldogs als besonders kooperative Patienten zu loben, weil sie sich so problemlos behandeln lassen.

Das gleiche Vertrauen haben die meisten Bulldogliebhaber in das gute und verläßliche Wesen der Rasse; deshalb verfolgen sie alle Berichte über *jeglichen angeblichen Angriff* mit großem Mißtrauen. In vielen Fällen ist dieses Mißtrauen mehr als berechtigt, denn die Angriffe erfolgten durch irgendwelche Mischlinge - in denen häufig überhaupt kein Bulldogblut steckte.

Dieser Gentleman mit Strohhut begeistert sich für Welpen der Boudreaux-bloodline, Besitzer: Jeff Fontenot.

Wenn die Schlagzeilenjäger keinen Erfolg haben, wird hoffentlich dieser Bulldog noch viele Weihnachtsabende erleben.

Um zu dokumentieren, daß sogenannte »Pit Bull-Angriffe« meist ganz einfach Folge falscher Identifikation sind, verfaßte Al Stone in Los Angeles, erst als Polizist, später als Anwalt tätig, einen Hunderassenführer, der alle verbreitet vorkommenden Hunderassen einschließlich Bulldog bebildert vorstellt. In den Fällen, in denen er selbst als Polizist ermittelte, waren Unfälle durch andere Rassen ausgelöst. Es waren Mischlinge betroffen, aber er fand schnell heraus, daß die meisten Menschen zu schnell »Pit Bull« sagen, wenn sie überhaupt nicht wissen, was für ein Hund es ist. Das waren doch jene, über die man so häufig gehört hat, daß sie gefährlich sind, oder nicht? So war ein Großteil der Bevölkerung programmiert, bei jedem Hundebiß gleich »Pit Bull« zu schreien. Der Begriff »Pit Bull« war an die Stelle »tollwütender Hund« getreten, ein Aufschrei der Massenhysterie!

Trotzdem, eines Morgens hörte ich einen Bericht, bei dem ich sofort sicher wußte,

Oben: *Kung Fu King beim Training mit dem Federbalken.*
Visavis: *Hammonds's Little Selma Two entdeckt auf Anhieb jedes sie interessierende Lebewesen auf eine Entfernung von einem Kilometer und kann in dieser Haltung über Stunden beobachten.*

UNTER DRUCK!

Heinzl's Bozo, Enkel von Heinzl's Chile.

es war *bona fide* tatsächlich ein Pit Bull-Angriff. Der Bericht handelte von einem Hund, der ein Baby getötet hatte. Es wurde berichtet, daß der Vater des Kindes mit einem Motormäher seinen Rasen gemäht habe, und sein Pit Bull immer wieder den Mäher angriff. Deshalb brachte er den Hund gemeinsam mit dem Baby in das Innere des Hauses, mähte seinen Rasen in Ruhe zu Ende, während der Hund über die ganze Zeit durch das Fenster den Mäher ankläffte. Als der Vater ins Haus zurückkam, fand er, völlig entsetzt, das Baby tot gebissen, mit schrecklich zerfleischtem Körper.

Ich war entsetzt, völlig am Boden zerstört, denn ich wußte, daß ein solches Vorgehen durchaus im Verhaltensrepertoire eines Bulldogs angelegt ist. Ich muß dies näher erklären. Natürlich weiß ich, daß es gerade für einen Bulldog nicht außergewöhnlich ist, einen Motormäher angreifen zu wollen. Viele Bulldogs reagieren auf diese Art auch auf andere Einrichtungen - in alter Zeit beispielsweise auch auf Dampflokomotiven. Ich weiß auch, daß in diesem Fall der Hund erwachsen, das Baby neu geboren, Hund und Baby nicht aneinander gewöhnt waren. Als Folge hiervon erkannte der Hund höchstwahrscheinlich das Baby nicht als Menschen, es konnte angegriffen werden - insbesondere in der äußersten Erregung, in der er sich befand.

Visavis: *Joe Graham beim Ritt auf dem großartigen, kletternden Bulldog Tiger.*

UNTER DRUCK!

Hier muß ich schnell ergänzen, daß zahlreiche Hundeexperten schon immer bei großen, kraftvollen Hunden zu äußerster Vorsicht mit Babys raten. Die mögliche Gefahr besteht darin, daß jeder Hund seiner Natur nach ganz klar und einfach ein Raubtier ist; und vielleicht erkennt er einmal ein Baby überhaupt nicht als menschliches Wesen. Objektiv betrachtet, ein Kleinkind sieht beträchtlich anders aus als wir, es macht seltsame Geräusche und bewegt sich auf allen Vieren. Aus diesem Grund ist der Prozentsatz von Tötungen durch Hundeangriffe in erheblichem Umfang auf Kinder konzentriert. Und aus diesem Grunde bin ich nicht bereit, den Namen »Baby-Killer« für einen Bulldog zu akzeptieren, solange derjenige, der dieses Wort ausspricht, nicht auch Collies, Deutsche Schäferhunde, Labrador und auch bestimmte Menschen einbezieht, denn sie alle töten eine viel größere Anzahl Babys als der Bulldog.

Oben: *Reid's Billy, ein zweifacher Sieger.*
Visavis: *Joe Graham's Buck war der erste Bulldog, der in England für Unterordnungsprüfungen und Schutzhundearbeit ausgebildet wurde.*

Um die Geschichte fortzusetzen, nach dieser ersten echten Bulldog-Attacke kamen wohl auch andere. Die Hauptursache liegt darin, daß die Hunderasse sehr schnell immer größere Popularität erreichte. Da diese Hunde nicht vom American Kennel Club (AKC) eingetragen werden, gab es hierüber keine eindeutige Statistik. Und da die Attraktivität der Rasse besonders stark in jenen Bevölkerungsschichten gewachsen war, die der sozial niedrigeren wirtschaftlichen Schicht angehören, zeigte sich die steilwachsende Hundezahl weniger in den Unterlagen der Hundesteuerstatistik. Und was uns selbst, die Liebhaber in den »oberen Klassen« angeht, viele der Besitzer meldeten ihre Hunde aus prinzipiellen Erwägungen nicht unter dem Namen »Pit Bull« an, weil sie wußten, daß viele örtliche Verwaltungen sie als Besitzer von Pit Bulls unter der Rubrik »Hundekämpfer« führen würden. Es ist natürlich verständlich, daß die Besitzer von Pit Bulls ihre eigenen Chancen offenhalten wollten, für den Fall, daß ihre Hunderasse je auf den Index kam.

Ich kämpfe natürlich mit aller Anstrengung gegen solche Vorhaben und sehe eine solche Endlösung nur als schwache Möglichkeit. Man muß aber sehen, daß wenn eine Hunderasse so zahlreich wird, im gleichen Umfang auch das Gefahrenpotential wächst. Wenn man jetzt

UNTER DRUCK!

Links: *Nick's Brewzer mit einer reinrassigen Manx-Katze.*

Visavis: *Mim's Hard Jack (aus Mims's Pilot - Clemens's Midnight).*

noch hinzusetzt, daß ein großer Prozentsatz dieser Hunde in den Händen wenig verantwortungsbewußter Menschen steht, die vor allen Dingen auch über die Rasse nichts wissen, dann erscheint die Gefahr einer schlechten Presse noch sehr viel größer.

Ein vor kurzem erschienener Artikel in *Dog World* berichtet über die Erfahrungen von Sanitätern in Harlem. Der Autor bestätigt, daß die populärste Hunderasse in Harlem wirklich der Pit Bull ist. Ich habe selbst festgestellt, daß diese Hunderasse in den niedrigeren Einkommensklassen, die ich bei meinen Reisen quer durchs Land angetroffen habe, unglaublich populär ist. Der Autor in *Dog World* zitiert eine Reihe von Hundebesitzern, wonach diese ihre Hunde mit anderen kreuzen. Fest steht, daß Kreuzung eines Bulldogs mit anderen Hunderassen geradezu zum Rezept für Unheil werden kann. Wenn diese Rasse nämlich mit selbst nur leicht aggressiven Hunderassen wie beispielsweise Boxer oder Deutschen Schäferhunden gekreuzt wird, werden die Nachkommen aller Wahrscheinlichkeit nach die Neigung zu Menschenaggression der anderen Hunderasse zeigen, jetzt aber gepaart mit der Kraft und Hartnäckigkeit des Pit Bull.

Ein Pitdogliebhaber aus dem Osten übernahm für einige Zeit die Aufgabe, Parkuhren abzulesen, als Zuschuß zu seinem Einkommen aus einer Milchviehfarm während eines schwierigen Jahres. Er beobachtete, daß seine Kollegen bei der Parkuhrüberwachung sich besonders vor Pit Bulls fürchteten. Er versuchte ihnen klar zu machen, wie falsch dies sei, entdeckte aber selbst, daß es unter den Hunden einige gab, die wirklich *Menschen gegenüber aggressiv waren*. Es ist schwer sich vorzustellen, wie schockierend eine solche Entdeckung gerade für einen Mann ist, der sein Leben lang Bulldogs rückhaltlos liebte.

Das bedeutet natürlich nicht, daß die Rasse durch diese Einkreuzungen ruiniert wäre. Was aber einfach gesehen werden muß - während es bisher in der gesamten Rasse nahezu keine, dem Menschen gegenüber aggressive Tiere gab, sind es - genau wie bei anderen Hunderassen *heute einige*. Aber ganz besonders wichtig, es ist gerade das Zuchtmaterial *aus der Pit*, dessen Tiere *Menschen gegenüber außerordentlich verläßlich sind*; und es sind die Hunde aus den Zuchten *ganz bestimmter Kreise,* aus denen Menschen gegenüber mißtrauische Hunde stammen. Dies ist wirklich ein krasser Kontrast zu den Behauptungen in einem Artikel eines Tierschützers, in dem argumentiert wird, daß Hundekampf nicht nur im Widerspruch zu den Grundrechten der Tiere steht, sondern insbesondere auch Tiere hervorbringt, welche Menschen bedrohen. Dies ist natürlich ein sehr cleveres Plädoyer, wahrscheinlich sogar ernst gemeint, aber es geht an den Tatsachen vorbei. Denn Hundekämpfer mochten und mögen menschenaggressive Hunde nicht, merzen sie aus ihren Zuchten planmäßig aus.

UNTER DRUCK!

Im schlimmsten Fall haben wir deshalb im Pit Bull heute eine Hunderasse, die was Aggressivität gegen Menschen angeht, auf dem Durchschnitt der anderen Hunderassen angekommen ist; und diese Feststellung ist nur korrekt, wenn wir dabei die in bestimmten Kreisen gezüchteten aggressiven Tiere in den Rassedurchschnitt mit einbeziehen.

Geht man von dieser Tatsache aus, scheint es absurd, wenn renommierte Schriftsteller wie Dr. Michael Fox, Tierarzt und Autor zahlreicher Bücher, alle Pit Bulls einschließlich American Staffordshire Terrier in einem Zeitungsartikel als bösartig brandmarkt. Wenn er eine dieser Rassen selbst haben wollte, würde er nach seiner Meinung, einen solchen Hund aus England importieren (inzwischen importiert England APBTs aus den Vereinigten Staaten). Ich habe die Bücher von Fox über den Wolf und andere Wildcaniden sehr gerne gelesen. Seine Anmerkung über den Pit Bull verraten jedoch nicht nur einen Mangel an kritischem Denken, sondern auch mangelhaftes Urteilsvermögen, in dem er Kommentare zu etwas abgibt, von dem ihm offensichtlich nähere eigene Erkenntnisse fehlen.

Ironman's Blue, ein Nachkomme von Peterbilt und Petronellis's Fox.

Pollard's Mike, ein Beispiel der selteneren großen Pit Bulls mit 27 kg Gewicht.

Leider haben fehlerhafte Informationen und Beiträge ohne eigene Kenntnisse größeren Einfluß auf die Öffentlichkeit. Die öffentliche Meinung wiederum beeinflußt dann die Politiker. Deshalb finden wir auf einer ganzen Anzahl von Titelseiten der heutigen Zeitungen solche Kampfhundeschlagzeilen. Eine Stadt nach der anderen erläßt Verordnungen, die in irgendeiner Weise den Besitz eines Pit Bulls einschränken. Viele der großen Illustrierten und der meinungsbildenden Fernsehprogramme haben entstellte Geschichten über die Rasse verbreitet. Meiner Meinung nach liegt eine der Schwachstellen dieser Geschichten darin, daß Journalisten schon vor Beginn des Schreibens im voraus wissen, wie diese aussehen soll. Aus diesem Grund veröffentlichen sie alles, was in ihre vorgefaßte Meinung paßt. Und ich spreche wirklich als ein Mann, der mit Journalisten seine eigenen Erfahrungen gemacht hat.

Als Mensch habe ich zuweilen meine eigenen Perioden des Zweifels und der Depression, diese sind aber glücklicherweise von kurzer Dauer, denn ich versuche mir immer vor Augen zu halten, daß sich die Dinge meist im Kreise drehen. Ich erinnere mich gut, wie Kalifornien das erste Gesetz erließ, das Hundekämpfe zum Verbrechen erklärte. Dieses Gesetz beunruhigte mich, denn es gab den »Menschenrechtsgruppen« (Tierschützern) viel zu viel Macht, und ich befürchtete, daß unschuldige Bulldogbesitzer darunter zu leiden hätten. Freunde, die sich ihrerseits beunruhigten, ich selbst könnte eines der unschuldigen Opfer werden, bedrängten mich, aus diesem »Unrechtstaat« auszuwandern. Heute hat nahezu jeder einzelne Staat in den Vereinigten Staaten ein Gesetz gegen Hundekämpfe, das noch viel schlimmer ist als das Originalgesetz von Kalifornien. Und in der Zwischenzeit hat Kalifornien selbst sein Gesetz im Strafrahmen still auf eine Ordnungswidrigkeit zurückgeführt.

Oben: *Rush Tango, Gewicht 26,5 kg, zweifellos in Topform.*
Visavis: *Cleo, drei Jahre alt, 23 kg schwer, eine Hündin aus der Zebo-Zucht von Castelli und Johnson.*

DIE VORFAHREN

Zu den unverkennbaren Unterscheidungsmerkmalen der »Fallstricke« gehören: ein kläglicher, schlechter Geschmack, die Gewohnheit, spät aufzustehen und Langsamkeit beim Verstehen eines Witzes. Nicht viel mehr eindeutige und kennzeichnende Merkmale werden in der Regel mit Pit Bulls durcheinandergebracht. Da die allgemeine Verwirrung so verbreitet ist, glaubte ich, es sei sinnvoll, mir nochmals die Zeit zu nehmen, um zu erklären, welche Hunderassen dem APBT ähneln, aber dennoch »Lichtjahre entfernt von ihm sind«. Das absolut ausschlaggebende Merkmal bei diesen anderen Hunderassen wäre ganz einfach, wenn ein erfahrener »Mann der Pit« diese Hunde in der Pit einsetzen würde. Die schlichte Antwort bei ihnen allen lautet stets *keine*! Aber selbst ein Hundekämpfer könnte durch das Äußere einiger Rassen getäuscht werden, würde dann aber schnell herausfinden, daß sie für seine Zwecke nichts taugen, und dies ist das wahre Merkmal des American Pit Bull Terrier. Um es genau zu wissen, erfolgt der »Game-Test«.

Meine lebenslangen Erfahrungen mit der Rasse haben mich überzeugt, daß alle seine wunderbaren Eigenschaften von diesem Merkmal abhängig sind oder es einfach begleiten.

Der wichtigste Gesichtspunkt, den es zu beachten gilt, ist, daß die meisten Hunderassen heute auf Ausstellungszuchten beruhen. Aus diesem Grund wurden die Rassen in erster Linie auf ihr äußeres Erscheinungsbild gezüchtet. In vielen Fällen besteht die Rassegeschichte vorwiegend aus modischen Veränderungen, ausgelöst von den jeweils einflußreichsten Züchtern. All diese Hunde werden beim American Kennel Club eingetragen. Von vielen Hunde-

Eine Tibet-Dogge kann bis 180 Pounds (82 kg) wiegen. Ihr Herkunftsland liegt im Tibet, heute Bestandteil von China. Hier sagte man der Rasse viel Kraft und die Fähigkeit nach, Haus und Herden nachdrücklich zu verteidigen. Nie wurde bekannt, daß rivalisierende Kämpfe mit anderen Hunden ausgetragen werden.

freunden werden nur die beim AKC eingetragenen Rassen als reinrassig angesehen, alles was hier nicht registriert wird, hat das Odium, keine legitimierte Rasse zu sein. Dies ist in dieser Form sicherlich nicht gerechtfertigt, denn viele der besten und nützlichsten Hunderassen werden vorsätzlich nicht beim AKC eingetragen.

Nicht unerwähnt sollte bleiben, daß der AKC in jüngerer Zeit ziemlich unter Beschuß geriet, man wirft ihm unter seiner Hoheit entstandene ungenügende Zuchtziele vor. In den Hunderassen auftretende Hüftgelenksdysplasie, eine schreckliche und verkrüppelnde Erkrankung, tritt besonders verbreitet bei AKC-Rassen auf, ebenso genetisch bedingte Erblindungen und eine Fülle weiterer Erbkrankheiten. Es wird behauptet, daß diese Anfälligkeit eine direkte Folge davon sei, daß man vorwiegend aufs Äußere und auf Verkaufszahlen achte, ohne andere wichtige Eigenschaften zu pflegen.

Nicht, daß ich dem AKC gegenüber schadenfroh oder mißgünstig wäre (vielleicht doch, *ein wenig*), denn einige Hunderassen, die von ihm eingetragen werden (Labrador Retriever, Shetland Sheepdog, Dachshund, um nur einige zu nennen), mag ich ganz besonders. Aber schauen Sie sich nur die Rassen an, die ich namentlich erwähnt habe! Und daran habe ich ehrlich noch gar nicht gedacht, als ich die Rassenamen in die Maschine tippte (denn dies sind alles Hunde, die ich wirklich liebe). Gerade der Labrador hat Probleme mit Hüftgelenksdysplasie, Shelties sind von genetischer Blindheit bedroht, Dachshunde leiden häufig an Rückenproblemen. Aber vor allem möchte ich herausstellen, daß der American Kennel Club wirklich nicht die einzige Autorität in der Hundewelt ist, die über die Reinrassigkeit entscheiden sollte.

Wie es auch sei, beim Vorstellen der Hunderassen, die mit dem Pit Bull verwandt sind, beginne ich mit den am engsten verwandten Rassen, gehe dann zu den anderen weiter.

AMERICAN STAFFORDSHIRE TERRIER

Beim American Stafford handelt es sich um eine Hunderasse, deren Geschichte eng mit der des Pit Bull verbunden ist. Beide Rassen stammen ursprünglich aus dem gleichen Zucht-material. John P. Colby war einer der herausragenden Züchter des American Pit Bull Ter-riers, es war seine Familie, die maßgeblich dazu beitrug, daß der AKC die Rasse anerkannte. Sie hatten die Hoffnung, daß unter der Vorherrschaft des AKC die Rasse populärer werde. Der erste vom AKC eingetragene Hund war »Pete the Pup«, der seinen großen Ruhm mit dem Film »*Die kleine Rasselbande (The Little Rascals)*« erwarb. Er wurde jedoch als Staf-fordshire Terrier eingetragen, weil der AKC aus zweierlei Gründen keinen anderen Namen anerkannte. Zum einen hatte der AKC bereits einen eigenen Bull Terrier, und dessen Anhän-ger leisteten gegen einen weiteren »Bull Terrier« erheblichen Widerstand. Grund zwei war, daß der AKC zweifellos vermeiden wollte, den gleichen Namen anzuerkennen, unter dem die Rasse bereits seit Jahren durch den United Kennel Club eingetragen wurde. Der UKC war das erste große Zuchtbuch, das den APBT anerkannte, umgekehrt war der Pit Bull die erste Rasse, die vom United Kennel Club anerkannt wurde. All die weiteren UKC-Rassen - einschließlich der Coonhounds - kamen viel später.

Aber heute - mehr als 50 Jahre danach - können die Rassen bestimmt nicht mehr als die gleiche gesehen werden. Die Gründe? Die Rassen wurden nach ganz verschiedenen Ge-sichtspunkten gezüchtet. Das Ergebnis ist der American Stafford, dessen Rassename später

Der American Staffordshire Terrier gehört zu den vielen vom Bulldog stammen-den Hunderassen und ist mit dem American Pit Bull Terrier ziemlich eng ver-wandt. Heute werden die beiden Rassen nicht mehr gekreuzt, deshalb entwickeln sie sich als Vettern auseinander. Foto von John Ashbey.

Der American Stafford (links) *und der Staffordshire Bull Terrier* (rechts) *sind zwei auf den Bulldog zurückgehende Rassen, die auf den verschiedenen Seiten des Atlantiks gezüchtet wurden. Ursprünglich im äußeren Aussehen recht ähnlich, unterscheiden sich die beiden Rassen heute deutlich. Foto: Isabelle Français.*

noch in »American Staffordshire Terrier« geändert wurde, um ihn von dem aus England importierten »Stafford« oder Staffordshire Bull Terrier zu unterscheiden. Der American Stafford ist in seinem Äußeren recht gleichmäßig, aber seine »gameness« variiert von »überhaupt nicht vorhanden« bis zu »sehr wenig«. Zuweilen mag ein Hund vorkommen, der echt »game« ist, aber ein solches Einzeltier ist so selten, daß es als ein Zufallsprodukt der Rasse gesehen werden muß. Die wahre »gameness« ging verloren, weil es keinen Weg gab zu erkennen, mit welchen Tieren man zum Erhalt dieser Eigenschaft züchten sollte. Die Stafford-Besitzer unterlagen dabei dem eigenen Gelübde, keinesfalls ihre Hunde kämpfen zu lassen, so gab es keinen Weg, um festzustellen, ob ein Einzeltier »gameness« besaß.

Da das Äußere das Hauptmerkmal war, wofür die Rasse bekannt wurde, entstand bei den Züchtern ein Trend, stämmige, kraftvoll aussehende Tiere zu züchten, die den Käufern gefielen. Nach vielen Jahren eigener Erfahrung bin ich der Auffassung, daß ein American Staff eher einen Menschen beißen würde als ein APBT. Kreuzungen der beiden Rassen (die von vielen Züchtern gar nicht als Kreuzungen gesehen wurden) könnten sehr leicht Tiere hervorbringen, die Menschen gegenüber gefährlich sind. Höchstwahrscheinlich würden sie dann wieder als »Pit Bulls« in der Zeitung stehen!

STAFFORDSHIRE BULL TERRIER

Er ist die englische Weiterzucht des aus dem alten »Pitdog« entstandenen Ausstellungshundes. Schon vor über 50 Jahren wurde er vom englischen Kennel Club anerkannt, nach

Ausstellungsgesichtspunkten gezüchtet. Er ist kleiner und untersetzter als der American Staffordshire.

Früher waren in Teilen Englands Kämpfe gegen den Dachs legal, und diese Rasse wurde für solche Kämpfe eingesetzt. Einige Züchter sahen darin einen Test auf »gameness«, obwohl dies von einem echten Test unter Einsatz eines zweiten Hundes stark abweicht. Einige englische Züchter behaupten, daß sie einige Hunde noch immer für den Hundekampf verwenden, und daß viele »game« seien. Es besteht aber allgemeine Übereinstimmung, daß sie keinesfalls ebenso »game« sind wie die aus Amerika importierten APBTs. Meiner Meinung nach ist es sogar sicher, daß die aus England importierten Staffords nicht einmal so »game« sind wie die Amerikanischen Staffords selbst.

Als diese Hunerasse Anfang der 1950er Jahre erstmalig in die USA importiert wurde, nahm man allgemein an, daß sie nur eine andere Linie der gleichen Rasse sei. Der American Kennel Club führte sie als »Staffordshire Terrier«, und einige Züchter kreuzten die beiden Rassen und ließen sie als American Staffords eintragen. Eines der Ziele dieser Zuchten war, daß viele American Staff-Züchter glaubten, ihre Hunde würden zu groß. Einen wichtigeren Grund bildete wahrscheinlich das Faible der Amerikaner für alle Arten importierter Hunde. Zu dieser Zeit war einer der strahlendsten, reichsten und einflußreichsten American Staff-Züchter Howard M. Hadley aus Glendora, Kalifornien, und er erkannte schnell, daß die Rassen nicht die gleichen waren. Er widersprach nachdrücklich der Vorstellung, die englischen

Ein ungewöhnlich gefärbter Staffordshire Bull Terrier in England.

DIE VORFAHREN

Staffords als gleiche Rasse anzusehen wie ihre amerikanischen Verwandten, und am Ende behielt er Recht. Der American Kennel Club erkannte den Staffordshire Bull Terrier an.

Allgemein gesagt erschien mir immer, daß der englische Stafford Menschen gegenüber noch liebenswürdiger ist als der American Stafford, aber im Vergleich mit den Originalkampfhunden ist er mehr eine Karikatur seines amerikanischen Ausstellungsvetters. Das kommt daher, daß der englische Stafford geradezu extrem niedrig und gedrungen ist, nahezu bis zum Grad der Groteske. Aber natürlich ist dies für die Ausstellungsleute gerade das Reizvolle, sie mögen keine Hunde, die ganz normal aussehen. Je grotesker, um so besser! Und Du kannst ganz sicher sein, die Ausstellungsleute werden irgendeine Geschichte erträumen, weshalb diese Rasse genauso aussehen muß. Solche Geschichten fielen ihnen ja auch über Dachshunde ein!

BULL TERRIER

Dies ist der größte Verwandte von allen, eine Hunderasse, die lange Zeit als einzige in der Öffentlichkeit als Kampfhund bekannt war. Im Ausstellungsstandard ist sogar die Rede davon, diese Rasse sei »der Gladiator der Hundewelt«. In Wahrheit stimmt dies nicht. Aber natürlich, auch hier gibt es eine hübsch zurechtgezimmerte Geschichte, wie die Begründer der Rasse einmal Hundetypen der alten »Bull-and-Terrier« mit einigen Terriern und möglicherweise einigen Dalmatinern kreuzten, um bessere äußere Linien und größere Schnelligkeit zu gewinnen - ganz zu schweigen von der weißen Farbe. Dann gibt es noch die Legende, wonach Hinks, der Begründer der Rasse, seine Bull Terrier gegen Hunde des alten Typs in den Kampf schickte; sie siegten nicht nur, sondern erlitten so wenig Verletzungen, daß einer davon am nächsten Tag sogar eine Ausstellung gewann. Es tut mir leid, aber hiervon glaube ich kein einziges Wort!

Ursache meiner Skepsis ist nicht alleine meine angeborene Perversität. Die ganze Angelegenheit riecht nach Geschichten, wie sie nun einmal Ausstellungsleuten einfallen. Sie sind

Ein Spitzenexemplar des farbigen Bull Terriers, einer englischen Rasse, die im 19. Jahrhundert entstand.

Der Fang des Bull Terriers ist gestreckter als der irgendeiner anderen vom Bulldog stam-
menden Rasse. Dank dieser Kopfbildung überragte der Bull Terrier in der Rattenpit.
Foto: Isabelle Français.

bekannt dafür, daß sie wegen des angestrebten Aussehens Kreuzungen vornehmen. Aber so was tut man nicht für einen Arbeitshund. Sicherlich würde man keinen Greyhound für die Rennbahn mit einem Pointer kreuzen, um eine bessere Anatomie zu bekommen. Kreuzungen jeder Art müssen Greyhounds langsamer machen, weil diese Hunderasse ganz einfach die Schnelligkeit verkörpert. Aus dem gleichen Grund kreuzt man auch kein Vollblutpferd mit einem Araber oder irgendeiner anderen Pferderasse.

DIE VORFAHREN

Nachstehend das, was sich nach meiner Meinung tatsächlich abgespielt hat, aber es ist - natürlich - nur eine Vermutung. Es handelt sich aber um eine auf Fakten beruhende Folgerung. Sie basiert auf der Grundeinstellung von Arbeitsfanatikern, immer im Widerspruch zu den Ausstellungsleuten. Und meine Vermutung ist auf lebenslanger Erfahrung aufgebaut, Dinge richtig zusammenzusetzen.

Am Anfang stand der brachycephalische Bulldogtyp, der im Aussehen weiter auf diese seltsame Kopfform gezüchtet wurde. Brachycephalisch ist die technische Bezeichnung der nach rückwärts verlagerten Nasenform des modernen Ausstellungsbulldogs und vieler weiterer Hunderassen einschließlich Boxer, Mops, King Charles Spaniel, Pekingese und Bullmastiff, um nur wenige zu erwähnen. Nach meiner Meinung wurde dieser alte Bulldog mit einigen Terriern gekreuzt, um die alten »Bull-and-Terrier« oder »Half-and-Halfs« - wie sie damals genannt wurden - zu züchten. Ich glaube, dies war der »alte Typ« mit dem Hinks arbeitete, um seinen »weißen Kavalier« zu entwickeln. Es ist sogar möglich, daß sich diese Hunde etwas gebissen haben. Aber mit deren altem Fang hätten sie sich kaum gegenseitig ernsthaft verletzen können! Jedenfalls habe ich Zeichnungen, Stiche und Gemälde von Bull Terriern gesehen, die Ende des 19. Jahrhunderts entstanden, und diese Rasse mit dieser brachycephalischen Kopfform zeigen. So kann es durchaus sein, daß eine solche Auskreuzung auf den »Bull-and-Terrier« gemacht wurde, dies beeinflußte aber die Ausstellungshunde allein, war in der Geschichte des modernen APBT bestimmt kein bedeutendes Ereignis.

Nur als Beispiel, wie Ausstellungsfans ihre Ausstellungsmerkmale geistig erarbeiten, also Aspekte des äußeren Erscheinungsbildes. So soll der Bull Terrier in den Vorderläufen breit stehen, damit er nicht leicht von den Läufen gerät; außerdem muß er jene dreieckigen Augen aufweisen, damit diese nicht so leicht verletzt werden. Was diese Leute damit meiner Meinung nach tatsächlich erreicht haben, ist ein breit gebauter, fetter Hund, der überhaupt nicht gut zu sehen vermag. Und dieser Hund könnte sich seinen Weg nicht einmal aus einem Papiersack erkämpfen!

DER AUSSTELLUNGSBULLDOG

Da alle erwähnten Hunderassen in einer bestimmten Verwandtschaft zueinander stehen, komme ich jetzt zum gemeinsamen Ahnherrn. Ich hoffe, meine Leser haben Geduld mit mir, interessieren sich für diese Dinge - oder überschlagen einfach diesen Abschnitt!

Wie mehrfach unterstrichen, ist der American Pit Bull Terrier der reinste Vertreter des Bulldogs alter Zeit. Er sieht so aus wie er, er verrichtet die gleichen Aufgaben, für die der Bulldog ursprünglich gezüchtet wurde. Das heißt - er ist ein furchtloser Kämpfer, er prescht los und greift wilde Tiere - von der Wildsau bis zum Löwen - an, packt für den Bauern einen Bullen oder ein Schwein und hält sie fest, bis der Farmer das Tier selbst sicher kontrolliert.

Auch beim modernen APBT haben wir einzelne Tiere, die im Äußeren voneinander abweichen. Dies ist natürlich in bestimmten Umfang bei allen Hunderassen so. Es gibt aber dabei ein voraussagbares Muster. Beispielsweise sind vorbeißende Hunde in keiner Weise eine Seltenheit. Der Grund ist einfach der, daß Hunde, die Aufgaben wie die unsrige verrichten, einfach einen kräftigen Unterkiefer brauchen. Da es von der idealen Gebißstellung natürliche Abweichungen in beiden Richtungen gibt, führt der kraftvolle Unterkiefer häufig zum Vorbiß. Ist dieser Vorbiß nicht zu stark ausgeprägt, wird der Biß - besser

Visavis: Der englische Ausstellungsbulldog betrat 1860 erstmals den Ausstellungsring. Durch selektive Zucht auf erwünschte Merkmale hat der Bulldog über die Jahre sein Äußeres stark verändert. Achte auf seinen großen Kopf, die Rosenohren und den Vorbiß.

DIE VORFAHREN

ausgedrückt, die Kraft seines Bisses dadurch nicht beeinträchtigt. Reicht jedoch der Vorbiß so weit, daß man die unteren Zähne sehen kann, ist es nahezu immer vorausschaubar, daß dieser Hund nicht die notwendige Beißkraft hat.

Manchmal liegen die Verhältnisse wirklich extrem, wenn nämlich das Tier zusätzlich zum starken Vorbiß noch einen kurzen Fang hat. Ich kann mir leicht vorstellen, was einem solch extrem geforderten Tier in der Frühgeschichte der alten Bulldogs passiert wäre. Sein exotisches, menschenähnliches Äußere hätte es ziemlich wahrscheinlich zum geschätzten Familienhund gemacht, der sich dann nach und nach in einen Ausstellungshund verwandelte. Denn in der Welt der Ausstellungshunde sind exotische und groteske Hunde ja das Höchste.

Es ist eine seltsame Ironie, daß der »Bulldog« heute offiziell beim AKC unseren Rassennamen trägt - ebenso bei allen anderen Rassezuchtvereinen für Ausstellungshunde - damit ist auch der Name in der Öffentlichkeit verankert. Wenn das, was ich denke, wahr ist, sich alles so ereignete, erscheint es durchaus wahrscheinlich, daß der »Bulldog« ein genauso reiner Nachkomme des alten, historischen Bulldogs ist wie unsere Pit Bulls. Der Ausstellungsbulldog ist aber derjenige Vertreter, der um der Mode und des Aussehens Willen von dem alten Originaltyp weggezüchtet wurde. Ja richtig, seine Merkmale wurden wie bei typischen Ausstellungshunden modemäßig unterstrichen. Sein brachycephalischer Kopftyp wird »lay back« genannt, dabei unterstellt man, daß durch die zurückliegende Nasenöffnung der Hund

Der englische Bulldog mit seinem Welpen dokumentiert das sehr viel freundlichere Wesen des heutigen Ausstellungsbulldogs im Vergleich zu seinen in der Pit kämpfenden Vorfahren.

Dieser American Bulldog zeigt den für diese Rasse charakteristischen stark bemuskelten, kräftigen Körper. Es handelt sich mehr um einen aktiven Wach- als um einen Ausstellungshund, und der American Bulldog gewinnt in den USA eine aktive Anhängerschaft.

noch immer atmen kann, während er den Bullen festhält. Die breite Stellung der Vorderläufe sollte dem Hund Standfestigkeit geben, wenn er den Bullen bei der Nase packt. Vielleicht sollen auch seine winzigen Hinterläufe ihm Beweglichkeit der hinteren Partien geben. Alles Unfug. Wer je einen Hund beobachtet hat, der in der Landwirtschaft Tiere festhält, weiß, daß ein Ausstellungsbulldog das nie könnte. Hierfür hat der Bulldog nicht den richtigen Fang, seiner hat mit dem Packen eines Bullen nichts mehr zu tun. Er verfügt für diese Aufgaben weder über die Beweglichkeit noch die Ausdauer. Und ich müßte wirklich einmal einen Bulldog kennenlernen, der überhaupt die notwendige Passion für diese Arbeit hätte.

Für viele Hundeliebhaber ist der moderne Ausstellungsbulldog ein ausgeprägter Charakter, er wurde zum Nationalsymbol von Großbritannien. Es macht mir überhaupt keine Freude, etwas gegen andere Hunderassen zu sagen. Aber ich würde kneifen, wenn ich nicht zumindest die Tatsachen aufführte. Ich habe bereits erwähnt, daß der American Kennel Club in der Öffentlichkeit wegen des Gesundheitszustandes der Hunde, die unter seiner Betreuung so geworden sind, Kritik ausgesetzt ist. Unglücklicherweise hilft ihm in seiner Verteidigung der Ausstellungsbulldog sicher nicht. Kurzlebig und mit stumpfen Sinnen muß der Ausstellungsbulldog häufig seine Welpen durch Kaiserschnitt gebären, weil sein lächerlich kleines Becken nicht genug Platz läßt, um einen lächerlich gewordenen riesigen Kopf durchzulassen.

*Ein Mastino Napoli-
tano, bei dem die
eine Hälfte aus der
Swinford's-Bandogge-
Züchtung stammt.
Dies ist Ossa,
die vor dem gut
beschützten, sehr ge-
liebten Cherimoya-
Baum ihrer
Besitzerin steht.*

DER AMERICAN BULLDOG

Von dieser Rasse wird behauptet, sie sei ein direkter Nachkomme des Bulldogs alter Zeit. Das mag wahr sein, er sieht aber bestimmt nicht so aus wie die Gemälde und Holzschnitte des alten Bulldogs. Es gibt auch wenig Grund, diese Behauptung zu glauben. Ein Züchter in Georgia hat die Werbetrommeln für seine Hunderasse geschlagen, er erhebt den Anspruch, daß seine Hunde tatsächlich alte Bulldogs seien. Er wird mir hoffentlich Pardon gewähren, daß ich hier ziemlich skeptisch bin, aber ich hätte zu gerne wenigstens ein paar echte Beweise!

Obgleich diese Hunderasse durch den AKC bisher nicht anerkannt wird, könnte sie eines Tages doch Erfolg haben, denn die Leute scheinen so große, rustikal aussehende Hunde dieser Art zu mögen. Sie ähneln etwas einem hängeohrigen Boxer, sind aber viel größer, und wiegen zwischen 36 bis 45 Kilo.

SWINFORD BANDOGGE

Bei dieser Hunderasse wird gar nicht erst behauptet, sie habe eine alte Geschichte. Die Zucht wurde von einem Tierarzt namens Swinford begonnen, ein völlig legitimes Unterfangen. Die Menschen versuchen immer, was es gibt, zu verbessern. Swinford war sich darüber klar, daß der American Pit Bull Terrier der überragende Kampfhund war, dennoch versuchte er, einen noch besseren zu züchten. Seine Theorie, die bestimmt einige Logik hat, ging dahin, daß er Erfolg hätte, wenn es ihm gelänge, die Größe wesentlich zu steigern. Da er aber nicht die Geduld aufbrachte, durch planmäßige Zucht die Körpergröße des APBT anzuheben, paarte er eine Mastino Napolitano-Hündin mit einem guten American Pit Bull Terrier-Rüden und setzte dann mit Hilfe von Freunden die Zucht fort, versuchte durch planmäßige Zucht auf Größe und »gameness«, eine eigene Rasse zu entwickeln.

Nach etwa 10 Jahren dieser planmäßigen Zucht wurden die Pit Bull-Besitzer zum Wettbewerb herausgefordert. Einer von ihnen kam mit einem 27 Kilo schweren Rüden, der gegen einen 60 Kilo schweren Herausforderer antrat. Und dieser kleine Hund jagte innerhalb von 12 Minuten den größeren aus der Pit.

DER AKITA

Jetzt kommen wir zu Hunderassen, die nicht mit dem American Pit Bull Terrier verwandt sind, aber gleichfalls für Hundekämpfe eingesetzt wurden. Der Akita ist eindeutig nicht mit dem APBT verwandt, bereits sein Äußeres zeigt, daß er zur Familie der nordischen Schlittenhunde gehört, keine Ähnlichkeit mit dem bulldog-mastiff-artigen Aussehen vieler anderer Kampfhunde hat. Nach Carl Semencic, Autor des Buches *The World of Fighting Dogs,* glauben die heutigen Akita-Züchter überwiegend, der Akita sei ein Jagdhund. Semencic begründet aber überzeugend, warum er diese Rasse in die Kampfhundekategorie eingereiht hat.

Der Akita ist eine eingeborene japanische Hunderasse, hat ein plüschartiges Haarkleid, Stehohren und eine Ringelrute, ein klarer Hinweis darauf, daß die Rasse auf nordische Hunde zurückgeht. Bei einer Schulterhöhe von 60-72 cm wiegt der Akita 34-50 Kilo.

Die Wurzeln des Shar-Pei liegen in China. In den 1970er Jahren, als es in diesem Land nur noch sehr wenige überlebende Exemplare gab, brachten Liebhaber diese Hunde nach den USA, wo ihre Zucht aufblühte. Als der Shar-Pei erstmalig nach Amerika kam, galt er als eine der seltensten Hunderassen der Welt.

Ich erinnere mich recht gut an den ersten Import eines Akita nach den USA, seine Besitzer verkündeten stolz, dies sei jetzt die Rasse, welche den Pit Bull als ersten Kampfhund des Landes entthronen werde. Nachdem diese Zielsetzung nicht gelungen ist, haben wahrscheinlich die Anhänger des Akitas zu der Meinung gefunden, er sei ein Jagdhund.

Es muß einen Grund geben, warum die Japaner, die uns so vorzügliche kleine Autos schicken, eine Schwäche für große Hunde haben. Der Akita ist ein Beweis dafür, denn diese Hunde bringen häufig mehr als 50 Kilo auf die Waage.

DER SHAR-PEI

Diese Rasse kam erstmals als »Chinesischer Kampfhund« (Chinese Fighting Dog) in unser Land. Man nahm an, damit währe die Überlegenheit des Pit Bulls im Kampf am Ende - und es kam wie beim Akita - diese Vorstellung erwies sich als falsch. Tatsächlich waren diese Hoffnungen eine noch viel größere Fehlspekulation.

Viele sagen heute, daß es schon von vorneherein ein Fehler war, diese Rasse überhaupt als Kampfhunderasse anzusehen. Er entstand im Grundsatz durch eine Fehlübersetzung einiger chinesischer Urkunden. Trotzdem wurde diese Rasse in bestimmten »noch nicht aufgeklärten Gemeinden« mit den selben Gesetzen in Bann getan wie andere »Kampfhunde«.

DER TOSA

Hier handelt es sich um einen erstklassigen (*bona fide*) Kampfhund aus Japan. Ähnlich dem Akita ist der Tosa sehr groß. Tatsächlich sieht er aus wie ein sehr großer und stark belefzter APBT. Ich habe nur einen dieser Hunde gesehen und war von ihm sehr beeindruckt. Die meisten Riesenhunderassen sind bedauernswerte, zu kurz gekommene Tiere, schwerfällig im Verstand, kurzlebig und lange nicht so furchterregend, wie ihre Besitzer glauben.

Der Tosa bildet hier jedoch eine Ausnahme, es handelt sich um einen legitimen Kampfhund. Ich habe mir von asiatischen Menschen, wo Hundekämpfe legal sind, erzählen lassen, daß selbst die Besitzer von APBTs den Tosa nicht unterschätzen. Man geht davon aus, daß man zumindest einen Bulldog von etwa 20 Kilo braucht, um mitzuhalten. Trotzdem scheint die Sonne über dem Tosa als Kampfhund unterzugehen, einfach deshalb, weil selbst seine Anhänger in Japan den American Pit Bull Terrier nach und nach bevorzugen.

Hierfür haben sie gute Gründe. Ein kleinerer Hund ist ein angenehmerer Haushund. Und besiegt er furchterregende Hunde mühelos, braucht man keinen eigenen solchen Hund!

Früher in der »Dogpit« von Japan sehr populär, würde der Tosa bis zum Tode kämpfen, ohne je einen hörbaren Laut von sich zu geben. Der Tosa wurde planmäßig auf Größe und stummen Kampf gezüchtet und kann bis 90 kg wiegen. Ein wahrhaft eindrucksvoller Hund.

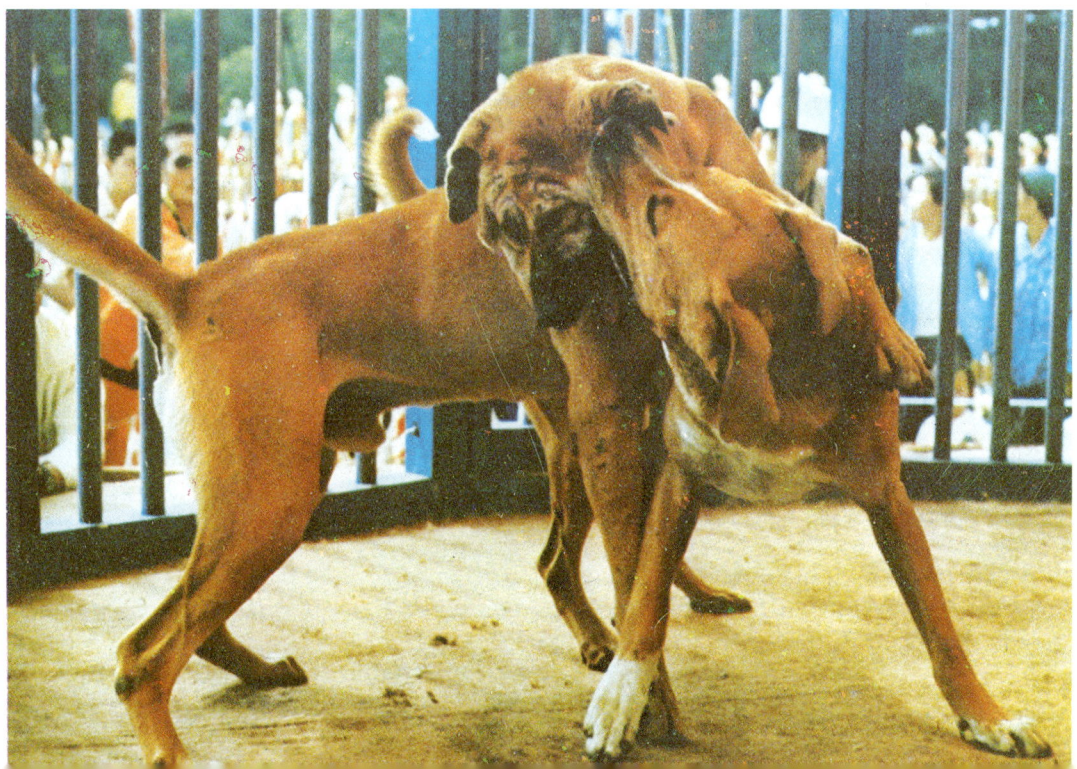

Oben: *Der »zwielichtige«, gut vor der Sonne geschützte Freeman's Rusty Red Boy.*
Visavis: *Sam, Besitzer: Gary McCurdy.*

DER WAHRE McCOY

Der wahre *bona fide* American Pit Bull Terrier hat mehr als Glück und mehr als Schneid! Alle APBT-Anhänger sind wie ich fest davon überzeugt, daß er der direkte Nachkomme des Bulldogs aus alter Zeit ist. Wenn dies richtig ist, steht er am Ende von Jahrhunderten planmäßiger Zucht auf Mut und Schneid. Und Mut und Schneid besitzt er ! Ja, er hat tatsächlich etwas mehr als Mut und Schneid - und diese Eigenschaft nennt man »gameness«.

Von Sportkommentatoren, Schriftstellern und vielen Menschen wird der Begriff »gameness« immer wieder falsch gebraucht. Für den »Pitdog-Man« hat er aber eine eigene, außerordentlich wichtige Bedeutung. »Gameness« bezieht sich genau auf die Eigenschaft, *nie aufzugeben*, ganz gleich was geschieht, was ringsum vorgeht. Die wahre, echte »gameness«, welche die »Pitdog-Men« bedingungslos suchen, läßt sich gar nicht leicht erreichen, aber sehr leicht verlieren! Noch immer haben heute nahezu alle Angehörige dieser Hunderasse ein bestimmtes Maß dieser Eigenschaft, das den Durchschnittsbürger in Erstaunen setzen würde - selbst wenn es für den »Pitdog-Man« wenig eindrucksvoll wäre.

An dieses Idealbild der »gameness« muß man sich einige Zeit gewöhnen, hier reicht es vielleicht aus, zu sagen, daß dies *die entscheidende Eigenschaft* ist, die von den Anhängern am meisten geschätzt wird. Und es ist meine feste Überzeugung - nach mehr als 40 Jahren eigener Erfahrung - daß es die »gameness« des Pit Bulls ist, die sein felsenfestes Wesen, seinen einzigartigen Charakter bestimmt und so viele von uns eng mit der Rasse verbinden.

Selbstverständlich ist der American Pit Bull Terrier als Kampfhund am besten bekannt geworden. Und ein Kampfhund ist er wirklich! Natürlich gibt es viele weitere Aufgaben für ihn, aber dies darf nicht die Tatsache verschleiern, daß er *der Kämpfer par excellence* ist. Als Kämpfer ist er so herausragend, daß es schwer fällt, dies genau in Worte zu fassen. Vielleicht reicht es aus zu sagen, daß er jede andere Hunderasse, völlig unabhängig von ihrer

Größe, besiegt. Jedoch selbst diese Formulierung ist nicht ganz ausreichend, die enorme und einzigartige Kampffähigkeit dieser Hunderasse auszudrücken.

Natürlich ist es völlig klar, daß viele Menschen sagen, daß eine solche Kampffähigkeit wenig nützt und sie von einem Hund, der diese besitzt, unbeeindruckt bleiben. In Ordnung, ich respektiere diese Meinung, sie sollen sich doch irgendeinen anderen Hund kaufen, uns aber unseren Hund gönnen. Sie sollen nicht mit uns streiten, solange wir beide - jeder auf seine Weise - uns als Hundeliebhaber verhalten. Es ist natürlich wahr, daß der Pit Bull noch andere Qualitäten hat, so daß selbst jene, die seine Kampffähigkeit abstoßend finden, ihn dieser Eigenschaften wegen gerne hätten. Es ist jedoch meine felsenfeste Überzeugung, daß niemand in aller Welt einen dieser Hunde besitzen sollte, der ihren Wunsch und ihre Fähigkeit zu kämpfen nicht zumindest gut versteht, bereit ist, die notwendigen Konsequenzen zu tragen - nämlich viel zusätzliche Vorsicht und Fürsorge. Wenn sie so etwas nicht akzeptieren, sollten sie wirklich einfach eine andere Hunderasse wählen.

Mit einer Geschichte über einen unter den Pit-Liebhabern der USA recht bekannten Mann möchte ich zusätzlich illustrieren, wie gut diese Hunde sind. Der Held der Geschichte war ursprünglich Polizeioffizier in New York und besaß später dort ein Installationsgeschäft. Als Installateur hatte er es mit vielen Typen von Hundebesitzern zu tun, und jedermann wußte, daß er Bulldogs besaß. Im Erdgeschoß des Installationsgeschäfts war eine Pit eingerichtet. Kam dann jemand mit einem Hund vorbei, von dem man glaubte, er könne es mit einem Bulldog aufnehmen, wurde seine Neugierde befriedigt - das waren noch andere Zeiten.

Alle Arten von Hunden traten an, von großen Rottweilern über Tosas bis Airedales, sie wurden gegen Bulldogs eingesetzt. Und über viele Jahre haben seine Bulldogs nie einen einzigen Kampf verloren! Selbst ich, der ich diese Hunde als eine Art »Superhunde« ansehe, hätte ein so überzeugendes Ergebnis nicht vorausgesagt. Aber was dies so eindrucksvoll macht, ist erstens, daß nur die besten anderer Hunderassen hereingebracht wurden. Keiner der Hunde trat an, bevor er nicht in seiner Rasse bereits ein absolut herausragender Ausnahmekämpfer war. Die Bulldogs auf der anderen Seite waren in der Regel zweitklassige Tiere, denn kein »Pitdog-Man« vergeudet einen Spitzenhund mit guten Aussichten in der Pit in einem »pick-up-match« gegen einen Köter (cur). In diesem Zusammenhang muß klargestellt werden, daß mit dem Ausdruck »cur« jeder andere Hund mit Ausnahme der Bulldogs bezeichnet wird. Dies soll keine Beleidigung sein! (Es handelt sich einfach um Tradition, die weit in die Vergangenheit zurückreicht.) Was außerdem noch unbedingt berücksichtigt werden muß, ist die Tatsache, daß die meisten »Pitdogs« Zwinger- oder Kettenhunde sind; daher haben sie wenig Bewegung, es sei denn, sie werden auf einen Kampf vorbereitet. Auf diese Art handelte es sich bei den Hunden des Installateurs in der Regel um Bulldogs, die nur einmal hereingebracht wurden, um gegen einen in aller Regel größeren Gegner anzutreten, der höchstwahrscheinlich in sehr viel besserer Kondition stand als der Bulldog. Und schließlich kommt dann noch die Frage der Größe! Die meisten Bulldogs sind überhaupt nicht groß, die besten sind sogar in aller Regel klein. Und Größendifferenzen kann man nicht einfach wegwischen. Deshalb hätte man doch zumindest annehmen müssen, daß der eine oder andere Hund einfach aufgrund dieser Tatsache hätte gewinnen müssen. Aber es reichte nie aus, um die unglaublichen Kampfeigenschaften eines Bulldogs zu übertreffen.

Am erstaunlichsten für mich war die Tatsache, daß keine »Bandogge« je einen solchen Kampf gewann. Richtig betrachtet waren alle jene, die mit ihren Hunden antraten, wohlsituierte und erfahrene Leute. In ihrer Zucht ließen sie sich von Tierärzten beraten, die mit Sicherheit einiges von Genetik verstanden. Du wirst Dich daran erinnern, daß die Bandogges durch Kreuzung eines guten, sorgfältig gezüchteten Bulldogs mit einem Mastino Napolitano entstanden, und von dem Mastino nimmt man an, daß mit ihm in Italien gekämpft wurde. Diese riesigen Hunde waren über zehn Jahre planmäßig auf Schnelligkeit und »gameness«

Dolly Danger im Getreidefeld.

gezüchtet worden, ehe ihre Besitzer die Bulldogs herausforderten. Und selbst gegenüber diesen riesigen Geschöpfen gewannen die Bulldogs, groß oder klein, die Oberhand.

Ich wurde von einigen Chinesen nach Taiwan eingeladen, aufgrund von Terminschwierigkeiten konnte ich die Reise aber nicht antreten. Mr. Greenwood, der zu dieser Zeit an der Spitze der American Dog Breeders' Association stand, ging an meiner Stelle auf die Reise. Nach dieser Reise hat er mich mehrfach freundlich verspottet, daß ich ein solches Abenteuer ausgelassen hatte, nur um an einer wissenschaftlichen Tagung teilzunehmen! Was Mr. Greenwood am meisten zu sehen wünschte, waren die Tosas. Er sah nur sehr wenige. Als er fragte, wo denn alle die Tosas hingekommen seien, erzählte man ihm, die Pit Bulls hätten sie alle getötet. Nun, es ist durchaus möglich, daß Du hiervon in keiner Weise beeindruckt bist, mich hat dies aber mit Sicherheit nachdenklich gemacht!

Außer dem Sieg über andere Hunderassen bestätigte sich der Bulldog in weiten Teilen des Landes im Kampf gegen Timberwölfe und Wildhunde. Bei all diesen Gelegenheiten besorgte ein Hundeausbilder oder ein Tierarzt mit Interesse an Hundeethologie die Wildcaniden. Tatsächlich kam es bei diesen Versuchen nie wirklich zu einem echten Kampf, denn der Wolf oder der Wildhund waren ganz einfach zu tief erschrockene Tiere, die nichts mehr wünschten als von dem Dämon befreit zu werden, der sie da festhielt.

Hier muß unbedingt daran erinnert werden, daß in der Wildnis Tiere nie in der Art kämpfen wie Bulldogs (oder Menschen). Ihre »Kämpfe« sind in erster Linie Imponiergesten, technisch als »Drohhaltung« bekannt. Wenn sich die Lage tatsächlich zu einem Kampf

DER WAHRE McCOY

entwickelt, ist dieser schnell vorbei, der Sieger stellt den Angriff ein, wenn der Unterlegene die »Demutshaltung« einnimmt. Das ganze läuft etwas komplizierter und technischer ab als hier dargestellt, aber das Prinzip ist richtig beschrieben.

Wichtig ist, daß wir uns gar nicht wundern dürfen, wenn wilde Tiere von einem »professional« wie dem Bulldog terrorisiert werden. Erwähnenswert bleibt, daß der Timberwolf ein riesiges Raubtier ist, das in der freien Natur Elche angreift und niederreißt. Ich habe hierüber Filme gesehen und war echt beeindruckt. Der Timberwolf hat auch viel größere Zähne als jede Hunderasse, diese Tatsache hat einige strittige Diskussionen unter Wissenschaftlern ausgelöst, die den Hund als vom Wolf abstammend sehen.

Lundberg's Penny.

Bulldog als Wächter von Haus und Hof!

Hierfür gibt es eine ganze Reihe möglicher Erklärungen, darunter auch, daß der Hund tatsächlich von einer Unterspezies des Wolfs mit kleineren Zähnen abstammt. Alternativ ist auch denkbar, daß Haushunde durch planmäßige Zucht kleinere Zähne und Ringelruten bekamen, wodurch man sie auch von wilden Wölfen leichter unterscheiden konnte. Hierfür könnten die heutigen Schlittenhunde ein Beispiel sein. Tatsache ist, daß der Wolf wirklich ein schreckliches Raubtier ist. Die Frage lautet, wäre der Bulldog in der Lage, ihn zu besiegen, wenn er sich stellte und gegen ihn kämpfte. Die Antwort ist rein akademisch, denn höchstwahrscheinlich ist einer der Gründe, weshalb der Wolf wegläuft, die Tatsache, daß er nicht die Fähigkeit entwickelt hat, Schmerzen in gleicher Art zu ertragen wie der Bulldog.

Ein anderes wildes Tier, das der Bulldog siegreich zu bekämpfen weiß, ist der Vielfraß - ein Tier von furchterregendem Ruf. Zwei Jäger aus Alaska und Kanada haben mir Bilder zugesandt, die Bulldogs im Kampf mit dem Vielfraß zeigen, mit dem Bulldog als Sieger!

Wenn der Vielfraß Dich schon nicht beeindruckt, wie wäre es mit einem Löwen? Weltweit wird der Löwe heute gemeinsam mit dem sibirischen Tiger als das furchterregendste Tier unter den Raubtieren angesehen. Aber selbst ich würde nicht erwarten, daß der Bulldog einen Löwen Tier gegen Tier besiegt. Und dennoch ist so etwas schon geschehen. Hierzu liegt ein Bericht von Pierce Egan vor. Danach wurden im Elizabethanischen Zeitalter Englands zwei Mastiff-Kreuzungen gegen einen Löwen gehetzt. Nach dem Bericht von Egan fürchteten sich die Mastiffs, den Löwen anzugreifen, so blieb es Sache des kleinen Bulldogs, sich alleine auf den Löwen zu stürzen, ihn an der Nase zu packen. Der Bulldog erschreckte den Löwen so sehr, daß dieser nur noch versuchte, von dem kleinen Bulldog wegzukommen. Es gab zu dieser Zeit auch noch weitere derartige Kämpfe mit Raubtieren. Bestimmt war nicht immer der Bulldog der Sieger, aber alleine die Tatsache, daß er zumindest einmal ein so überlegenes Raubtier besiegte, verdient Bewunderung. Um ganz ehrlich zu sein, ich halte die Erzählungen von Pierce Egan insgesamt für nicht sehr zuverlässig, aber es gibt in dieser Geschichte so viele Einzelheiten, die wie die Wahrheit klingen - beispielsweise das Festhalten an der Nase und die Vorstellung, daß sich der Löwe vom Hund zurückzog - so daß die ganze Geschichte doch einiges an Glaubwürdigkeit gewinnt.

Nun, wir wissen natürlich, der American Pit Bull Terrier ist weder aus Stahl, noch entstand er aus Krypton (äußerst seltenes Edelgas), wie kann er also so erstaunliche Siege

Bell's Dundee Jones ist ein Sohn von Winn's Red Neck.

Ch. Crash, ein Sohn von Tombstone.

DER WAHRE McCOY

Links: Richard's General Stuart, besser bekannt als »Jeb«, ist ein Sohn von Grand Champion Richard's General Fremont aus der Hündin Champion Lar-San's Gypsy Rose.
Unten: Riptide Brendy, eine sechsjährige Hündin.

Dacolias Tuco, Sohn von Grand Champion Billy, ein einmaliger Pit-Winner.

Bellisle's Buddy und Bellisle's Chunk.

erringen? Wenn wir die Vorstellung akzeptieren, daß er direkt aus den alten Bulldoglinien abstammt, wäre es sicherlich keine Überraschung, daß es um seine Geschicklichkeit so gut bestellt ist. Wir wissen ja auch, daß Greyhounds eine so alte Hunderasse sind, daß wir sie in alten ägyptischen Fresken abgebildet finden. Deshalb erstaunt es uns auch nicht, daß dieser Hund soviel schneller ist als alle anderen. Aufgrund seiner langen Geschichte planmäßiger Zucht auf Schnelligkeit würden wir ja auch nicht versuchen, den Greyhound mit einer sehr viel jüngeren Züchtung im Wettbewerb antreten zu lassen. Aber auf den selben alten Fresken finden wir auch äußerst kraftvolle Hunde, an Leinen geführt, die auf der Jagd zum Töten von Wild dienten. Da sie wie große Bulldogs aussehen, erscheint es doch gar nicht so unvernünftig anzunehmen, daß auch unsere Hunde heute direkte Nachkommen jener alten Packer sind. Fest steht, der Bulldog hat Eigenschaften, zu deren Entwicklung es mehr als nur einiger Generationen bedurfte.

Eine dieser Eigenschaften ist die alles entscheidende »gameness«, eine komplexe Fähigkeit, zu der eine große Schmerzunempfindlichkeit gehört, die möglicherweise auf einer ungewöhnlichen Fähigkeit basiert, im Gehirn des Tieres sofort und schnellstens Endorphine (körpereigene Stoffe mit opiatähnlicher Wirkung) zu entwickeln. Hinzu tritt Unerschütterlichkeit, die Fähigkeit Schmerzen zu ertragen, ohne nachzugeben. Alle »game dogs« scheinen die Fähigkeit zu besitzen, sich selbst in die richtige Position zu bringen, ihre Gegner immer genau im richtigen Tempo, aus der richtigen Ausgangsstellung anzugreifen. Sie wissen auch ganz genau, wann der Gegner durchhängt und setzen dann ihre ganze Kraft ein.

Unter Druck bleiben Bulldogs kühl, zumindest im Kampf. Auf diese Art vermögen sie neue Kampftechniken zu lernen, die sie bei künftigen Auseinandersetzungen und Kämpfen nutzen. Diese Lernfähigkeit ist so ausgeprägt, daß es häufig das erste ist, was ein Beobachter, der nie zuvor einen Kampf gesehen hat, kommentiert. Ausnahmslos sagen sie immer etwas in der Art wie: »Nie hätte ich erwartet, daß sie so geschickt sind!« Die anderen Vorteile einmal außer Acht gelassen, gehören neben die natürliche Lernfähigkeit, Beweglichkeit, Schnelligkeit, Kraft und Geschicklichkeit, alles Eigenschaften, welche dem einzelnen Hund

Kitty mit ihrem Lieblingsknüppel.

Der Pit Bull springt höher als zwei English Bull Terrier.

im Kampf den notwendigen Vorsprung geben. Ein natürliches Gefühl für Balance und Hebekraft scheint auch zu den Merkmalen der Rasse zu gehören.

Und dennoch - der American Pit Bull Terrier ist viel mehr als eine reine Kampfmaschine - so gut er im Kampf auch ist. Die gleichen Eigenschaften, die er für den Sieg im Hundekampf braucht, machen ihn auch zum vorzüglichen Familienhund. Obgleich der Besitzer anderen Tieren gegenüber gewisse Vorkehrungen treffen muß, ist der Bulldog ein angenehmer Familienhund. Er ist kurzhaarig und sauber, hat ganz im Gegensatz zur öffentlichen Meinung ein absolut verläßliches Wesen und ist immer bestrebt, die Befehle seines Herrn zu erfüllen. Kein Grund zur Annahme, er würde sein Fressen wild verteidigen, Du könntest ihm nicht jederzeit seine Futterschüssel wegnehmen. Würde er verletzt, kein Grund zur Besorgnis, er könnte Dich aus Schmerz und Angst beißen, wie dies bei so vielen Hunden anderer Rassen der Fall ist. Fast alle Bulldogs sind sehr ruhige Hunde, die nur sehr selten bellen. Seltsam, obwohl unermüdliche Spielkameraden sind sie meist keinesfalls hyperaktiv, sondern recht ruhige Haushunde.

Möchtest Du den APBT für andere Aufgaben, nicht nur als Familienhund, gibt es noch viele Einsatzmöglichkeiten.

DER WAHRE McCOY

Dabei spreche ich hier bestimmt nicht über die absolut illegalen Hundekämpfe. In vielen Jagdbereichen kann er völlig legal eingesetzt werden. Prüfe einmal die nationalen Jagdgesetze, in den allermeisten Ländern gestatten sie, daß ein Hund zur Wildsauhatz oder zur Jagd auf Waschbären eingesetzt wird. Natürlich kann ein Bulldog nicht den wunderschönen Hetzlaut vermitteln, den die Hounds auf der Waschbärenfährte erklingen lassen, denn er jagt stumm, gibt auf der Fährte nicht Laut. Aber solche Hunde sind auf der Jagd in der Regel erfolgreicher als die mit lauter Stimme jagenden Hunde, die auf der Waschbärenjagd eingesetzt werden. Ich persönlich liebe jedoch Waschbären und alle wilden Tiere, möchte sie deshalb überhaupt nicht jagen.

Natürlich kann man von einem Bulldog nicht erwarten, daß er wie ein sorgfältig gezüchteter Schweißhund sich besonders auf »kalter Fährte« auszeichnet. Dennoch möchte ich erwähnen, daß vor nicht langer Zeit ein Pit Bull einen nationalen »field trial contest« gewonnen hat, ausgeschrieben für »treeing hounds«, also Jagdhunde, die das gejagte Wild zum Aufbaumen bringen. Bei solchen Wettbewerben geht es nicht um Jagd auf kalter Fährte und wunderschönen Hetzlaut, sondern ausschließlich um die Geschwindigkeit auf der Jagd, um Energie und Jagdeifer. Und aus diesem Grund konnte ein Bulldog ein Trial für Coonhounds gewinnen. Ein Bulldog verfügt über solche Energie und Intensität auf dieser Jagd, daß er am liebsten dem Waschbären auf den Baum nachzuklettern versucht.

Aber die meisten Menschen möchten in erster Linie ihren Hund als Familienhund. Für Hundefreunde, die bereit sind, Verantwortung für ihren Hund zu übernehmen, kann der American Pit Bull Terrier im Vergleich zu allen Hunderassen der zufriedenstellendste und alle Erwartungen erfüllende Hund werden. Howard Hadley sagte mir einmal vor vielen Jahren, daß es irgend etwas in diesen Hunden geben müsse, das in das Blut ihrer Besitzer übergeht. Hatte man erst einmal einen Bulldog, können die meisten ganz einfach mit irgendeinem anderen Hund nicht mehr glücklich werden. Nach vielen Jahren persönlicher Erfahrung mit zahllosen Hunden und zahllosen Menschen habe ich entdeckt, daß Howard Hadley mit seiner Aussage völlig recht hatte. Diese Hunde »verderben ihre Besitzer tatsächlich«. Ein Collie mag viel schöner sein, ein Manchester Terrier angenehmer, aber sie alle bereiten nicht halb soviel Freude!

Obgleich Menschen gegenüber sehr freundlich, reagiert diese Hündin auf die Anwesenheit eines fremden Hundes. Einen Hund als bösartig anzusehen, weil er sich anderen Hunden gegenüber aggressiv zeigt, spricht für dieselbe Mentalität als verurteile man Terrier, weil sie Ratten jagen.

Lance's Little Gobbler auf dem Gipfel des Cadillac-Berges in Maine. Besitzer: Lance J. Levy.

Oben: *J.R. »Dick« Colby mit Promo, einem äußerst wichtigen Rüden, da er der Musterhund für den Rassestandard des Staffordshire Terriers war.*
Visavis: *Der berühmte Winn's Red Neck, auch als Idle Times T.J. bekannt geworden.*

THE FANCY

»Fancy« ist ein Begriff, der meine Phantasie anregt. Als ständiger Ausdruck wurde er über viele Jahre nicht mehr häufig gebraucht, das zeigt, daß selbst im »pit-dog game« sich die Begriffe verändern, obgleich einige von uns noch immer an der Vergangenheit hängen. Wie immer dies sei - das Wort »fancy« wurde schon in viktorianischen Zeiten gebraucht, vielleicht noch früher, dann wieder in einem Zeitraum, der nur etwa drei Jahrzehnte zurückliegt. »Fancy« umfaßte alle jene Menschen, die mit dem American Pit Bull Terrier in Zusammenhang standen. Natürlich bedeutet dies in erster Linie Menschen, die im »pit-dog game« standen, aber auch jene, die einfach ihre Hunde als Familienhunde hielten, wurden in diesen frühen Tagen akzeptiert.

Heute ist das durch eine Vielzahl von Umständen nicht mehr der Fall. Zum einen gibt es eine große Menge mehr Bulldog-Besitzer, die ihre Hunde als Familienhunde halten, und bestimmt nicht alle von ihnen sind für »pit contests«. Solche Besitzer waren auch in früheren Zeiten nicht für Hundekämpfe, zeigten sich aber toleranter. Zum zweiten müssen heutzutage »pit-dog men« sehr viel heimlicher sein als ein paar Jahrzehnte zuvor.

Meine Absicht ist es, in diesem Kapitel einen Überblick über ernstzunehmende Besitzer von Pit Bulls zu geben. Hierzu zähle ich nicht nur »pit-dog men« und Wildsaujäger, ich möchte vielmehr versuchen, viele ernsthafte und verantwortungsbewußte Besitzer mit einzubeziehen.

Ich kam erstmals 1944 in die Bulldog Szene, damals war ich dreizehn Jahre alt. Ich hatte schon eigene Erfahrungen mit einer Anzahl von Hunderassen, mein Hauptinteresse galt den Collies (dem Ausstellungstyp). Es ging mir wie vielen anderen Hundeliebhabern, vom echten Collie - dem Border Collie - hatte ich überhaupt keine Ahnung. Als ich interessehalber das *Bloodlines Journal* abonnierte, die offizielle Publikation des United Kennel Clubs, fand

Von links nach rechts: *Tom Byron, John P. Colby, Patsy Reardon (damals Direktor des Boston Water Department) und Henry Cooligan. Ein Foto von APBT-Liebhabern, etwa 1920.*

ich in der Zeitschrift alle von diesem Verein eingetragenen Hunderassen. Schnell gewann ich den Eindruck, daß die vom UKC betreuten Rassen in allererster Linie für andere Aufgaben als für die Ausstellung eingesetzt wurden. Damals schrieb man über American Pit Bull Terrier, English Shepherds und sechs verschiedene Arten von Coonhounds. Etwa zur gleichen Zeit begann ich zu ahnen, daß es zum Nachdenken viel anregendere Dinge mit Hunden gab als die Entstehungsgeschichte und ihren Einsatz als Ausstellungshund.

Wie das auch gewesen sein mag, seither hat sich sehr viel verändert, aber bei der Rasse APBT sind die Traditionen noch recht gefestigt. Aus diesem Grund konnten viele der Alten, mit ihrer Terminologie, die aus alten Wurzeln stammt - bis zum heutigen Tage das Geschehen bestimmen. Mit einigen von ihnen möchte ich mich näher beschäftigen und auch mit jenen, die sich während der 45 Jahren meiner Beobachtung der Dinge verändert haben.

Garner's Tom, ein Colby-Rüde.

Um die Situation zu beschreiben, muß ich auf einige Tatsachen hinweisen, die allgemein bekannt sind. Zu Hause in Irland und England - wahrscheinlich auch in vielen anderen Ländern, aus denen der Bulldog nach den USA kam, war es außerordentlich selten, daß ein Züchter über einen ganzen Zwinger voller Hunde verfügte. Die Leute besaßen einfach weder den Platz noch die finanziellen Mitteln hierzu. Deshalb arbeiteten sie häufig in einer Familie als Verwandte zusammen, jedes Familienmitglied hielt einen oder zwei Hunde, das Zuchtprogramm bestimmten sie gemeinsam. Manchmal gab es auch eine »Familie«, in der die einzelnen Mitglieder überhaupt nicht untereinander verwandt waren. Unabhängig davon waren die Menschen durch ihre Begeisterung für ihre Hunde eng miteinander verbunden.

Der Begriff »family dog« wurde anfangs häufig benutzt, um auf Importe zu verweisen. Der züchterische Ausdruck »old family« bezog sich ursprünglich auf eine Anzahl von Blutlinien, die von den einzelnen Familienmitgliedern bei der Kampfhundezucht aufgebaut wurden.

Einer der in den USA am allermeisten respektierten »old-time dog men« war Jim Corcoran. Er war zum Kampf gegen John L. Sullivan um das Championat im Schwergewicht nach Amerika gekommen. Sullivan verlor seinen Titel beim Versuch, ihn unter den neuen Regeln zu verteidigen. Corcoran liebte es, mit der blanken Faust zu kämpfen, er blieb im Lande und wurde Polizeicaptain in Boston. Jetzt ließ er sich eine ganze Anzahl von Hunden »seiner alten Familie« nachschicken, und viele unserer Hunde - möglicherweise alle - gehen auf jene Importe zurück. Natürlich gab es die Rasse schon im Land, aber die Hunde von Corcoran waren im allgemeinen den einheimischen Hunden deutlich überlegen.

Ein Grundprinzip der Zeit war, »das Blut zu wahren«, weil jede einzelne Gruppe ihre Blutlinie für die beste hielt. Der Hundekampf (pit-dog game) wurde von Menschen irischer und englischer Herkunft beherrscht, daneben gab es aber auch viele Anhänger anderer Nationalitäten.

THE FANCY

In diesen Anfangsjahren hatte jedermann, der einen Bulldog besaß, auch irgendeine Verbindung zur Pit, denn in dieser Zeit war es überhaupt nicht leicht, einen Bulldog nur so als Familienhund zu kaufen. Die meisten Hundebesitzer, die solche Hunde besaßen, sich aber an Kämpfen nicht beteiligten, ihre Hunde als Familienhund hielten, versteckten ihre Hunde vor den »pit-dog men«. Hierdurch machten sie sich recht unbeliebt. Solche Verkäufe galten als ein »Loch im Boden « für die Züchter, die auf diese Art in ihrer Blutlinie (oder in der Blutlinie ihrer »family«) einen besonders wichtigen Hund verlieren konnten. Die Zucht selbst galt als geheim, nur etwas für Spezialisten. Wer bereit war, seine Hunde an allgemeine Hundefreunde zu verkaufen, wurde sofort als Abtrünniger gebrandmarkt, als Geschäftemacher oder noch schlimmeres. Er wurde sehr schnell aus dem »dog game«, das man ursprünglich nur einfach als »the game« bezeichnete, ausgeschlossen.

Es gab ein ungeschriebenes Gesetz: »Du darfst keinen Hund an einen Käufer abgeben, der kein Hundekämpfer ist.« John P. Colby aus New England war der erste, erfolgreiche Pit Bull-Züchter, der dieses Gesetz brach. In einer Vielzahl von Zeitschriften bot er seine Hunde über Annoncen zum Kauf an und tat sein Bestes, sie allgemein bekannt zu machen. Vielleicht war es Colby möglich, mit der Tradition zu brechen, weil er selbst kein Emigrant war, seine Eltern keine Hundezüchter. Sein Vater und seine Verwandten hatten auf alten Küstenschiffen gearbeitet bis zurück in jene Zeit, als der Wind noch die einzige Antriebskraft war. Als junger Bursche von zwölf Jahren erlebte John P. Colby seinen ersten Hundekampf. Der Freund, den er begleitete, war Besitzer des Verlierers. Colby machte sich aktiv daran, einen Hund zu suchen, der den Sieger wieder besiegen konnte, es dauerte nicht lange, und er war tatsächlich »vom Fieber besessen«.

Noch in sehr jungen Jahren begann er Hunde zu verkaufen, und zu dieser Zeit vergaben die »pit-dog men« möglicherweise ihm eher einen solchen Bruch der Tradition, weil er eben

Mike Colby mit einem reinweißen Colby-Rüden.

Die großartige Colby's Galtie wird hier in einem außerordentlich seltenen alten Foto vorgestellt.

Colby's Galtie

nur ein Knabe war. Aber er besaß auch ein Talent für planmäßige Hundezucht und hatte persönliche Verbindungen, um an gutes Zuchtmaterial zu kommen. Zu dieser Zeit strömten als Folge einer Hungerkrise in Irland immer neue irische Einwanderer in die Stadt Newburyport in Massachusetts. Viele von ihnen brachten ihre Bulldogs mit, denn damals kostete es wenig, einen Hund auf die Reise mitzunehmen.

Ich vermute, daß Colby die alte Vorstellung der »fancy«, keine guten Hunde an Amateure zu verkaufen, durchbrechen konnte, weil er Hunde so guter Qualität verkaufte, daß die »pit-dog men« selbst glücklich gewesen wären, sie zu erwerben. Und natürlich kauften die »pit-dog men« auch von Colby. Obgleich Gerüchte umliefen, Colby sei so eine Art Hundehändler, gelang es ihm recht gut, solchen Anschuldigungen auszuweichen. Der Hauptgrund lag natürlich in seiner eigenen Blutlinie, die qualitativ so weit überlegen war, daß sie zur bekanntesten aller »Pit Bull-Linien« wurde.

Selbst die Staffordshire-Fans sagen Colby nichts Böses nach. Ich möchte nur wissen, wie viele von ihnen eigentlich ahnen, daß Colby's Primo das Urmodell des Standards für den

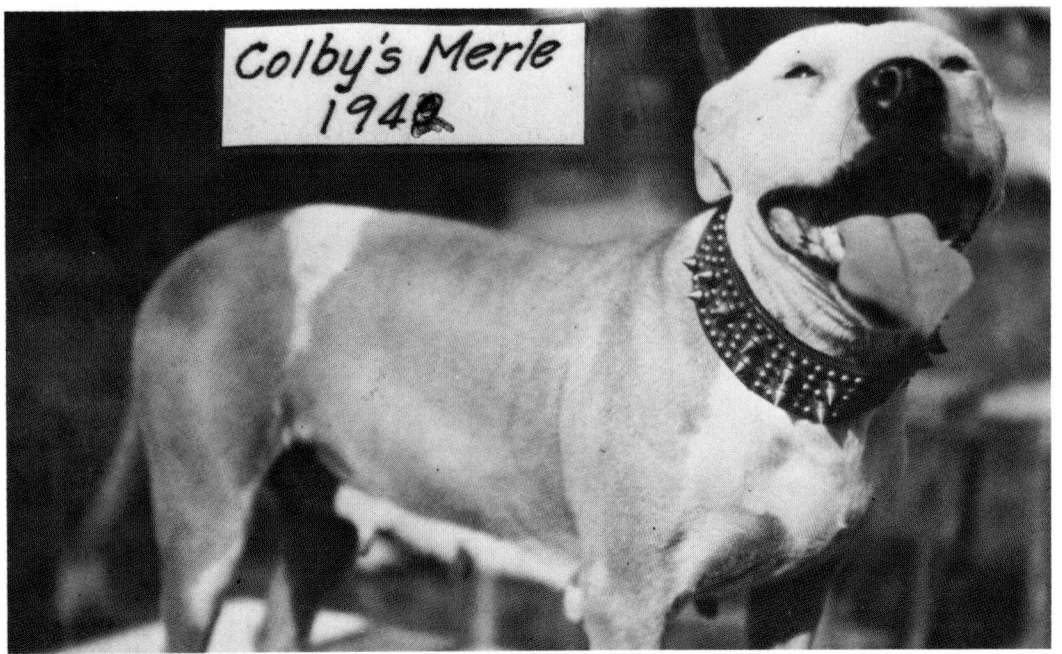

Colby's Merle, auch als Vose's Merle bekannt geworden, da Colby Vose gestattete, mit dieser Hündin zu züchten, ehe er sie zurücknahm.

das Urmodell des Standards für den American Stafford Terrier war. Noch mehr frage ich mich, wie viele Staffs heute in ihrer Anatomie es mit Primo aufnehmen könnten - natürlich lassen wir einen Vergleich der »gameness« völlig außen vor!

Auch andere Mitglieder der »fancy« schalteten von Zeit zu Zeit Anzeigen und verkauften Hunde, ihnen aber hing immer ein Ruf als Hundehändler an. Earl Tudor in Oklahoma kümmerten solche Anwürfe wenig. Er verkaufte Hunde über sein ganzes Leben. Es wurde über ihn nicht zuviel geredet, weil er in den Redlands von Oklahoma seine eigene kleine »Group« hatte. Er war ein kleiner Mann, aber, wenn es darauf ankam, recht rauhbeinig. Mit Sicherheit besaß er auch ein gewisses Charisma - Sendungsbewußtsein, das Interessenten magisch anzog; sie alle lauschten ihm, als sei er Gott persönlich. Nie behauptete er Züchter zu sein, aber viele großartige Hunde gingen durch seine Hände und er züchtete auch mit ihnen.

Howard Heinzl war eine Art Bindeglied zwischen Colby und Tudor, obgleich die Männer aus völlig verschiedenen Gesellschaftsschichten stammten. Heinzl stammte aus Chicago und John P. Colby fällt das Verdienst zu, ihn nach einem schlechten Beginn in richtige Bahn gelenkt zu haben. Heinzl wußte, daß Colby in jeder Hinsicht absolut ehrlich war - einschließlich seiner eigenen Zuchtbuchführung. Heinzl bewunderte aber auch Earl Tudor sehr, obgleich er genau wußte, daß sich Tudor wenig damit aufhielt, genaue Zuchtdokumente zu führen - manchmal schrieb er vorsätzlich falsche Ahnentafeln aus.

Männer wie McClintock, Saddler, Wallace, Lightner und Hemphill waren Züchter der alten Schule, sie züchteten Hunde ausschließlich für sich selbst, ihre Freunde und die eigene Familie. Und bis zum heutigen Tage gibt es noch immer die Bezeichnung »peddler« (in deutscher Übersetzung Hausierer oder Hundehändler). Dieser Begriff wird gerne auf Jedermann angewandt, der sein Kampfhundzuchtmaterial (pit-dog stock) in der Öffentlichkeit verkauft. Von den vorerwähnten Züchtern gibt es nahezu keine eigenen Blutlinien, die heutigen Hunde lassen sich aber eindeutig auf die Zuchten von Colby, Tudor und Corvino zurückführen, und diese alle verkauften regelmäßig und über längere Zeiten ihre Hunde an jedermann.

Selbst heutige Bulldog-Züchter, die ihre Hunde an jeden verkaufen, werden automatisch als »peddlers« diskriminiert, und das kann selbst heute ziemlich abqualifizieren. Auf diese Art unterscheiden sich recht eindeutig die heutigen Bulldogfanciers von den Liebhabern anderer Hunderassen, die es in keiner Weise als ehrenrührig ansehen, ihre Zuchttiere und Welpen an jedermann zu verkaufen, solange nur der Preis stimmt. Eine solche Situation macht es für Neubekehrte - wie für Reporter - außerordentlich schwierig, den Zugang zum richtigen Hund zu finden.

In Magazinen, Zeitungen und Fernsehshows ist es sehr populär geworden, »pitdog people« als ungebildet und sadistisch zu porträtieren. Es muß wohl irgend jemanden geben, der in irgendeiner Weise diesem stereotypen Vorurteil entspricht. Ich selbst habe aber nie jemand getroffen, auf den diese Vorstellung zutrifft. Natürlich bin ich vielen begegnet, die mit Sicherheit den Maßstäben nicht gerecht werden, die man an Besitzer dieser Hunde stellen muß. Nie bin ich aber auf einen Pit Bull-Besitzer gestoßen, der für seine Hunde kein Herz hatte, sie gerne leiden ließ.

Oben: *Robert Newton als Bill Sykes schaut wehmütig auf den Hundefilmstar »Relyon Jake the Rake«, der seine Rolle als Rauhbein vorzüglich spielte.* Unten: *Colby's Spook.*

Colby's Primo Jr., einer der großartigen Colby-Zuchtrüden und Vater des ersten Bulldogs des Autors.

Auf der anderen Seite habe ich zahllose Hundeliebhaber getroffen, die ihr gesamtes Leben rundum auf ihre Hunde ausgerichtet hatten. Dies waren entweder der Rasse ergebene Züchter oder »pit-dog men«, also Menschen, die sich für das Kämpfen ihrer Hunde interessieren. Es gibt einen Unterschied zwischen jenen, die in erster Linie am Kampf ihrer Hunde interessiert sind und anderen, die sich vor allem für die Rasse interessieren, sie durch eigene Zucht zu bewahren und verbessern suchen. Der Unterschied ergibt sich klar aus einer von Bobby Hall in seinem Buch erzählten Geschichte. Er berichtet von einem Gespräch über Hundezucht, das Maurice Carver mit den Worten unterbrach: »Bobby hat keinerlei Ahnung, wovon Du überhaupt sprichst. Er ist ein Hundekämpfer (dog-fighter), kein Züchter!«

Natürlich gelang es einigen Männern, in beiden Kategorien firm zu sein, aber sie sind äußerst selten. Die meisten Pit-Anhänger sind in der Regel das eine oder das andere. Offensichtlich fordert jede der Aktivitäten ganz bestimmte persönliche Züge, die sich gegenseitig auszuschließen scheinen. Aber diese zwei Gruppen stehen häufig in einer Art Symbiose-Beziehung zueinander. Die Züchter brauchen »pit-dog men«, damit ihr Zuchtmaterial getestet wird; und die »pit-dog men« brauchen mit Sicherheit Züchter, die sie mit Tieren versorgen, welche sie für ihre Aktivitäten einsetzen. Diese beiden Gruppen besitzen tatsächlich unterschiedliche Charaktereigenschaften, und ich versuche, einige von ihnen zu zeigen, um nachzuweisen, wie sehr sie sich in ihrer Haltung unterscheiden.

Frank A. Ferris's Mac, ein direkt von Colby gezüchteter Rüde. Ferris hatte die »American Dog Breeders' Association« von Guy McCord, ihrem Gründer, gekauft. Später verkaufte er sie an Mr. Greenwood.

Mangrum's Shorty mit ihren Trophäen, die sie als »pit dog« gewann. Sie war ein Nachkomme des großartigen Rüden White Rock.

THE FANCY

Für die passionierten Züchter besteht die einzige Entschuldigung für den Hundekampf darin, daß er es ihnen ermöglicht, die Zucht einer Hunderasse fortzusetzen, die sie als die großartigsten Tiere ansehen, die je sich auf dieser Erde bewegten. Sie sind auf die Rasse außerordentlich stolz, sind bei der Entwicklung einer Qualitätslinie von geradezu fanatischem Sendungsbewußtsein.

Viele der großartigsten Züchter haben über ihr ganzes Leben nie einen ihrer Hunde kämpfen lassen. Ein paar von ihnen, beispielsweise Bob Wallace, John P. Colby, Bob Menefee und Dan McClintock haben gelegentlich einen Hund zum Kampf eingesetzt, einfach um die Qualität ihrer Zucht zu überprüfen. Aber viele überließen es einfach anderen Männern, die aktiv und laufend Hundekämpfe durchführen. Diese Hundekämpfer testeten ihr Zuchtmaterial für sie.

Es ist für solche Züchter charakteristisch, daß sie nur widerwillig einen Hund an Hundekämpfer abgeben, und sich dann laufend den Kopf zerbrechen, das Tier überprüfen, eine Menge meist wenig erwünschter Ratschläge erteilen, wie dieser Hund dann für seine Aufgabe in richtige Kondition gebracht und eingesetzt werden soll. Die Züchter beklagen zutiefst die persönlichen Qualitäten jener Menschen im Kampfhundgeschäft. Sie glauben, die beste Hunderasse der Welt verdiente die besten Menschen, und natürlich gewinnen sie eine etwas verbitterte und zynische Haltung gegenüber den »pit-dog men«, da sie bei der Anzahl von Hunden, die sie verkaufen, zwangsläufig auch eine Reihe böser Erfahrungen machen.

Für die Züchter wird die Ahnentafel zu einer Art zweitem ich; Züchter sind jene Menschen, die immer fragen, wie ein Hund gezüchtet wurde - und sie prägen sich dies ein! Wenn sich ein Hund in der Pit besonders bewährt und niemand weiß, wie er gezüchtet wurde (eine durchaus nicht seltene Erscheinung) - ist es immer der Züchter, der unbedingt detailliert herauszufinden versucht, die Antwort auf dieses Mysterium zu finden. Es ist dann der Züchter, der völlig frustriert ist, wenn die Abstammung nicht aufzuklären ist.

Sandy Keller demonstriert, daß ein Bulldog überhaupt kein kleines Kätzchen braucht, um die »treadmill« (Laufband) in Bewegung zu setzen. Ein Plüschtier reicht völlig aus! Die meisten Hunde laufen rein aus Spaß an der Bewegung.

Nach meinen Beobachtungen sind es immer die Züchter, die sich mit ihrem Hundehobby auf Gedeih und Verderben verbinden; viel eher wird ein »pit-dog man« der Dinge müde, sucht sich ein neues Hobby. Nun - dies ist nur meine eigene - persönliche Meinung; es wäre wahrscheinlich ziemlich schwierig, sie eindeutig zu beweisen, denn die Situation vermischt sich mehr und mehr, viele »pit-dog men« (Hundekämpfer) werden später zu Züchtern. Sie unterziehen sich der vollen Metamorphose, verachten das Veranstalten von Hundekämpfen, werden jenen gegenüber, die trotzdem kämpfen, außerordentlich kritisch. Schnell sind sie bereit, jedes erkannte Fehlurteil und alles andere als das »königliche Behandeln der Hunde« hart zu kritisieren.

Andererseits sind die »pit-dog men« die »action men«, wie sie sich selbst nennen. Sie sind bestimmt nicht immer Augenblickserscheinungen (flashes in the pan), eine ganze Anzahl von ihnen hat sich ein Leben lang mit diesem »Sport« befaßt.

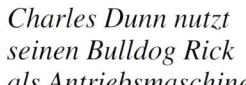
Charles Dunn nutzt seinen Bulldog Rick als Antriebsmaschine.

Earl Tudor und Bert Clouse erinnere ich mich in erster Linie als »pit-dog men«, die mit ihren Hunden immer über die volle Distanz gingen, nie aufgaben, zuweilen recht ungeduldig wurden, wenn magere Zeiten kamen, was das Veranstalten von Hundekämpfen anging. Obgleich diese Männer sich weniger für Ahnentafeln interessierten, waren sie sich doch in der Regel völlig klar, welchen Typ sie mochten; aber viele lehnten ganz einfach ab, es immer nur mit einer ganz bestimmten Linie zu versuchen.

»Game-dogs sind da, wo man sie findet«, eine alte Redensart von Tudor. Und diese Philosophie teilen die meisten »pit-dog men«. Solange ein Hund »game« war, man sich darauf verlassen konnte, daß er zu gewinnen wußte, kümmerten sie sich überhaupt nicht darum, wie dieser Hund gezüchtet war. Anders als dem Züchter geht es dem »action man« weniger um die »gameness« an sich. Sein Hund mußte gewinnen können, besaß er genügend Geschicklichkeit, vereint mit ausreichender »gameness«, um seine Gegner zu besiegen, war dies alles, was den »pit-dog man« interessierte. Ein Züchter ist demgegenüber vielmehr ein »purist« - ein Anhänger der reinen Lehre - im allgemeinen zeigt er sich von einem »multi-match winning pit-dog« recht wenig beeindruckt, wenn seine »gameness« nicht eindeutig bewiesen oder seine Ahnentafel uninteressant war.

Dem »pit-dog man« geht es einzig und allein um den Kampf, der ihn fasziniert. Ich habe viele dieser Männer getroffen, die davon überzeugt waren, daß es eine Art Verschwörung gab, Hundekämpfe aus der Öffentlichkeit auszuschließen, weil diese Veranstaltungen zu attraktiv werden könnten. Unser »pit-dog man« kann sich überhaupt nichts anderes vorstellen, als daß jedermann von Aktivitäten dieser Art schlichtweg begeistert sein muß. Würde man

Jeff Burke mit Hilliard/Mim's Ruby Red.

Rechts: *Harry und Horus versuchen, fotogen zu sein.* Unten: *Sorrell's Hurt, zweifacher Pit-Sieger, der auch zum Aus-stellungshund und As beim Gewichtsziehen wurde.*

deshalb die breite Öffentlichkeit zum Hundekampf zulassen, wäre dies aus seiner Sicht ein schwerer Schlag gegen alle anderen Arten von »Zuschauersport«! Ich gebe zu, das ist nicht der feste Glaube aller »pit-dog men«, vielleicht nicht einmal ihrer überwiegenden Mehrheit. Diese Vorstellung überwiegt aber mit Sicherheit mehr bei den »dog-fighters« als bei den Züchtern.

Weil er vom Kampf so fasziniert ist, macht der echte »pit-dog man« all die Arbeit gerne, die erforderlich ist, um einen Hund für ein Match richtig in Kondition zu bringen. Er hat seine Freude an der Gesellschaft, an der Zusammenarbeit, die nun einmal erforderlich ist, um den Hund durch eine Trainingszeit in die richtige Verfassung zu bringen. Er läuft mit seinem Hund, arbeitet mit ihm, trainiert mit ihm alle Arten von Beweglichkeitsübungen.

In den Methoden zum Konditionieren ihrer Hunde unterscheiden sich die »pit-dog men« beträchtlich. Einige mißachten die Tretmühle, Trainingsgeräte und Schwimmbehälter, verlassen sich ausschließlich auf Bewegungstraining auf der Straße (roadwork). Andere nutzen alle Methoden, um ein abgerundetes Training und ein Tier in vorzüglicher Kondition zu erreichen. Diese Männer (und manche Frauen) empfinden, daß sich bei diesen Arbeiten eine ganz besondere Beziehung zum Hund aufbaut, viel näher und von allen anderen Partnerschaften Mensch-Hund unerreicht. Für den Hund selbst ist dies eine völlig neue Situation, eine Zeit, in der er täglich nahezu acht Stunden laufende Betreuung findet. Er genießt dies und liebt auch die Arbeit. Zwischen Hund und Trainer, der sich all die Zeit nimmt, um ihn in richtige Kondition zu bringen, bildet sich eine recht enge Beziehung, die sich möglicherweise später in der Pit beim Zusammentreffen mit dem Gegner auszahlt.

Es gibt einige Eigenschaften, in denen sich die zwei Menschengruppen sehr ähneln, es gibt, wie bereits erwähnt, gemeinsame Merkmale. Auch die Tatsache wurde bereits abgehandelt, daß einige wenige die Grenze zwischen Züchter und Kämpfern überschreiten, Mitglieder beider Gruppen werden. Und als Beispiel dafür nenne ich George Saddler, George Armitage und Maurice Carver.

Zu welcher Menschengruppe sie auch gehören, bestimmte Merkmale trifft man bei den meisten der »fancy«. Als erstes - sie alle sind wirkliche Hundeliebhaber. Für viele Beobachter scheint so etwas völlig unmöglich, dennoch ist es wahr. Bestimmte Hundeliebhaber, beispielsweise Liebhaber von Schlittenhunden, Jagdhunden und Herdenhunden, können möglicherweise diese Feststellung besser nachempfinden als der durchschnittliche Hundefreund oder gar die Anhänger des Ausstellungshundes. Es muß aber einfach anerkannt werden, daß bei allen Wettbewerben mit Hunden, von den Kampfhunden bis zu den Ausstellungshunden, sich irgendwann einmal eine natürliche Objektivität einstellen muß. Man könnte sie als eine Art Betrachtung auf mehr Distanz bezeichnen, die sich bei all diesen Aufgaben langsam entwickelt. Ich habe nicht feststellen können, daß diese »distanzierte Haltung« - wenn Du das Wort lieber magst »Härte« - bei den Bulldog-Leuten stärker ausgeprägt ist als bei den Anhängern von anderem Hundewettbewerbssport (einschließlich dem Ausstellen von Hunden).

Beim Hundekampf hat sich eine geschlossene Gesellschaft um eine gesetzwidrige, sich im Geheimen abwickelnde Aktivität gebildet. Der Hundekampf hat seine alten Traditionen und Terminologie bewahrt, und wendet sie noch heute an. Ich erwähnte schon die Haltung, auf alle jene, die Hunde verkaufen, herabzuschauen, aber es gibt noch weitere Eigenheiten. Beispielsweise redet ein Bulldog-Mann seine Mitstreiter nahezu immer als Freund an, der Grußteil eines Briefes lautet zum Beispiel »Friend Stratton«. Diese Tradition entstand nach meiner Überzeugung aus der Tatsache, daß der Hundekampf Menschen aller Lebensgruppen vereint - von Kriminellen bis zu Menschen, die in ihrem Beruf großen Respekt erworben haben. Die Bezeichnung »friend« betont, daß der andere in der Hundegesellschaft (häufig einfach als »fraternity« - »Bruderschaft« bezeichnet) stets ein guter Kamerad ist, völlig unabhängig von allen Unterschieden im Hinblick auf Erziehung und soziale Stellung.

Einigen Pit Bulls macht es nichts aus, an die Kette gelegt zu werden.

THE FANCY

Früher unterzeichnete ein Pitdog-Anhänger seinen Brief als »Dein Freund«, dies hat sich aber heute gewandelt in »Yours in sport«, obgleich alle jene, die schon lange mit dabei sind, diese Formulierung ablehnen. Wirklich überraschend ist, daß selbst Menschen, die mit dem Hundekampf überhaupt nichts zu tun haben, Ausstellungsfans und Anhänger der Gewichtsziehwettbewerbe, diesen Ausdruck benutzen. Er ist aber recht neu, von den echten »pit-dog people« wird er allgemein nicht angewandt.

Der Brauch, den American Pit Bull Terrier als »Bulldog« zu bezeichnen, reicht weiter zurück als ich überhaupt verfolgen konnte, also mehr als einhundert Jahre. Gerade die Hundekämpfer haben häufig von einem Begriff zum anderen gewechselt, vom »Bull Terrier« zum »Pit Terrier« oder einfach »Pit Bull«, wann immer sie offiziell mit jemand außerhalb der »fancy« oder »fraternity« sprachen. Die Überschrift von John P. Colby's Originalbriefpapier lautete: »Fighting Dogs«, und darunter stand »Bull Terriers«. George Armitage bezieht sich in seinem Buch *Thirtyfive Years with Fighting Dogs* auf die Hunde als »Bull Terrier«. Wenn

Cathy und Randy Street mit Heinzl's Trudy. Besitzer: Martin Street.

Lance's Little Gobbler. Besitzer: Lance J. Levy.

er aber dabei den Ausstellungs-Bull Terrier, wie wir alle ihn kennen, meinte, nannte er ihn darin den »Englisch Bull Terrier«. Der Name »American Pit Bull Terrier« wurde später dann als formaler Rassename bekannt, als der United Kennel Club immer stärker wurde, seinen Einfluß geltend machte. Die American Dog Breeders' Association trug die Hunde als »Pit Bull Terrier« ein, änderte aber später die Bezeichnung in »American Pit Bull Terrier«. Der einzige Unterschied beim United Kennel Club (UKC) war, daß dieser das Wörtchen »Pit« vor dem Namen in Parenthese setzte, der ADBA die Parenthese wegließ. Später strich auch der UKC die Parenthese.

Ein weiterer Begriff, der sich in dem Zeitraum, der mich mit diesen Hunden eng verbindet, und veränderte, war die Bezeichnung der Fangzähne des Hundes als »tusks« (Hauer). Heute werden sie häufiger noch als »cutters« bezeichnet, aber dieser Begriff ist mit Sicherheit mißverständlich, denn Hunde schneiden mit diesen Zähnen nicht. Bei einem Hundekampf kommt es sicherlich zu Hautrissen, aber diese sind durch das Packen und Schütteln der Hunde ausgelöst. Nach einem Kampf hat ein Hund meistens viele Löcher im Fell. Besser ist »canines« einfach deshalb, weil der Ausdruck »tusk« nicht mehr gebraucht wird - mit Ausnahme der sehr, sehr alten Kämpfer! Und ich muß durchaus auch zugeben, daß »tusk« (Hauer) einfach seltsam klingt, ich habe jedoch keine Ahnung, woher dieser Begriff stammt.

Eine alte Sitte in diesem »Sport« ist , daß der Verkäufer eines Hundes später immer eine Art Vorkaufsrecht besitzt. Verkauft Dir beispielsweise jemand einen Hund und Dich zwingen Umstände, Dich von diesem Tier wieder zu trennen, mußt Du den Hund zunächst dem Verkäufer, von dem Du ihn hast, zum selben Preis, den Du bezahltest, zum Rückkauf anbieten. Hast Du den Hund geschenkt bekommen, mußt Du ihn geschenkt zurück anbieten.

THE FANCY

Wenn man sich diesem Ehrencode entzieht, wird dies generell als Ausdruck sehr schlechter Manieren angesehen.

Heute umfaßt der Begriff »fancy« unverändert alle die Menschen, die in irgendeiner Form mit dem Hundekampf in der Pit in Verbindung stehen. Es gibt andere Anhänger der Hunderasse, beispielsweise Jäger und Farmer, die den APBT als Wächter oder Saupacker einsetzen. Seit kurzem stößt man auf eine weitere, nicht mit der Pit in Verbindung stehende Kategorie, die Gewichtsziehenthusiasten und auch die Ausstellungsfans. Ihre Publikationen übersteigen die des alten Kampfhundeerbes. Ihre Haltung ist unterschiedlich, reicht von Toleranz gegenüber dem Althergebrachten bis zur offenen Mißbilligung. Allerdings treffe ich nur sehr selten jemanden in der Kategorie der »Bulldog fraternity«, der den Hundekampf versteht, selbst beobachtet hat und dennoch der Idee, Hunde gegeneinander kämpfen zu las-

Pollard's Satan Mike.

sen, feindlich gegenübersteht, wenn er sie auch für die eigene Person aus verschiedenen Gründen ablehnt.

Eine ganz besonders wichtige Frage könnte sein: Wie ist eigentlich die Haltung der Zuschauer, also Mitglieder der »fancy«, zu ihrer eigenen Teilnahme an Veranstaltungen, die man als Hundekampf bezeichnet? Die Wahrheit ist, daß es sehr unterschiedliche Motive gibt. Einige fühlen sich hilflos in einer Art Sucht gefangen, über die sie keine eigene Kontrolle mehr haben. Sie erkennen selbst - nur halb im Scherz - daß »wir alle einen Schaden in unserer Persönlichkeit haben«. Andere wiederum fühlen sich absolut selbstgerecht hinsichtlich »ihres Sports«, und wenn die Öffentlichkeit damit Probleme hat, so etwas nicht versteht, ist das *deren Problem*. Was sie selbst angeht, fühlen sie sich einer historischen und edlen Vergangenheit verbunden, welche die großartigsten Hunde geschaffen hat.

Das Arbeiten am Autoreifen ist für den Hund reines Spiel.

Es entspricht meinen eigenen Beobachtungen, daß die meisten »pit dog-Leute« recht religiös sind, politisch stark den Konservativen zugeneigt sind. Ich vermute, daß diese Religiosität auf die Tatsache zurückgeht, daß so viele der alten Hundekämpfer irische Emigranten waren, deshalb auch Katholiken sind. Eine andere Erklärung dieser Wurzeln ist die Tatsache, daß der Hundekampf in den Teilen Amerikas besonders populär war, den H.L. Mencken als den »Bibel-Gürtel« (bible belt) bezeichnet. Wie dem auch sei, nach meinen Beobachtungen sind sehr viele der Hundekämpfer recht religiös. Es gibt sogar zwei, dic ich persönlich kenne, die als Ministranten arbeiteten. Ein anderer trat einer christlichen Sekte bei, und zu deren besonderen Glaubensbekenntnissen gehörte die Aufforderung an alle Mitglieder, sie müßten den Gesetzen des Landes gehorchen, völlig unabhängig davon, was sie davon hielten. Dieser Mann gab gehorsam den Hundekampf auf. Aber er behielt seine Hunde, bewunderte sie weiter und hat auch nie seine Meinung geändert, daß am Hundekampf nichts falsch sei. Aber er mußte einfach seiner Religion gehorsam sein.

Ich persönlich bin nicht sehr religiös und betrachte Glaubenssachen mehr wissenschaftlich, suche deshalb nicht einen Bann über die Liebhaber auszusprechen, indem ich Hundekämpfer allgemein als religiöse Sünder bezeichne. An dieser Stelle ist dies für mich einfach nur eine zusätzliche Information, um in diesem Buch über den American Pit Bull Terrier und seine Anhänger absolut die Wahrheit zu sagen.

Oben: *Ironman's Snookie, beidseits in seiner Ahnentafel Nachkomme von Boomerang.*
Visavis; Zeus, Besitzer Nick Pisano, stammt aus der Paarung Giroux's Champion Rocky mit
Saleem's Boom Boom.

THE GAME

==============================
**»Tue das, was Du liebst! Kenne
Deinen eigenen "Knochen", benage ihn,
verbuddele ihn, grab ihn wieder aus,
und benage ihn weiter.«**
THOREAU
==============================

Ohne jeden Zweifel gab es zahlreiche »pit-dog men«, die den Hundekampf als zu brutal empfanden. Es war nichts für sie, es war nicht »ihr Knochen«! Richtig gesehen ist ein »pit-dog man« heute nicht nur automatisch ein Pariah - ein Ausgestoßener aus der Gesellschaft, er ist auch ein Straftäter, unterliegt der Verfolgung durch eine Gesellschaft, die über Dinge, von denen sie nichts versteht, in die Tücken menschlicher Hysterie verfallen ist.

Aber die Rasse American Pit Bull Terrier - das ist etwas ganz anderes. Genau das ist es, wofür dieser Mann lebt. Und wer überhaupt etwas von dieser Rasse kennt, der weiß auch, daß diese Feststellung wahr ist. Aus diesem Grund habe ich immer behauptet, daß das Kämpfen von Hunden nicht grausam sei. Ich habe mich nicht davon abhalten lassen, eine Moral in diesem Tun zu sehen, weil eben so viele Menschen noch immer von dem Gedanken besessen sind, daß Hundekampf grausam sei, eine monströse Tierquälerei, ausgeführt von dem Abschaum der Menschheit.

Zugegeben, die Beteiligten sind bestimmt nicht alle das Salz unserer Erde (obgleich einige es doch sind!), aber ganz sicher kann man sie auch nicht als reinen Abschaum bezeichnen. Sie sind halt Hundeleute und dabei gar nicht so verschieden von anderen Hundeleuten. Ich denke, es macht uns alle verwirrt, einerseits den American Pit Bull Terrier als den besten Hund der Welt anzusehen und andererseits die Menschen zu verdammen, die dabei helfen, ihn so zu erhalten. Muß der Hundekampf also geächtet werden? Gut, sehen wir uns doch einmal an, was darüber gesagt wurde, vergleichen es dann mit anderen hundlichen Aktivitäten und zeigen, wie die Wirklichkeit aussieht.

Erstens - jene Leute, die in der Öffentlichkeit über das »pit-dog game« schreiben, wissen überhaupt nicht, wovon sie sprechen, und es zeigt einen Mangel an Integrität, wie sie ihr angebliches Wissen als Tatsachen präsentieren. Beispielsweise hat Maxwell Riddle, ein Kolumnist des *Dog World Magazine*, Autor zahlreicher guter Hundebücher, über das »pit-dog game« eine Reihe von Kommentaren geschrieben. In einer Kolumne wird behauptet, daß man »pit-dogs« sich so lange gegenseitig anstarren ließe, bis sie wütend werden. Und das ist ganz schlicht falsch. Ich halte es für einen Irrtum in gutem Glauben. Vielleicht hat Mr. Riddle sich ein oder zwei Hahnenkämpfe angesehen und glaubt, man müsse Hundekämpfe auf gleiche Art einleiten - das stimmt aber nicht. Er sollte so etwas aber nicht als persönliches Wissen präsentieren.

Aber Mr. Riddle, dessen Bücher ich wirklich schätze, ist im Vergleich mit »den Üblichen« nur ein sehr kleiner Missetäter. Vor gar nicht langer Zeit veröffentlichte das *Dog Fancy Magazine* eine Geschichte eines ihrer regelmäßigen Kolumnisten, worin ein angeblich typischer Hundekampf beschrieben wurde. Was wirklich merkwürdig war - dieser Beitrag erschien unter dem Titel: »Hundekämpfe - bilden Sie sich selbst eine Meinung!« Dann wurde eine Szene beschrieben, die bestimmt keinem Menschen gefallen konnte. Man lud die Leser ein abzustimmen, ob sie dafür oder dagegen seien!

Einige der groben Fehlinformationen, die hier den Lesern präsentiert wurden: Nur schr selten würde überhaupt eine reguläre Pit

Yankee Boys' Bean ist ein Sohn von Poncho nach Shosty, einer Tochter des großartigen Rüden Jeep.

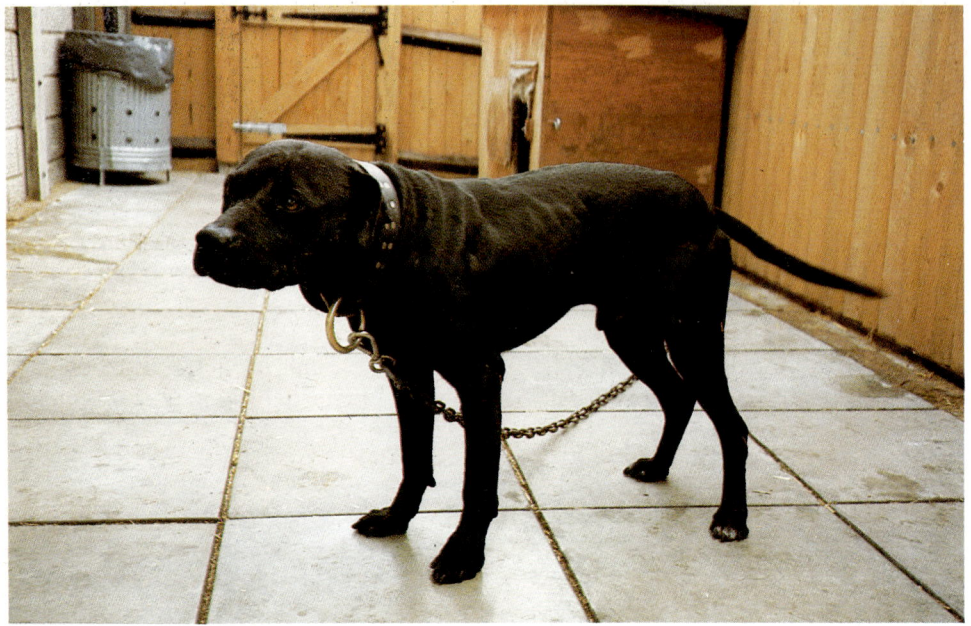

Dirty Harry's Hector.

Slater's Bad Baby.

verwendet; die Hundekämpfe würden immer in der Einöde ausgetragen. Wenn die Hundeführer ihre Hunde zum Kampfplatz brächten, würden sie wiederholt mit den Stiefeln nach ihnen treten. Als Grund dafür wurde behauptet, daß immer nur bösartige Hunde gewinnen würden.

Da dieses Magazin gerade einige Ausgaben zuvor einen Artikel von mir über »Bull Terrier breeds« veröffentlicht hatte, einen Beitrag, den ich sehr gerne verfaßte, schrieb ich dem Herausgeber und bot an, ihm alle die Fehler in diesem Hundekampfartikel einzeln zu widerlegen. Ich habe dies aber doch nie getan, denn als ich diesen Artikel nochmals genau ansah, fand ich darin überhaupt nichts Wahres, was bedeutete, daß der Autor ein absoluter Scharlatan war. Das war für mich um so mehr ein Grund, an den Herausgeber zu schreiben und ihn zu entlarven. Aber ich hatte das Gefühl, meine Zeit damit zu vergeuden, und auch an meinem Gegenartikel keine Freude zu haben.

Als mich ein alter Freund, der mit seinen Hunden über viele Jahre kämpft, über eine lange Distanz anrief, las ich ihm am Telefon den Artikel vor. Er amüsierte sich über das meiste,

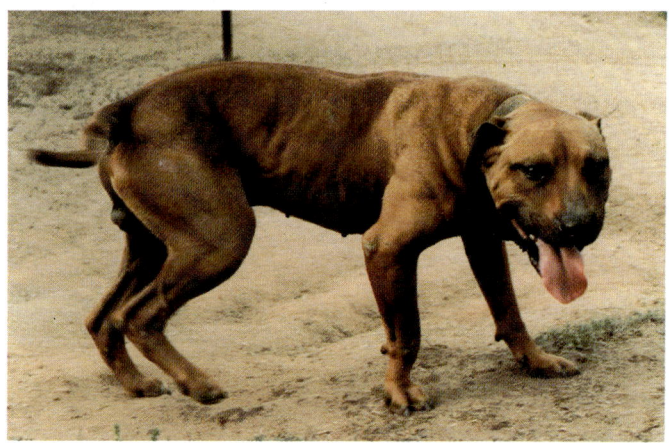

Broadway Shanty, einmaliger Sieger, Sohn von Champion Drummer.

zeitweilig brach er in herzhaftes Gelächter aus. Als ich aber dann an die Stelle kam, bei der angeblich die Vorführer ihre Hunde mit den Füßen traten, sagte er genau dasselbe, was ich schon zuvor betont habe: »Nicht nur, daß der Kerl überhaupt keine Bulldogs kennt, er versteht nicht einmal den Charakter von Hunden!« Was er damit meinte, war, daß man Hunde bestimmt nicht durch Treten bösartig machen kann, dies ist aber ein recht populärer Irrtum. In Wirklichkeit macht man den Hund dadurch zum Feigling, etwas, was ein »pit-dog man« bestimmt nicht vor einem Kampf tun würde. Nebenbei erwähnt, bösartige Hunde siegen in der Regel nicht, vielmehr verlieren sie, weil sie schnell aufgeben. Gameness ist eigentlich immer mit Wesensfestigkeit verbunden, daher kann man sagen, freundliche Hunde gewinnen aus dem einfachen Grund, daß nahezu alle Bulldogs - insbesondere diejenigen, die »game« sind - wirklich nette Hunde sind. Sie sind einfach »gute Burschen!«

Andere Darstellungen waren noch viel bizarrer. Vor etwa fünfzehn Jahren, als die Hysterie über den Hundekampf erstmals ausbrach, wurde diese noch von Journalisten angeheizt, die schrieben, die »pit-dog men« bildeten ihre Hunde aus, indem sie diese gegen Kätzchen und Welpen kämpfen ließen (»baiting«). In den Kämpfen selbst zwängen sie ihre Hunde zum kämpfen, indem sie elektrische Viehtreiber einsetzten. Um sie »blutdurstig« zu machen, werde Taubenblut über sie ausgegossen, um ihre Blutgier zu wecken, - ich vermute - um sie auf den Kampf vorzubereiten. Nach diesen Tiraden kamen die Kampfhunde praktisch aus allen möglichen Hunderassen, tatsächlich stammten die meisten aber aus Kreuzungen, im-

Carter's Champion Sunday.

mer mit einem Einschlag von Bösartigkeit. Andere Berichte erzählten, der »Pit Bull« sei bei diesen Kämpfen der Hund für den Hauptkampf des Tages, andere Rassen, vom Labrador Retriever bis zum Dobermann Pinscher, trügen die »Vorkämpfe« aus. In einem »Augenzeugenbericht« wurde beschrieben, wie ein Labrador Retriever den Bauch eines anderen aufschlitzte, dessen Besitzer den Hund dann einfach an den Ringrand warf. Er habe nicht einmal den Anstand besessen, dem leidenden Hund eine Kugel in den Kopf zu schießen. Andere Berichte wieder erzählen von unterlegenen Hundebesitzern, die ihre Hunde nach dem Kampf nach draußen nahmen und erschossen, weil sie sich schämten, mit einem Verlierer gesehen zu werden.

Es ist völlig klar, alle diese Berichte können ganz einfach nicht wahr sein, weil sie sich oft gegenseitig widerlegen. Nichtsdestoweniger - die Artikel sollten schocken, aufregen - und das taten sie wirklich, nicht zuletzt mich. Es ist nicht der Schock dieser Berichte selbst, der aufregt, sondern die kalte Frechheit und Unverschämtheit, mit der diese Schreiberlinge einen solchen Unsinn propagieren und noch erwarten, daß ihnen die Öffentlichkeit glaubt.

Die traurige Wahrheit ist, daß die Öffentlichkeit eigentlich immer auf diese Berichte reinfiel. Eine meiner eigenen Nichten sagte mir, daß ein Polizeioffizier ihr erzählt habe, ihr weggelaufener Junghund sei wahrscheinlich von Hundekämpfern gestohlen worden, die solche Hunde dann zum Hundekampf ausbildeten: Die Polizei habe damit immer große Probleme!

Man kann es der Öffentlichkeit eigentlich gar nicht übel nehmen, wenn sie alle diese Dinge glaubt, denn die meisten Menschen wissen über das echte Wesen eines Hundes überhaupt nichts, noch viel weniger über den Charakter des American Pit Bull Terriers. Außerdem wird die Öffentlichkeit laufend von allen Seiten mit solchen Geschichten und deren Variationen bombardiert. Das Fernsehen hat in seinen Dokumentarserien die ganze Angelegenheit noch glaubhafter gemacht, in dem solche Geschichten schauspielerisch nachgestellt wurden.

Trotzdem scheint mir, daß ein Mensch mit Verstand und analytischem Denkvermögen sich diese Geschichten ansehen wird und von sich aus zu dem Schluß gelangt, daß dies alles »ein Schmarren ist«, denn *alle diese Geschichten* können ganz einfach nicht wahr sein, heben sich gegenseitig auf. In einem Bericht wird erzählt, es gebe überhaupt keine »Pit«. Die andere Geschichte beschreibt eine solche Pit, berichtet über einen blutbefleckten Teppich, verunreinigt durch Urin und Kot. Ein anderer wichtiger Punkt ist die Tatsache, daß offensichtlich nur immer solche Geschichten veröffentlicht werden, die Hundekämpfe in Mißkredit bringen. Beispielsweise siedeln zahlreiche Erzählungen die Pitszene meist inmitten von Prostitution und Drogenhandel an. Es wird hervorgehoben, daß auf diese Kämpfe sehr viel Geld verwettet wird; aus dieser Warte werden die Kämpfe nicht mehr in erster Linie als Tierquälerei angesehen, sondern als Bestandteil eines großen, illegalen Spielerrings.

Ehe ich jetzt das echte Bild des Hundekampfs aufzeige, möchte ich einige Vorbemerkungen machen. Vor allem - die Verbreiter von solchem Unsinn haben meiner Meinung nach nicht nur gelogen, sie haben vorsätzlich gelogen, mit kalter Berechnung, mit offenkundiger Verachtung der Wahrheit und der Öffentlichkeit. Um es noch genauer auszudrücken, diese Menschen verbinden ihren eigenen Ruf mit dem, was sie als Wahrheit ausgeben. Sie behaupten sogar, Augenzeugen all dieses Unfugs gewesen zu sein, den sie beschreiben.

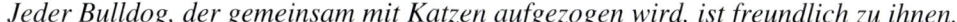

Jeder Bulldog, der gemeinsam mit Katzen aufgezogen wird, ist freundlich zu ihnen.

THE GAME

Um es klar zu sagen, mit einem Kämpfer für die Rechte der Tiere habe ich große Sympathien, ich identifiziere mich sogar mit ihm, denn auch ich bin ein Anwalt der Tiere. Meine Zeit ist mir aber zu schade für durchtriebene Scharlatane, insbesondere wenn sie ihr Unwesen zur Selbstbeweihräucherung und zum Auffüllen ihrer Bankkonten nutzen. Schaut Euch den Schaden an, den sie ausgelöst haben! Ist es nicht schlimm genug, daß man einen Welpen oder einen kleinen Hund verloren hat, durch sie hat man jetzt noch sein Bild vor Augen, wie er gerade von Kampfhunden zerfleischt wird!

Und denke auch einmal darüber nach, daß das Bild, welches die Medien über den American Pit Bull Terrier aufgebaut haben, sich durchaus auf Menschen mit verwirrtem Geist und Menschen von schlechtem Ruf im allgemeinen übertragen könnte. Jedesmal, wenn eine derartige Sensationsmeldung in den Medien erscheint, inspiriert sie zahllose Verrückte, sich einen Bulldog zu kaufen. Und die Scharlatane, die die Medien mit falschen Informationen gefüttert haben, erklären diesen Verrückten noch, wie sie dann diese Hunde erziehen sollten.

Kitty und Honey mit ihrem Nachbarschafts-Fanclub.

Man beschaffte sich einfach junge Katzen, Welpen und kleine Hunde! Eines Tages werden unsere Tierschützer zurecht sagen können, daß die Medien es den Menschen beigebracht haben, Kampfhunde mit Katzen oder kleinen Hunden böse zu machen. Ob sie wohl begreifen, welche Auswirkungen solche Perversionen in einfachen Gehirnen auslösen?

Wenn ich über das »pit-dog game« spreche, zeichne ich ein Bild, das tatsächlich auch von den »dog men« *bona fide* als richtig angesehen wird. Eines der Probleme der Tierschützer besteht darin, daß sie alle in einen Sack stecken, von den Straßenbanden, die den Bulldog - dank der Erzählungen unserer Humanisten in den Nachrichten der Medien - entdeckt haben, bis zu den »Rauschgiftsüchtigen« (dope heads), die ihre Hunde auf jeden Hund, der unglücklicherweise den Weg ihrer Bulldogs kreuzt, loshetzen. Bulldog-Besitzer brauchen und sollten nicht aufgrund der Missetaten einiger weniger alle über einen Kamm geschoren werden. Steckt man denn die Besitzer von Vollblutpferden immer mit der Gesamtheit der Pferdebesitzer und jenen, die möglicherweise Pferde mißhandeln, in einen Sack?

An dieser Stelle möchte ich die Phantasien skrupelloser Traumtänzer verlassen und den Versuch unternehmen, in die Welt der Realität zurückzukehren. Hier folgt das echte Bild des Hundekampfs, so gut ich es erklären kann.

Nick's Commanche.

THE GAME

Wenn ein »pit-dog man« zu der Entscheidung gelangt, er habe einen Hund, der es wert wäre, zum Hundekampf anzutreten, dann geschieht dies einzig und alleine, weil er ihn schon eine ganze Anzahl von kleinen Kämpfen austragen ließ, dabei beobachtete, daß er ein besserer Kampfhund ist als der Durchschnitt. Für seine Ausbildung braucht er keine kleinen Kätzchen oder Welpen! Hierin läge wirklich auch nicht der allergeringste Sinn, weil ein junger Kampfhund aller Wahrscheinlichkeit nach einem Welpen gar nichts tun würde, meist wird er mit ihm spielen. Was Katzen angeht, jagen Bulldogs bestimmt Katzen nicht mehr nach als irgendein anderer Hund. Läßt man sich allerdings eine solche Veranlagung entwickeln, sind Pit Bulls für die Katzen meist ein gefährlicherer Gegner. Aus diesem Grunde könnte man zum Tötenlernen schon ein paar Katzen einsetzen, aber worin bestände der Sinn? Es wäre *grausam, unmenschlich und unentschuldbar*, und der Hund würde dabei überhaupt nichts lernen, was ihm in der Pit helfen würde. Ich persönlich liebe schon immer Katzen, und ich würde niemals den Hundekampf verteidigen, wenn dabei wirklich Katzen zu Ausbildungszwecken notwendig wären.

Zu den Gründen, weshalb man dem Hund einen echten Kampf erlauben sollte, gehört sich zu vergewissern, wie er sich mit den besten Hunden, welche die anderen Züchter aus ihren Linien züchten, vergleicht. Wenn nicht für den Burschen, der den Hund zum Kampf

Dharma bei der Bekämpfung einer »Gartenschlange«.

Stevens' Murphy, Bruder von Champion Bessie, gewann einen Kamps und wurde zum besten Hund der Ausstellung gewählt.

führt, dann geschieht es für den Züchter, der den Hund gezüchtet hat. Unser »pit-dog man« muß nun abschätzen, was für seinen Hund das beste Kampfgewicht wäre, dann meldet er ihn in dieser Klasse, stellt seinen Hund auf dieses Gewicht ein. Natürlich ist dies nicht ohne jegliche Ankündigung möglich. Deshalb läßt er einfach seine Freunde im Hundekampf wissen, daß er einen Hund dieses Gewichts verfügbar hat. In einigen Fällen wird der betreffende Hund nur einmal zum Kampf gestellt, häufiger erfolgt es aber mehrfach, denn dies alles ist Teil der Ausbildung eines Kampfhundes.

Zur Frage, wie viele Vorkämpfe ein Hund haben sollte, gibt es verschiedene Auffassungen. »Fanciers« mit großen Zwingern können sich einen eigenen Hund nur für die Ausbildung der Junghunde halten. Aber selbst gegen einen Hund, der nicht zu rauh kämpft, könnte ein Junghund einen Zahn brechen oder verlieren. (An einem solchen Erlebnis scheint ein Bulldog weniger Schaden zu nehmen im Vergleich zum Menschen). Eine Ausbildungstheorie hält wenige Vorkämpfe für richtig; falls ein Hund einen Zahn bricht, ist es nach ihrer Meinung besser, es geschieht im echten Kampf, beendet seine Karriere nicht, ehe sie überhaupt begonnen hat. Eine andere Ausbildungstheorie geht davon aus, daß ein Kampfhund aus jedem Kampf lernt, aus diesem Grunde sollte man das Risiko eines Zahnverlustes eingehen, um dem Junghund die Erfahrungen zu vermitteln, die er braucht. Viele beachten dabei die Mahnung von George Armitage, daß jeder Kampf etwas aus dem Hund nimmt. Viele würden allerdings behaupten, dies treffe nur für die langen Kämpfe zu, auf Kämpfe, welche wesentlich die Halbstundenzeit überschreiten.

Wie auch immer, steht ein Hund erst einmal für einen Kampf bereit, ist der Vertrag abgeschlossen, wenn jemand anderes den Hundebesitzer wissen läßt, daß er auch einen Hund dieser Gewichtsklasse hat. Wetteinsätze werden bei einem Dritten hinterlegt, es kommt zu schriftlichen oder mündlichen Kontrakten. Im Hinblick auf die Gesetzeslage haben derartige Verträge keinerlei Rechtsschutz, sie sind ja Vereinbarungen im Rahmen illegaler Straftaten. Der Hauptzweck besteht darin, für beide Hundebesitzer klarzustellen, welches Gewicht vereinbart ist, inwieweit es Abweichungen zu den allgemeinen Regeln geben soll.

Sind solche Vereinbarungen erst einmal abgeschlossen, nimmt man den Hund »into a keep«, darunter versteht man ein ganzes System von körperlicher Ertüchtigung und Futterplänen. Der »pit-dog man« benutzt dabei die Tretmühle, eine Sprungstange, Wasserbassin,

Laufarbeit auf der Straße oder kombiniert die einzelnen Methoden. Die Vorbereitungszeit kann zwischen sechs und zwölf Wochen liegen, je nach dem Geld, das eingesetzt wurde. Im Normalfall wird ein bestimmter Einsatz des Hundebesitzers hinterlegt, wobei dann die Kampfbörse im Durchschnitt das zweieinhalbfache beträgt. Selbst wenn also ein »pit-dog man« gewinnt, bringt er, wenn man einmal den Zeitaufwand betrachtet, den er in die Vorbereitung des Hundes steckt, bestimmt nicht viel Geld nach Hause. Der einzige Grund für Vorkampf und Kampfbörse ist sicherzustellen, daß der Bursche seinen Hund in richtige Kondition bringt und pünktlich mit ihm antritt.

In der Zeit vor dem Kampf durchlaufen die meisten Hundekämpfer eine Art Agonie nervöser Besorgnis, als müßten sie sich selbst dem Kampf stellen. Dabei geht es überhaupt nicht um das Geld, vielmehr hoffen sie, daß ihre Hunde den Kampf gut überstehen. Sie haben beträchtliche Zeit in den Hund investiert, sie wären keine Menschen, wenn sie sich nicht mit dem Tier eng verbunden fühlten und natürlich wünschten, daß er die Prüfung besteht.

Am Treffpunkt wird eine Münze geworfen, der Sieger der Auslosung hat die erste Wahl, ob sein Hund oder der andere als erster gewaschen werden sollte. Im allgemeinen wählt er seinen Hund aus, so daß der Hund des Gegners in der Pit warten muß, während sein eigener Hund als erstes gewaschen wird. Von den »Vertretern des edlen Humanismus« wurde über diese Waschzeremonie sehr viel geschrieben, meist mit einem Vorwort wie: »Hundekämpfer trauen einander offensichtlich nicht, deshalb wäscht jeder des anderen Hund, um sicherzustellen, daß kein Gift ins Fell des Hundegegners eingerieben wurde.« Wahr genug, gibt es aber nicht in allen Sportarten Sicherheitskontrollen? Es gehört nun einmal zur menschlichen Natur, daß einige Individuen um jeden Preis gewinnen möchten, selbst wenn dies Betrug einschließt.

In Wirklichkeit waren die meisten »Einreibungen« (»rubs«), die in der Vergangenheit beim Hundekampf entdeckt wurden, darauf ausgerichtet, Hunde von besonders gefährdeten Stellen abzuhalten, damit den gegnerischen Hund zu benachteiligen. Einige Schurken versuchten sogar, ihren Hund mit einer Nikotinsulfatlösung einzureiben, diese dazu mit Siliziumstaub zu überpudern. Das alles klingt schrecklich, aber es funktioniert überhaupt nicht. Das allerwichtigste - jeder Betrüger (»doper«) riskiert, seinen eigenen Hund zu vergiften,

Zwei Bulldogs - Pita und Bruder Kato - beim Seilziehspiel.

Nick'`s Bianca. Züchter: Bob Wise.

ganz abgesehen davon, daß er - wenn es herauskommt - für immer und ewig aus allen Wettbewerben ausgeschlossen wird. Zum zweiten - wenn der Besitzer des Konkurrenten dies mit
einer guten Kombination von Reinigungsmitteln und Warmwasser nicht herauswaschen
kann, wird es der Hund in der Regel auch nicht ablecken können. Im allgemeinen denke ich,
man muß fairerweise betonen, daß Betrug das ganze Ziel des »pit-dog game« ad absurdum
führt, nämlich den besten und »gamest« Hund herauszufinden. Aus diesem Grunde ist
»doping« - obwohl soviel darüber geredet wird - in Wirklichkeit außerordentlich selten.

Ist der zweite Hund fertig gewaschen und getrocknet, bringt man ihn zur Pit, wo der erste
Hund bereits auf ihn wartet. Beide Hunde werden gleichzeitig *in die Pit getragen*, meist in
das Tuch eingehüllt, mit dem sie zuvor abgetrocknet wurden. Und anstelle ihre Hunde mit
den Füßen zu treten - wie die Scharlatane dies behaupten - haben die Führer ihre Hunde eng
im Arm und versuchen, sie so ruhig wie möglich zu halten. Die meisten Hunde haben schon

Baby Barney hält ein wachsames Auge auf Eingangstür und Fotografen.

genügend gekämpft (sind vielleicht auch schon zum Wettkampf angetreten), daß sie die Pit erkennen, Ausschau nach dem anderen Hund halten. Aufregung und Kampfeslust breiten sich aus. Die Aufgabe des Führers ist es nicht, die Hunde anzustacheln, vielmehr sie zu beruhigen. Sind beide Hunde im Ring, ist es Aufgabe des Schiedsrichters (referee), den Kampf ohne weitere Verzögerung in Gang zu bringen, da die Führer meistens zwei außerordentlich aufgeregte Hunde festzuhalten haben!

Der Referee fragt beide Führer, ob sie bereit sind. Wird dies bestätigt, befiehlt er, die Hunde freizulassen. Im Normalfall prallen die Hunde schlagartig aufeinander. Gewöhnlich hört man noch ein einleitendes Knurren, danach sind die Hunde sofort ineinander verbissen. Jeder Hund versucht, seinen Lieblingsgriff anzusetzen, seinen Gegner auf den Boden zu drücken. Bei einem normalen Kampf verändern sich die Stellungen viele Male, erst ist der eine Hund oben, dann der andere. Über die ganze Zeit beobachten die Führer ihre Hunde genau, sprechen ihnen zu, überprüfen laufend ihre Verfassung, achten besonders auf den Fang ihrer Hunde, um sicher zu sein, daß kein Zahn gebrochen ist oder gar einer der Hunde sich verfangen hat (»fanged«). Das bedeutet nämlich, daß er sich einen Fangzahn durch die eigenen Lefzen gebissen hat.

Wie bereits erwähnt, sind die meisten Zuschauer zunächst sehr beeindruckt, wie geschickt diese Hunde kämpfen. Noch erstaunter sind sie dann, wie wenig Verletzungen entstehen. Es gibt keine aufgeschlitzten Kehlen oder Bäuche, auch Knochenbrüche sind selten. Pit Bulls sind zwar beeindruckende Tiere, aber sie sind gleichzeitig auch geschickt und hart, nicht leicht zu verletzen. In jedem Fall trifft man nicht auf die Blutspur, die von den meisten Zuschauern erwartet wird. Die Wahrheit ist vielmehr, daß gelegentliche Zuschauer sich bald durchaus langweilen. Außerdem machen diese Hunde bei ihrem Kampf keinen Lärm und, so zielbewußt sie sind, so sehr sie Freude am Kampf haben, scheinen sie doch aufeinander gar nicht so verrückt zu sein.

Für den wahren Kenner beginnt der interessante Teil des Kampfes, wenn die Hunde mit dem »scratching« beginnen. Dies erkennt man daran, daß einer der Hunde Kopf und Schulter vom Gegner abwendet. Dies kann durchaus nur ein Kampfmanöver sein, um eine neue Angriffsstelle zu suchen. Aber zu diesem Zeitpunkt kann entweder sein Führer oder der Hundeführer des Gegners den Referee bitten, ein »turn« auszurufen. Auf Geheiß des Schiedsrichters werden die Hunde getrennt, von ihren Besitzern festgehalten. Danach ist es Sache des Hundes, der den Kopf abgewandt hatte, als erster die Mittellinie in Richtung Gegner wieder

Champion Gideon, ein berühmter Pit dog, inzwischen - aus der Pit zurückgezogen - ein begehrter Zuchtrüde.

Tia mit Sam. Besitzer: G. McCurdy.

zu überqueren. Danach erfolgen weitere Runden von den Hunden abwechselnd. Im allgemeinen werden in der Pit »Brechhölzer« (breaking sticks) nicht eingesetzt, es sei denn, einer der Hundeführer will den Kampf aufgeben. Sonst werden die Hunde nur dann vom Führer aufgenommen, wenn sie nicht ineinander verbissen sind. Die zweite Ausnahme für den Einsatz von Brechhölzern besteht, wenn einer der Hunde sich durch die eigene Lefze gebissen hat, und der Schiedsrichter nicht in der Lage ist, mit einem Stock oder Bleistift dies während des Kampfes zu lösen. Der Schiedsrichter kann dann anordnen, daß die Hunde mit Hilfe von Breaking Sticks getrennt werden. Nachdem bei dem einen Hund die Lefze befreit ist, werden die Hunde im Abstand von etwa 1,30 Meter aufgestellt und wieder freigegeben.

Stellen Sie sich doch bitte vor, wie ruhig diese Hunde sind, wie menschenfreundlich, so daß ihre Führer während des Kampfes dicht an sie heran können (sie dürfen aber keinen Hund berühren). Und achten Sie darauf, daß ein Fremder - der »Referee« - ungefährdet seine Hand in oder in die Nähe des Fangs der Hunde legen kann. Straft dies nicht die oft aufgestellte Behauptung Lügen, daß die Pit Ursprung aller menschenfeindlichen Hunde sei?

In jedem Fall findet das »scratching« bei den echten Anhängern allergrößtes Interesse. Ich erinnere mich eines Fans, der behauptete, wenn auf der einen Seite die allerhübschesten Mädchen der ganzen Welt aufgereiht wären, auf der anderen Seite ein »pit-dog«, der im »scratch« dem anderen gegenübersteht, werde er mit Sicherheit das scratching der Bulldogs beobachten. Zugegeben, diese Haltung ist etwas extrem! Einer der Gründe für das große Interesse ist, daß »scratche« in sich häufig spektakulär sind. Diese Handlung ist viel mehr, als ein Neuling sich vorstellen kann! Mit größter Wahrscheinlichkeit wird ein Kampf gewonnen oder verloren, wenn ein Hund dabei versagt, innerhalb von zehn Sekunden die Ringmitte zu überlaufen (to scratch), seinen Gegner wieder zu berühren. Deshalb ist jedesmal, wenn die Hunde aufgenommen werden, der Augenblick der Wahrheit für den als Nächsten zum »scratching« bestimmten Hund. Wird er sich direkt wieder mitten in den Kampf stürzen, obwohl er bis zu diesem Zeitpunkt der Schwächere war? Ein Hund, der sich nach einer Niederlage trotzdem wiederholt nach dem Trennen über die Ringmitte bewegt, wird immer das Herz der Zuschauer erobern.

Im Gegensatz zu allgemeinen Vorurteilen sind Bulldogs erstklassige Familienhunde.

Die meisten Kämpfe dauern etwa 45 Minuten, enden in aller Regel dann, wenn ein Hund beim »scratch« versagt, oder wenn sein Führer ihn aufnimmt, weil eine Fortsetzung des Kampfes sein Leben gefährden könnte. Wenn ein Hund beim »scratch« aufgibt, bedeutet dies ganz einfach, daß er nicht ganz von innen heraus »game« ist; aus diesem Grund ist es künftig uninteressant, mit ihm zu züchten oder ihn für einen neuen Kampf einzusetzen.

Ich sage bei allem - auch beim Hundekampf - die Wahrheit, dies habe ich mir im ganzen Buch zur Aufgabe gesetzt. So muß ich an dieser Stelle auch klar zum Ausdruck bringen, daß die meisten Hundekämpfer nach einer solchen Niederlage ihr Tier einschläfern lassen. In aller Regel erfolgt dies in der Privatsphäre eines Campingwagens, möglicherweise auch später, wenn der Hund wieder nach Hause kommt. Die Idee, es sofort zu tun, soll dem Hund jedes unnötige Leiden ersparen. Mit größter Wahrscheinlichkeit geht es nicht darum, daß sich der Hundebesitzer einfach vom Verlierer trennen möchte. Aber auch hier gilt es, der Wahrheit ins Auge zu sehen. Mit absoluter Sicherheit erscheint es sehr brutal, einen Hund einzuschläfern, der gerade sehr viel mehr Mut gezeigt hat, als irgendein Mensch je würde oder könnte. Mit Sicherheit keine angenehme Entscheidung. Fest steht aber, ein gutes zu Hause

Ein Junghund aus der Zucht Old Family Red Nose. Besitzer: Patte Owens.

Barney hat es sich im verbotenen Bett gemütlich gemacht.

ist meist für jeden Hund schwer zu finden. Tierschutzzentren, die täglich tausende von Hunden einschläfern lassen, werden dies bestätigen. Meine Meinung: Besser ein Frieden des Todes als Vernachlässigung. Deshalb verdamme ich weder »pit-dog men« - noch Tierschutzheime.

In jedem planmäßigen Zuchtprogramm heißt es, man solle immer mehr Hunde aufziehen, als man für die Zucht braucht, nur die besten Tiere für die Zucht auswählen. In diesen Zuchten gibt es immer das Problem, wohin mit den Hunden, die den Anforderungen nicht entsprechen. Die Antwort lag früher meist darin, ein passendes Zuhause für die Tiere zu finden. Aber heute, bei der Überpopulation von Hunden, wird immer mehr das Einschläfern zur Lösung. Dies ist bei allen Gebrauchshunden, nicht alleine beim »Pitdog« der Fall.

Schlittenhunde erfahren in jüngster Zeit außerordentlich viel günstige Publizität, dies freut mich sehr, denn ich liebe Schlittenhunde (aber - zugegeben - nicht ganz so sehr wie Bulldogs). Ich beobachte Schlittenhundefans bei ihrer Arbeit - es sind gute Menschen. Wenn sie aber erst einmal tief in die Wettbewerbsregeln ihres Hobbys verstrickt sind, sollte einer ihrer Hunde besser nie die Leine erschlaffen lassen oder gar lahmen, anstatt zu ziehen. Dies ist die Wahrheit in jeder Hundezucht, die vom Wettbewerb beherrscht ist - selbst bei Ausstellungshunden. Bei Ausstellungshunden kann nicht wettbewerbsfähiges Material - oft - als

»pet quality« verkauft werden. Aber häufig gibt es auch Einschläferungen.

Einige werden einwenden, im Gegensatz zu anderen hundesportlichen Aktivitäten gehe es nicht um einen Wettbewerb auf Leben und Tod. Nun - dies ist in Wirklichkeit auch bei den Kampfhunden nicht der Fall. Aber - aufgrund der Natur des Wettbewerbs - ist das ganze natürlich sehr viel risikoreicher als bei den meisten anderen »hundesportlichen Aktivitäten«. Dies alles ist nur eine Frage des jeweils erreichten Grades.

Von erfahrenen »Sheepdog people« wird mir gesagt, daß ihre Arbeitshunde eine durchschnittliche Lebenserwartung von drei Jahren hätten, zu viele würden von den Herdentieren bei der Arbeit getötet. Hounds gehen auf Jagden oft verloren, werden zum Teil selbst Opfer des verfolgten Tieres, zum anderen verirren sie sich, werden nie wieder gesehen. Retriever ertrinken oder werden bei der Arbeit im Wasser, das mit Pestiziden verseucht ist, getötet. Jagdhunde werden von Klapperschlangen und anderen Giftschlangen getötet. Es gibt für Arbeitshunde einfach keinen sicheren Weg - vielleicht für überhaupt keinen Hund. Übrigens - auch nicht für die Menschen!

Der »Pit-dog-sport« ist sehr rauh, Hunde werden dabei verletzt. Und einige von ihnen werden - in sehr seltenen Fällen - in der Pit getötet. Viel häufiger sterben einige nach dem Kampf. Aber noch immer, der Hundekampf - so schlecht er ist - und mit größter Sicherheit ist er nicht so schlecht, wie die meisten Menschen glauben - hat ein Tier hervorgebracht, dem fast jedermann, der je mit einem Bulldog zusammenkam, bestätigen wird, daß er der beste aller Hunde ist.

Sir Winston.

Arsuffis Mink, zweimal »bester Hund der Ausstellung« (best of show conformation).

Oben: *William's Reuben, stark auf die Blutlinie von Hyde's Satch und Bloody Sunday inge-züchtet, mehrfach Vater hervorragender »Pit-dogs«.*
Unten: *Heinzl's Timex - nach Aussagen von Heinzl ein sehr guter Wachhund!*

Oben: *Rhino, zwölf Monate alt, Vater Buck, Mutter Dina-Mite.*
Visavis: *Barney besucht seinen Bruder Colonel K.*

DIE FRAGE DER KÖRPERGRÖSSE

Ein Neuling in der Rasse ist fast immer irgendwie befremdet, wenn er dabei die absolute Vorherrschaft kleiner Hunde feststellt - mir ging es auch einmal so. Richtig betrachtet sind dies doch Kampfhunde, sollten sie deshalb nicht riesig groß sein, so daß sie andere Hunde nach Belieben besiegen? Je mehr wir uns aber dem alten Pit-Zuchtmaterial nähern, um so wahrscheinlicher treffen wir auf Hunde, die im allgemeinen klein sind.

Kann es sein, daß Größe bei diesen Hunden überhaupt nichts bedeutet? Das ist nicht der Fall, denn »pit-dog men« lassen ihre Hunde immer exakt nach Körpergewicht miteinander kämpfen. Es ist eine echte Kunst, den eigenen Hund so nahe wie möglich an das vereinbarte Kampfgewicht zu bringen, ohne es zu überschreiten. Wenn ein Hund bei einem Sieg bis zu zwei Pounds (970 g) schwerer ist, akzeptieren die »pit-dog men« durchaus das höhere Gewicht, insbesondere wenn es sich um einen Kampf gegen einen guten Gegner handelt.

Nun, warum überwiegen dann dennoch die kleinen Hunde? Es handelt sich bestimmt nicht darum, den kleineren Mann zu glorifizieren, denn viele der »pit-dog men«, die am deutlichsten kleine Hunde bevorzugten, waren selbst extrem große Männer, beispielsweise W.R. Lightner, Bert Clouse und Ham Morris.

Eine Theorie, ursprünglich von Bert Sorrells aufgestellt, lautet: die Zucht guter Hunde ist eine so komplizierte Aufgabe, daß zu dem Zeitpunkt, wenn ein Bursche dies richtig erlernt hat, er zu alt geworden ist, um mit großen Hunden umzugehen und deshalb meist kleine

Mim's Carolina Betsy, eine Enkelin von Snooty und Bolio. Besitzer: Judy Mims.

Hunde bevorzugt. Dieser Gedanke verdient eine nähere Betrachtung. Bestimmt ist richtig, daß es sehr viel mehr gute kleine Hunde gibt als große. Aber selbst ein schwächerer, großer Bulldog kann in der Regel einen guten kleineren besiegen. Wie immer das sein mag, es gibt einige große Hunde, so selten sie auch sein mögen, die ganz vorzügliche Kampfhunde sind. Als Beispiel seien erwähnt Colby's Pinscher, Burton's Hank, The Plumber's Alligator und Powell and Wilkerson's Little Boots, um nur einige zu nennen, die mir sofort einfallen.

Ich habe herausgefunden, daß wenn man einige der großen Männer, die ich bereits erwähnte, frug, warum sie kleine Hunde bevorzugten, antworten sie ganz einfach , es sei leichter mit ihnen zu arbeiten und sie seien billiger zu füttern. Aber es gibt da ein Lächeln - Hintergedanken - das Gefühl, daß diese Antwort viel zu einfach ist, bestimmt nicht die ganze Wahrheit sein kann. Lohnt es sich denn nicht, einen großen Hund zu besitzen, ganz einfach weil er, bei allem was er tut, der beste ist. Er wäre doch der Kandidat für den besten Kampfhund der Welt, nicht nur einfach der beste der jeweiligen Gewichtsklasse? Wahr genug, aber hier liegt der Hase im Pfeffer! Niemand kennt den wirklich an der absoluten Spitze stehenden Kampfhund der ganzen Welt, unabhängig von seinem Gewicht. Ich jedenfalls vermute, daß alle - mit Ausnahme der erfahrensten »pit-dog men« - leicht überrascht wären, welches Gewicht dieser Hund tatsächlich hätte. Nach meiner Vermutung hat er ein Kampfgewicht zwischen 60 und 70 Pounds (27 bis 32 kg). Größere Bulldogs stammen nur äußerst selten aus den alten Kampfhundelinien. Und selbst Hunde in der Größenklasse, die ich erwähnte, sind selten - insbesondere wenn es wirklich um Qualität geht.

Wie ich schon erwähnte, Hunde kleiner als 60 Pounds (27 kg) haben regelmäßig Bandogges und Tosas besiegt. Es gibt Nachkommen der Bulldoggen alter Zeit in Spanien namens »*Canario Presas*«, und ich habe erfahren, daß sie zäher und kraftvoller sind als die anderen großen Hunde. Die Canario Presas wiegen etwa 120 Pounds (54 kg); aber auch sie haben gegen American Pit Bull Terrier guter Qualität in dem Bereich von 50 bis 60 Pounds verloren.

Weiterhin habe ich bereits darauf verwiesen, daß kleine Bulldogs stets Mischlinge (ohne Bulldogblut) und selbst Bandogges besiegt haben. Wie kann so etwas geschehen? Größe bedeutet Kraft, das läßt sich überhaupt nicht leugnen. Löwen und Tiger beherrschen die Katzen, aber sie selbst werden keine Elefanten angreifen. Der weiße Hai regiert die Meere - mit Ausnahme der Killerwale, die nun eben einmal größer sind.

Ist der Bulldog eine Ausnahme von dieser allgemeinen Regel? Nun, bestimmt nicht ganz, denn wer würde nicht erwarten, daß er einem Sibirischen Tiger oder einem Elefanten unter-

Henry's Ben.

liegt? Fest steht jedoch, daß er sich riesige Bullen und Wildsauen unterzuordnen vermag - und das ist bestimmt eindrucksvoll genug. Es ist auch außerordentlich eindrucksstark, daß er unter allen Hunden, unabhängig von ihrer Größe, herrscht. Was nach meiner Auffassung hier vorliegt, ist die Tatsache, daß es für Hunde eine natürliche Größe gibt, eine Größe, die nicht ungestraft überschritten werden darf, denn zusätzliche körperliche Kraft wird im Verhältnis zum Größenwachstum wesentlich kleiner. Und diese Idealgröße liegt irgendwo rund um 60 Pounds Kampfgewicht (27 kg). Dies ist nur eine Theorie, die ich für dieses Phänomen entwickelt habe. Ich halte sie aber für erwiesen, bis jemand kommt, der sie durch eine bessere ersetzt.

Es scheint auch ein ähnliches Größenlimit für den Kampf von Menschen untereinander zu geben. Wir haben nie gehört, daß irgendwelche riesige Football- oder Basketball-Spieler

Oben: *Mims's Barney mit einem Beingriff an Mims's Cora. Besitzer: Matt White.*
Visavis: *Spartacus Champion Tuffy.*

Schwergewichtsboxer geworden wären. Ed »Too Tall« Jones - der zu große Jones machte einen schmählichen Versuch, scheiterte aber elendig. Und in alten Zeiten, da Berufsringen ein legitimer Sport war, regierte Frank Gotch als Champion, er wog etwas mehr als 180 Pounds (82 kg) bei einer Größe von 178 cm. Allgemein wird er als der großartigste Schwergewichtschampion unter den Ringern gesehen.

Nun zurück zu den Bulldogs! Mancher mag sich fragen, warum ein »pit-dog man« sich mit einem Bulldog von 35 Pounds (16 kg) zufrieden geben mag, der mit absoluter Gewißheit bei uneingeschränkten Gewichtsgrenzen nicht der beste Hund der Welt sein kann. Die Antwort lautet, man möchte immer einen Hund, der sich als bester seiner Gewichtsklasse zeigt, das reicht unseren Hundekämpfern. Und man braucht sich nicht den Kopf darüber zu zerbrechen, daß irgendwelche anderen Hunde einen solchen Hund gefährden - es sei denn, es handele sich um einen größeren und besseren Bulldog (dies alles gilt mit ganz seltenen Ausnahmen). Diese Hunde sind aufgrund ihrer Kampfeskraft und Kampfesfreude in der Lage, andere Rassen zu besiegen. Sie erschrecken die überwältigende Mehrheit anderer Hunde in einem Maße, daß sie schon nach kürzester Zeit aufgeben. Und jene, die den Schneid haben, etwas längere Zeit dem Kampf standzuhalten, werden durch die überwältigende Ausdauer

Links: *Nicolas Accorti mit Vashtie.* Unten: *Riptide Pogo, Nachkomme aus einer der besten Kampfhundelinien. Er ist ein wunderbarer Familienhund, hier abgebildet mit seiner Trophäe für den ersten Platz bei einem Unterordnungswettbewerb.*

Heinzl's Badger, Nachkomme von Chili und Blind Ben.

und Zähigkeit des kleineren Hundes zermürbt. Dies alles ohne zu erwähnen, welche Geschicklichkeit von zahllosen Generationen der besten hundlichen Gladiatoren überliefert wurde.

Tatsache ist also, selbst ein kleiner Bulldog kann den Großteil der Bastarde besiegen, und er hatte - zumindest in den alten Tagen - die volle Sympathie der Zuschauerschaft, denn durch seine bescheidene Größe war er der »underdog«. Die Menschen kamen einfach nicht daran vorbei zu bewundern, wie ein so kleiner Hund einen großen beherrschte, in aller Regel noch mit einem beträchtlichen Vorsprung. Und da nun eben einmal ein kleiner Hund ein großartiger Kämpfer zu sein vermag, läßt sich leicht verstehen, warum kleine Hunde bevorzugt werden. Ist ein Hund in allen anderen Merkmalen gleich, wird wohl der kleine aufgrund der Bequemlichkeit in vielfältiger Hinsicht bevorzugt - und er frißt ja auch weniger. Natürlich geben wir mit dem kleinen Hund das »persönliche Image« körperlicher Kraft auf. Für die meisten Hundekämpfer ist dies aber unwichtig. Solange sie tief in ihrem Herzen wissen, daß ihr kleiner Bulldog eine Vielzahl Deutscher Doggen oder Mastiffs, die ihn ankläffen, mit Leichtigkeit zu besiegen vermag, kümmert es sie wenig, wenn andere Menschen glücklicherweise keine Ahnung von dieser Situation haben.

Es wäre durchaus eine interessante Frage, ob dies eigentlich nur im Hinblick auf Hunde gilt, ob nicht allgemein der Kleine bewundert wird, der alle übrigen zu besiegen vermag.

Maska's Georgia, eine Tochter des dreifachen Ausstellungschampions Buster.
Besitzer: Matt White.

Heinzl's D.B., eines der Wurfgeschwister von Hogan. Besitzer: Martin Street.

Könnte es hier sogar Parallelen zum Menschen geben? Ja, solche Parallelen gibt es, und dies auf zweierlei Art.

Stellen wir uns vor, ein Mann hat sich in einer der Kampfsportarten zu einem guten Athleten entwickelt. Ein kleiner, aber geschickter Ringer oder Boxer oder Kampfsportspezialist, hat gegenüber größeren, aber nicht trainierten Männern entscheidende Vorteile. Ich kann hier die Angelegenheit besser aus der Perspektive von Boxern und Ringern beurteilen, denn ich habe beide Sportarten aktiv betrieben. Bei den anderen Kampfsportarten verfüge ich über wenig Erfahrung, übe dementsprechend etwas mehr Zurückhaltung. Zum zweiten gibt es gelegentlich auch Menschen, die von Natur aus geborene Kämpfer sind, eine Art sechsten Sinn dafür haben. Als ich meinen Militärdienst ableistete, habe ich zumindest zwei solche Burschen persönlich kennengelernt. Sie waren weder im Boxen noch im Ringen ausgebildet, aber sie beherrschten es vom ersten Augenblick an. Mancher kräftige Bursche unterlag dem Fehler, eincn dieser beiden Männer zu unterschätzen. Sie besaßen ganz einfach eine natürliche Begabung für den Kampf. Selbstverständlich konnten alle diese kleineren Burschen durch die größeren Kämpfer in ihrer Klasse besiegt werden. Auch die »Kämpfer von Geburt an« konnten durch größere Männer besiegt werden, die gleichfalls »geborene Kämpfer« waren. Die Ringer und Boxer wurden durch größere Ringer und Boxer gleicher Fähigkeit dank des Vorteils ihrer Größe besiegt.

Und dies alles gilt nun eben auch für Hunde. Ein kleiner Bulldog kann beim Kampf gegen einen großen Hund hervorragend aussehen, trifft er aber auf einen passenden größeren Bulldog, kämpft er möglicherweise seinen letzten Kampf. Wenn der kleine Bulldog aber ein »echter Bulldog« (»real one«) ist, dann haben wir die Gewißheit, daß er es dem Großen niemals leicht machen wird.

Oben: *Bo Dragon's Tung, ein 34 Kilo-Rüde.*
Visavis: *Hobo, ein Sohn von Heinzl's Gringo und Chauvin's Victory, im Besitz von Sara Chapman.*

LEGENDENBILDUNG

Offen gesagt, der Bulldog kann nicht alles, was einige andere Hunderassen können, ich weiß aber recht genau, was der alte »J.P.« sagen wollte. Natürlich kann kein Bulldog so schnell laufen wie ein Greyhound oder eine Fährte nachsuchen wie ein Schweißhund. Aber man kann sicherlich seinen Bulldog alle diese Dinge einmal ausprobieren lassen, in einigen Aufgaben wird er mehr Erfolg haben als in anderen. Ich erwähnte bereits einen American Pit Bull Terrier, der die nationale Field-trial-Prüfung für Coonhounds gewann. Und soll Dein Bulldog auf Fleisch jagen anstatt nach Siegen in der Pit, wird Dein Bulldog Dir wahrscheinlich auch helfen, einen Waschbären einzufangen. Da er lautlos der Fährte folgt, ohne Jagdlaut, ist er ohne vorherige Warnung wie ein Blitz aus der Nacht über seiner Beute.

Aber man sollte allen Spezialisten Achtung zollen! Im Normalfall kann der Bulldog sie in ihren Spezialaufgaben nicht übertreffen, aber er ist so gründlich anpassungsfähig und voller Energie, besitzt Neugierde und Freude an der Arbeit, daß er jede ihm gestellte Aufgabe zumindest geschickt angeht.

Die Geschicklichkeit des American Pit Bull Terriers im Kampf und seine clownische Veranlagung führen zu zahlreichen Situationen und Geschichten, die im Gedächtnis haften. Keines meiner Bücher über Bulldogs wäre vollständig, wenn es nicht einige dieser Begebenheiten enthielte. Bei einer Reihe der Erlebnisse war ich selbst Augenzeuge - andere wurden mir von Männern erzählt, die bereits lange tot sind. Deshalb kann ich nicht völlig sicher sein, wie wahr diese tatsächlich sind. Aber für jedermann, der Bulldogs kennt, haben sie dennoch den Klang von Wahrheit.

Ty's Cuervo, Sohn von Odom's Bad Bandit und Peyote of Portales. Besitzer: Ty Rains.

EIN LÖWE IN DEN STRASSEN

Leser, die meine anderen Bücher über den American Pit Bull Terrier kennen, werden sich aus den Geschichten, die mir zwei Geschäftsleute als Teenager in meiner alten Heimatstadt in Colorado erzählten, an »Lion« erinnern. Ich habe diesen Geschichten wieder und wieder zugehört, wurde ihrer nie müde und fragte immer nach neuen Einzelheiten. Natürlich habe ich mir damals nicht träumen lassen, daß ich sie eines Tages niederschreiben würde. Ich wünschte mir ganz einfach sehnsüchtig Hunde wie Lion, Jocko und Denver.

Lion war der größte Hund in dieser Gruppe, daher sein Name. Er trug ihn aber nicht alleine seiner Größe wegen. Auch in seiner Farbe ähnelte er einem Löwen, und sein muskulöser Schädel hatte das Aussehen eines Löwenkopfes. Hinzu kam, über sein ganzes Leben war er ein Zwingerhund, wurde ausschließlich für Hundekämpfe eingesetzt und gehört zu jenen Bulldoggen, die jedes andere Tier anzugreifen bereit waren - Hund, Katze, ja selbst einen Dinosaurier!

Obgleich er frei laufend für Menschen keinerlei Gefahr bedeutete (mit der Ausnahme, möglicherweise eine Herzattacke auszulösen) konnte er, was alle gut wußten, unter anderen Tieren mit Sicherheit großen Schaden anrichten. Aus diesem Grund traf man alle Vorkehrungen, damit dieses Tier so eingesperrt wurde, daß es nicht ausbrechen konnte.

Aber Lion's Besitzer Ed, ein Mann mit viel Besitz und beträchtlichem Einfluß, liebte seine Hunde wirklich, deshalb wollte er Lion soviel Freiheit geben, wie er mit gutem Gewissen verantworten konnte. Die Last eigenen Schuldgefühls durch Einsperren eines Hundes wog in jenen alten Tagen schwerer, denn es war allgemein üblich, alle Hunde frei umherlaufen zu lassen. In dieser Hinsicht waren Bulldogs immer eine klare Ausnahme von dieser Regel. Aus diesem Grunde kannte man sie bereits in den Zeiten von Elizabeth I und früher als »bandogs« was frei übersetzt angebundene Hunde oder Kettenhunde bedeutet.

Ed hatte hinter einem seiner Geschäfte, in dem er sich die meiste Zeit aufhielt, nahe einer Allee ein System von Laufketten installiert. Auf diese Art konnte er den Hund häufiger sehen, und Lion erhielt selbst viel mehr Zuwendung, da seine Angestellten bald lernten, daß er trotz seines furchterregenden Äußeren ein sehr freundlicher Hund war. Auch Passanten kamen bald vorbei, lernten Lion kennen und begrüßten ihn, blieben meist stehen, um ihn zu streicheln.

Das Problem war, daß der Handwerker, der das Kettensystem aufgebaut hatte, seinen Job nicht so gut verstand, wie er Ed hatte glauben lassen. Obgleich ihm nachdrücklich gesagt wurde, wie außerordentlich stark das Tier war, wie wichtig es sei, daß es sich nicht selbst befreien konnte, leistete der Handwerker beim Zusammenschrauben des Kettenwerks schlampige Arbeit. Der schwerwiegendste Fehler war, daß den Ketten selbst ausreichende Stärke fehlte, möglicherweise waren auch die Kettenglieder nicht groß genug. Was immer die Ursache gewesen sein mag, eines Tages versuchte sich Lion auf eine vorbeikommende Katze zu stürzen und - plötzlich war er frei!

Der erste Todesfall war diese Katze. Wie die anderen Katzen in der Umgebung hatte sie gelernt, daß Lion nur einen begrenzten Spielraum hatte, so war jetzt Lion plötzlich über ihr, ehe sie überhaupt nur versuchen konnte, wegzulaufen. Es ist außerordentlich fraglich, ob die Katze überhaupt noch gewahr wurde, was ihr geschah. Lion schüttelte in einem Augenblick

Hall's Champion Sugar ist viermalige Siegerin in der Pit, eine Enkelin von Hooten's Butcher Boy.

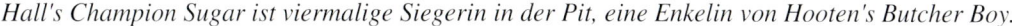

alles Leben aus ihr, warf den Katzenkörper auf das Dach des Gebäudes. Danach befaßte sich der Hund mit einigen anderen Katzen, die er in der Allee aufscheuchte.

Ein großer Airedale, von all dem Lärm angezogen, packte selbst eine der Katzen, war nur zu glücklich, sich an der Killerorgie zu beteiligen. Was der arme Airedale natürlich nicht erwartet hatte, war, daß Lion in Sekundenschnelle eine Katze fallen ließ, sich auf die größere Beute stürzte. Genau dies tat Lion, und bald fanden die Angestellten von Ed die toten Körper mehrerer Katzen und eines großen Airedales draußen vor dem Laden ihres Boß. Sie entdeckten, daß Lion ausgebrochen und verschwunden war, und berichteten diese Geschehnisse dem schockierten Ed.

Beim Erzählen der Geschichte konnte Ed zwar später lachen, aber er betonte, daß ihn sofort Visionen erfüllten, wie sich Lion jetzt daran machte, Pferde umzubringen, wie zuvor die Katzen - und mit gleicher Leichtigkeit. Denn dies geschah in den Zeiten von Pferden und Kutschen, auf den Straßen gab es zahllose Pferdewagen, selbst die Milch wurde mit dem Pferdewagen ausgefahren. Ed fragte sich, wieviel böses Blut und Geld der Ausbruch von Lion ihn wohl kosten werde. Aber selbst mitten in diesen schrecklichen Gedanken betonte Ed, seine allerschlimmste Furcht war immer, irgend jemand könnte Lion erschießen.

Wie das Glück aber zuweilen spielt, Lion kam an keines aller dieser Pferde. Nachdem er den Airedale erledigt hatte, lief er die Allee hinunter und überquerte einige Eisenbahnschienen. Auf der anderen Seite der Schienen lag hinter einem Flüßchen eine Kuhweide. Dort gab es natürlich mit Sicherheit Kühe, aber außerdem auch einen riesigen Bullen, ein Bulle, der dafür Sorge trug, daß niemand jemals diese Weide überquerte.

Wahrscheinlich sah der Bulle Lion herankommen, und zu dem Zeitpunkt, als der Hund über den kleinen Fluß geschwommen war und über den Zaun kam, wartete er zweifellos auf ihn. Natürlich wollte er ihn das Laufen lehren, wie er dies mit allen anderen Hunden immer getan hatte, die es jemals wagten, seinen so tüchtig von ihm verteidigten Weidegrund zu betreten. Möglicherweise berührte er auch Lion zumindest einmal mit seinen Hörnern, aber wenn, beeindruckte dies den Hund in keiner Weise. Als die Männer die beiden Tiere fanden, hatte Lion nicht nur den Bullen fest bei der Nase gepackt, sondern ihn sogar zu Boden geworfen.

Ed mußte seine Männer den Bullen mit Seilen fesseln lassen, um ihn ruhig zu halten, dann brach er Lion mit einem »Breaking stick« vom Bullen ab. Lion wurde sein Geschirr angelegt und Ed führte ihn auf sein eigenes Gelände zurück. Ed erzählte, daß als er mit Lion zurückging, er in einer Mischung von Ärger und Erstaunen feststellte, daß Lion keinerlei Kampfspuren zeigte, keinen einzigen Tropfen Blut. Er sah aus, als hätten sie gemeinsam gerade einen Spaziergang durch den Park gemacht, und seine Rute wedelte vor Zufriedenheit. Der Ausflug hatte ihm wirklich unendlich viel Freude bereitet!

BOZO UND DAS MYSTERIUM SEINES PILZBEFALLS

Diese Geschichte stammt aus viel jüngerer Zeit. Sie handelt von einem Hund aus der Nachkommenschaft von Hooten's Butcher Boy. Er war der erste Hund, den sich ein junger Bursche gekauft hatte. Als Familienhund aufgezogen, war er - wie es die »pit-dog men« nennen - ein »mit der Hand aufgezogener Hund« (»hand-raised dog«). Und die »pit-dog men« wissen, daß dies recht häufig die allerbesten Kampfhunde werden. Sie haben viel Selbstvertrauen, sind Menschen gegenüber außerordentlich kooperativ, und sie sind unstillbar neugierig, etwas, das ihnen auch beim Kampf in der Pit zu helfen scheint.

Dieser Hund entwickelte sich zu einem großartigen Kampfhund. Noch vor einem Alter von zwei Jahren hatte er schon zwei Kämpfe gegen andere Bulldogs gewonnen, wurde deshalb einem erfahrenen »pit-dog man« für weitere Kämpfe überlassen. Dabei wurde vereinbart, daß wenn der Hund nicht gerade für einen Kampf trainiert werde, ihn sein Besitzer

Larry Bell mit Bell's Lady Stomp.

selbst halten sollte, auch sollte er nach seiner Karriere in der Pit endgültig wieder zum Besitzer zurückkehren.

Nun, aus einer ganzen Reihe von Gründen war unser »pit dog man« über diesen Hund namens Bozo absolut verblüfft. Ein Grund dafür - er hatte seinen letzten Kampf beobachtet, wußte, daß er ein äußerst gefährlicher Kämpfer war. Seine Leistungen lagen weit jenseits der üblichen Kampfhundkategorien. Deshalb war unser Hundekämpfer, den wir einmal Harry nennen wollen (natürlich nicht sein richtiger Name), der festen Überzeugung, daß Bozo ein sicherer Kandidat für den besten Kampfhund mit 48 Pounds Kampfgewicht (22 kg) in diesem Lande sei. Hinzu kam, dieser Hund war so gut erzogen, daß man ihn durchaus frei laufenlassen und darauf vertrauen konnte, daß er keine anderen Hunde angreift. (Wenn allerdings die anderen ihn angriffen - war dies ihr Problem!).

Bozo war zuvor auch niemals mit der Sprungstange oder der Tretmühle trainiert worden, lernte dies alles aber schnell. Die meisten Bulldogs werden auf die Sprungstange recht wü-

*Junior Jay Are. Foto:
Humbolt Pit Bull
Club.*

tend, greifen sie an, als wäre sie ein anderer Hund. Hält man einen Bulldog an der Leine, nimmt ihn in den Hof mit einer Sprungstange, wirft er seinen Führer fast um vor lauter Eifer, daran zu kommen. Läßt man ihn los, wird ihn kein Kommando davon abhalten, die Sprungstange anzugehen.

Zu Harry's großem Erstaunen verhielt sich Bozo völlig anders. Obgleich er mit der Sprungstange wie die meisten Bulldogs trainiert wurde, griff er sie nicht an, ohne daß man ihn dazu aufforderte. Außerdem sprang er auf Kommando schon auf die Tretmühle, wartete aber immer dann auf einen Befehl von Harry, um auf dem Band zu laufen. Und er lief immer mit der Geschwindigkeit, die ihm Harry diktierte, stoppte freiwillig auf dessen Kommando. Um zu begreifen, wie bemerkenswert dieser Hund war, muß der Leser wissen, daß die überwältigende Mehrheit der Pitdogs reine Zwingerhunde sind. (In der Pitdog-Sprache könnte man sie eher Kettenhunde als Hofhunde nennen). Immer waren diese Hunde für den Kampf großgezogen, deshalb nahm man sie nur für die Arbeit oder für den Kampf von ihren Ketten.

Für beide Aufgaben ist Begeisterung des Hundes so gewaltig, daß sie geradezu zur Manie wird, zur Sucht, zum Wahnsinn! Selbst als Haushunde großgezogene Pithunde, welche die Arbeit an der Sprungstange oder in der Tretmühle lernen, sind in ihrer Begeisterung schwer

Rechts: *Zwei Pit Bulls in Holland. Links Missy aus der Zuchtlinie Bolio, rechts Onklin's Schot Jr.*
Unten: *Dean Martin mit Martin's Rachael.*

Shebesta's Justice nach Champion Sooner aus Weldon's Miss Kitty. Hierdurch ist Justice beidseits auf Jimmy Boots ingezüchtet. Besitzer: Billy Stevens.

zu kontrollieren. Deshalb muß man selbst Familienhunde oft mit einem »breaking stick« vom »springpole« lösen.

Aus diesem Grunde war Bozo's extremer Gehorsam, seine problemlose Erziehung mehr als einfach eine Folge der Tatsache, daß er als Familienhund großgezogen wurde. Er war tatsächlich ein sehr ungewöhnlicher Rüde. Aber er arbeitete so gut, es machte soviel Freude mit ihm, daß Harry zum Zeitpunkt des Kampfes wußte, daß sein Hund in einer genau so guten Kondition war wie irgendein anderer Hund, mit dem er je zuvor gearbeitet hatte. Dies war gut, denn Bozo brauchte bei seinem Kampf gegen seinen Gegner Swamper, einen fünffachen Sieger und einen Bulldog, der ein enormer Kämpfer war, jeden Vorteil.

Bei diesem Kampf war das in Kondition bringen von Bozo das Entscheidende, um ihm zum Sieg zu verhelfen, denn Swamper hatte mehr Talent, was sich daran zeigte, daß er Bozo festhielt, sich auf ihn lehnte, ihn alle Arbeit allein machen ließ. Er war so geschickt, daß es für Bozo schwer war, ihn festzuhalten, meist gab er ihm nichts zu beißen als Luft. Aber schließlich - nach nahezu einer halben Stunde - faßte Bozo zum ersten Mal richtig zu und genau fünfzehn Minuten danach entschied sich der Besitzer von Swamper, seinen Hund aufzunehmen, um ihm das Leben zu retten.

Rechts: *Champion Chino,
Sohn des großartigen Shaft-
Rüden.*
Unten: *Nick's Brewzer, der
ein gutes Leben genießt.*

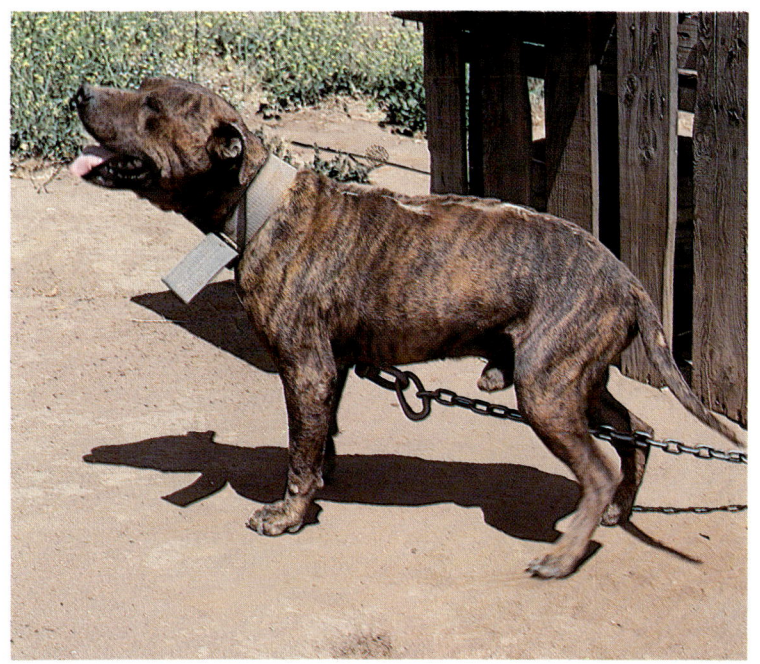

LEGENDENBILDUNG

Nachdem Bozo wieder voll ausgeheilt war, kehrte er - wie ja zuvor vereinbart - zu seinem Besitzer zurück. Ihm winkte ein sorgloses Leben als Haushund. Obgleich er viel Zeit im Haus verbrachte, besaß er draußen im Garten ein Hundehaus, in dem er nachts schlief. Eines Tages aber mußte Bozo's Besitzer ihn zu Harry zurückbringen. Der Hund hatte Hautschäden, und sein Besitzer wußte nicht, woher sie kamen. Harry erkannte das Problem sofort, es handelte sich um den sogenannten »Ringwurm«, eine Art Pilzinfektion, deren Name darauf zurückgeht, daß sie wurmähnliche Verletzungen auf der Haut verursacht.

Die Behandlung der Pilzinfektion war nicht das Problem, aber Harry war trotzdem außerordentlich überrascht. Der Hund mußte den Pilz von irgendeiner verunreinigten Stelle aufgenommen haben. Harry befragte Bozo's Besitzer eingehend. Nein, der Hund war nicht mit anderen Hunden zusammengekommen. Er bevorzugte die Gesellschaft von Kindern, die er heiß und innig liebte. Es gab aber nicht die allergeringste Wahrscheinlichkeit, daß der Hund von den Kindern infiziert werden konnte. Schließlich wurde das Problem doch gelöst. Es

Stormy und Turbo im gemeinsamen Spiel.

stellte sich heraus, daß Bozo über Nacht den in der Nachbarschaft streunenden Katzen erlaubte, sein Hundehaus mit ihm zu teilen, besonders in kalten Winternächten! Und dabei hatte er sich angesteckt.

ROWDY UND DIE ZEITUNG

Bob Wallace erzählte mir diese Geschichte über einen der Hunde aus seiner Kindheit. Und wahrscheinlich ist sie es wert, hier wiedergegeben zu werden.

Er erzählte mir, daß er seinen ersten Bulldog-Welpen von seiner Tante bekam, als er gerade sieben Jahre alt war. Da Bob heute über 85 Jahre alt ist, kann ich recht zuverlässig behaupten, daß er von allen Menschen, die heute leben, die längste Erfahrung mit Hunden hat! Ein Problem bestand darin, daß Bob's Vater Coonhounds und Vogelhunde für seine Jagd züchtete.

Als Bob seinen Welpen bekam, wußten weder er noch sein Vater, daß dies ein kleiner Kampfhund war. Jedenfalls - der Junghund wurde bald zum Liebling der ganzen Familie. Als er aber alt genug geworden war, tötete er beinahe einen der Jagdhunde, der versucht hatte, ihn herauszufordern; entsprechend wurde er von Bob's Vater schnellstens in einen Zwinger verbannt.

Ein Bulldog, der von den Vereinigten Staaten nach Deutschland exportiert wurde.

Der Welpe hatte sich - seinem Namen entsprechend - zum Rowdy entwickelt, aber eigentlich war er gar kein Rowdy, vielmehr wie die meisten Pit Bulls von recht freundlichem Wesen, solange ihn kein anderer Hund herausforderte. Obgleich als Haushund aufgezogen, gewöhnte er sich philosophisch an das Zwingerleben, aber seine liebste Zeit war am Abend, wenn er die Zeitung ins Haus trug und - als Belohnung - einige Zeit im Hause bleiben durfte, ehe man ihn wieder in den Zwinger steckte.

Nach einiger Zeit hatte Bob's Vater einen neuen Setter-Welpen, und auch dieser verbrachte jetzt einige Zeit in der Vorhalle, wurde dann später mit Rowdy hereingelassen, so daß der Welpe gleichfalls eine extra Portion Zuwendung fand, die er - wie Bob's Vater völlig zurecht glaubte - als Welpe nun einmal brauchte. Wenn aber die Zeitung durch den Schlitz der geschlossenen Vorhallentür eingeworfen wurde, hob der Welpe diese mit Begeisterung auf und zerriß sie in zahllose Schnipsel. Dies bedeutete aber, daß jetzt Rowdy keine Zeitung hatte, um sie ins Zimmer zu tragen. Noch schlimmer, Rowdy wurde überhaupt nicht mehr hereingelassen, weil niemand genau wußte, daß er sich selbst nicht an dem ungebührlichen und zerstörerischen Spiel des Welpen beteiligt hatte.

Das geschah dann noch zwei weitere Male. Wir können uns den Schrecken von Rowdy vorstellen, wenn er beobachtete, wie Abend für Abend sein Eintrittsticket zum Haus zerstört

Brandt's Josie Wales beim Gewichtsziewettbewerb. Butch Slater hält die Belohnung in Händen.

Colby's Bud war, wie Louis Colby selbst sagte, »ein gutartiger Hund, aber mit einem sehr kraftvollen eingebauten Motor.«

wurde. Es gehört wirklich nicht zum Charakterbild eines typischen Pit Bull, einem Welpen in irgendeiner Weise Böses anzutun. Aus diesem Grund befand sich Rowdy zweifellos in einer Zwickmühle. Aber schließlich fand er doch die Problemlösung.

Am vierten Abend kam Bob's Vater zur Tür, hoffte, früh genug da zu sein, um seine Zeitung zu retten. Nichts war zu sehen, keine Zeitung! Keine Zeitungsschnipsel bedeckten den hölzernen Boden, wie es die drei Abende zuvor gewesen war. Rowdy wedelte wie wild mit der Rute (Geschwindigkeit eine Meile je Minute) und war offensichtlich mit sich selbst hoch zufrieden. Er trabte zur Eingangstür, nahm einen Anlauf und erreichte - mit seinen Hinterpfoten auf dem Zwischenbrett der Doppeltür - ein quadratisches Loch in der Ziegelwand, und zog die Zeitung heraus.

Dies ist bestimmt ein Fall, der auch einen Spezialisten für hundliches Verhalten - also

Rechts: *St. Benedict's Cher-Chez La Femme, ein Enkel von Boomerang.*
Unten: *Schiller's Queenie.*

Ein Bulldog beim Frisbee-Spiel.

einen tatsächlichen Experten, einen Kynologen oder Ethologen - nicht nur einen einfachen Hundeausbilder erstaunen wird. Eine ganze Menge an Überlegung mußte vorausgehen, ehe der Hund, noch ehe sich der Welpe damit beschäftigen konnte, die Zeitung packte, um sie dann außer Reichweite zu plazieren, einfach nur um sie zu schützen. Und dieses Verhalten blieb nicht unbelohnt, denn Rowdy wurde nicht nur sofort hereingelassen, sondern erhielt noch eine Extrabelohnung und sehr viel Lob für seine Intelligenz.

Später aber demonstrierte Rowdy, daß Hunde, selbst sehr intelligente, Sklaven ihrer Gewohnheiten sind, vielleicht noch mehr als wir Menschen! Denn nachdem der Junghund weiter herangewachsen war, hatte man diesen entweder verkauft oder in einen der Zwinger gesteckt. Rowdy aber brachte weiterhin die Zeitung sofort bei ihrer Ankunft in Sicherheit, genauso, wie er dies all die Monate zuvor in Anwesenheit des Junghunds getan hatte. Wenn man es Rowdy hätte erklären können, hätte er wahrscheinlich sein Verhalten verändert. Aber es handelte sich nicht nur um eine Gewohnheit. Für ihn konnte ein Hund ganz einfach nie zu vorsichtig mit einer Zeitung umgehen!

SPOOK BRICHT AUS!

Ich habe bereits an anderer Stelle von einem Rüden aus meiner Knabenzeit erzählt - von Spook. Obgleich ich in meiner Jugend noch andere Bulldogs besaß, war er der Hund, den ich am längsten hatte. Er war mein Lieblingshund, den ich überallhin mitnahm. Spook war vorher Zwingerhund, dann bei mir Haushund für alle Zwecke. Tagsüber lag er an der Kette, hatte draußen seine Hütte, abends durfte er ins Haus, schlief in meinem Zimmer neben meinem Bett.

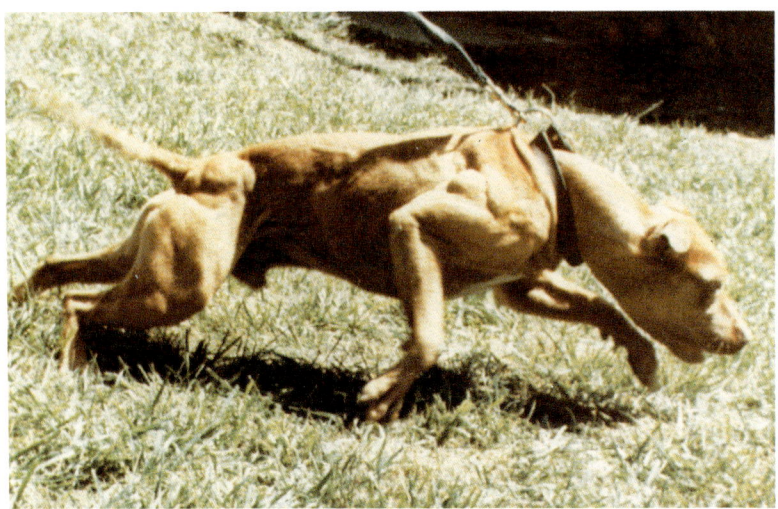

Links: *Douglas's Champion Dirty Harry im Besitz von Mary L. Schaefer.*
Visavis: *Jeff Burke mit Mims's Mose. Carl Mims sah in diesem Hund den »gamest dog«, den er je gezüchtet hatte.*

LEGENDENBILDUNG

Unglücklicherweise kam der Zeitpunkt, der mich zwang, mich von ihm zu trennen. Ich hatte die höhere Schule abgeschlossen, meine Pläne gingen dahin, entweder die Universität zu besuchen oder mich zum Militär zu melden. In jedem Falle wollte ich für Spook ein gutes Zuhause bei einem Menschen finden, der etwas von Bulldogs verstand. Über einige Zeit korrespondierte ich mit I.D. Cole aus Phoenix, Arizona, ich schrieb ihm, fragte, ob er an dem Hund Interesse habe. (Die »dog men« in Denver waren wie gewöhnlich mit ihrer Unterbringungskapazität von Hunden voll ausgebucht.) In Anbetracht der Tatsache, daß Spook ein »Lightner dog« war, daß diese Blutlinie allgemein mehr als nur mittleren Respekt verlangte, glaubte ich, Cole könnte durchaus Interesse daran haben, Spook zu übernehmen, und daß er wirklich gut für ihn sorge.

Immer werde ich an den Tag denken, als ich den alten Spook auf den Weg brachte. In jenen Tagen wurden Hunde nur mit dem Zug transportiert, und Spook stand vor einer zweitägigen Reise. Ich weiß noch genau, daß meine Großmutter dem Verschicken des Hundes widersprach und betonte, daß er mich so »verehrte«. Aber was konnte ich denn tun? Ich konnte ihn weder zur Universität, noch zum Militär mitnehmen. Auch meine Großmutter hatte keinen Platz für ihn, denn sie besaß bereits ihren eigenen Hund, den sie sehr gerne mochte, und sie wußte genau, was Spook von anderen Hunden hielt. Jedenfalls fiel es sehr schwer, den alten gestromten Rüden in eine Holzkiste zu stecken. Ich gab ihm einen Abschiedsklaps und verschloß die hölzerne Tür. Nie wäre ich auf den Gedanken verfallen, die Tür noch zusätzlich zu vernageln. Wie konnte ein Hund eine glatte Falltür anheben, in der es keinerlei Vorsprünge gab?

Wie ich später von Cole hörte, kam Spook in guter Verfassung an. Er stellte die Kiste mit dem Hund in seinen Transporter und hielt einmal auf seinem Weg nach Hause vor seinem Büro an. Zuhause vorgefahren öffnete er seinen Transporter und war sehr überrascht, wie leicht sich die Kiste herausnehmen ließ. Dann entdeckte er die Ursache - der Hund war gar nicht mehr in der Kiste. Wie mir Cole später sagte, konnte er nie herausfinden, wie Spook die Tür öffnen konnte, aber einmal heraus hatte er sicher keine Probleme, denn die Fenster im Transporter waren heruntergekurbelt, um den Hund vor einem Hitzestau zu bewahren.

Als Cole den Verlust entdeckte, rief er einen Richterkollegen an, bat ihn ein offenes Ohr auf Unfälle mit Hunden zu haben, und er setzte eine Verlustanzeige in die Zeitung. Er wußte, daß seine Versicherungsgesellschaft jeden Schaden abdecken würde, gleich was Spook bei irgendwelchen Tieren anrichtete. Tatsächlich war Spook ausschließlich eine Bedrohung für

andere Hunde, er kümmerte sich um nichts anderes. Aber natürlich war Cole außerordentlich beunruhigt, Spook könnte von einem Auto überfahren werden oder in einen Kampf geraten, wobei dann die Menschen mit Steinen, Knüppeln oder Stöcken auf ihn losgingen, was sie sicher tun würden.

Schließlich hatte seine Verlustanzeige in der Zeitung Erfolg. Ein Mann rief an und erzählte, daß er gerade, ehe er die Zeitung gelesen habe, einem Hund, auf den die Beschreibung zutreffe, Wasser gegeben habe.

Cole sprang in sein Auto und fuhr in diese Gegend. Ziellos umkreiste er die Nachbarschaft, in der man Spook gesehen hatte, aber er entdeckte nichts. Gerade als er schon aufgeben wollte, sah er ihn. Er trottete auf einem Seitenpfad und versuchte offensichtlich alle seine Sinne zu sammeln, um nach Hause zu finden. Cole parkte sein Auto und näherte sich Spook, rief ihn beim Namen. Spook wedelte mit der Rute und näherte sich, aber als Cole versuchte, ihn festzuhalten, sprang Spook zurück, hielt sich immer einige Schritte außerhalb der Reichweite. Spook war in keiner Weise ein scheuer Hund, aber er mochte es offensichtlich überhaupt nicht, daß ihn irgend jemand auf seinem Weg nach Hause aufhielt. Als ich später diesen Bericht von Cole las, kamen mir die Tränen, und selbst heute noch berührt es mich, diese Geschichte zu erzählen.

Spook lief seinen Weg weiter, und Cole folgte ihm in seinem Auto. Mehrfach hielt er

Oben: *Jessica und John Wayne, ein merlefarbener Pit Bul. Für einen Bulldog eine außerordentlich seltene Farbe.*

Rechts: *Rex kämpfte in England gegen Mayfield's General.*

Ein sehr kräftiger, rein schwarzer Rüde.

in kürzeren Abständen an und versuchte, Spook in das Auto zu locken oder ihn festzuhalten, aber alles ohne Erfolg. Schließlich kochte der Motor, und Cole machte sich zu Fuß auf die Verfolgung des Hundes. Später erzählte er mir, daß er kurz davor war, daß seine Zunge ihm länger aus dem Hals hing als Spooks. Wenn ihm auf dem Weg ein anderer Hund begegnete, der Spook herausforderte, erstarrte er zur Statue, Kopf und Rute erhoben und durchbohrte den anderen Hund mit seinen Blicken. Obgleich Spook nur 43 Pounds schwer war (20 kg), gab es keinen Hund, groß oder klein, der vor diesem unheimlichen, gestromten Hund nicht zurückwich.

Schließlich kam Cole die Erkenntnis, daß der einzige Weg, Spook einzufangen, darin bestand, daß ihn ein anderer Hund angriff. Vom ersten Telefonhäuschen, an dem er vorbeikam (sie befanden sich inzwischen im Zentrum von Phoenix), rief er einen anderen Hundebesitzer an, erklärte ihm das Problem. Eine ganze Gruppe von Hundeleuten wurde organisiert, und ein Rüde namens Spike als Hund zum Einfangen von Spook ausgewählt. Zufällig war dieser Spike ein Ahnherr von Dibo. Eine weitere interessante Einzelheit bestand darin, daß Howard Heinzl, Wiz Hubbard und Leo White zu den Männern gehörten, die sich sofort bereit erklärten, die Fangmannschaft für Spook zu bilden.

Inzwischen wanderte Spook weiter durch das Herz von Phoenix, Cole immer etwa einen halben Häuserblock hinter ihm her. Das erste Auto, das den Hund entdeckte, mobilisierte die anderen, und sie planten, beim nächsten Straßenabschnitt den Hund einzukreisen. Gerade als Spook diese Kreuzung erreichte, kamen drei Autos mit quietschenden Reifen heran und man ließ Spike aus einem der Autos heraus. Wie eine ferngelenkte Rakete stürzte sich Spike direkt auf Spook, die zwei Hunde verbissen sich kurz. Dann wurden sie durch die Gruppe von Männern mit »breaking sticks« getrennt. Jeder Hund wurde in ein anderes Auto gepackt, Cole kam von irgendwo hinzugerannt, und sprang mit in das Auto. Dann machten sich die

Autos mit hoher Geschwindigkeit in verschiedene Richtungen davon. Denn all dies ereignete sich mitten in der Menschenmenge eines großen Stadtzentrums.

Einige Beobachter werden noch heute darüber nachdenken, was das eigentlich war, das sie an jenem Tag beobachteten!

DIE BULLDOGFALLE

In all meinen Jahren mit Bulldogs habe ich nie aufgehört mich zu fragen, ob ich die richtige Perspektive verloren habe. Konnte es möglich sein, daß ich mich irrte, all die anderen recht hätten? Ich bin nicht völlig gewissenlos und liebe Tiere wirklich, insbesondere Hunde. Es würde mir das Herz brechen, wenn ich eines Tages feststellte, daß irgendeine geistige Blindheit mich hinderte, Bulldogs als eine unwürdige Hunderasse zu erkennen, wie dies eine ganze Reihe von Tierfreunden sieht, die es für das beste hielten, wenn diese Hunde auf der ganzen Welt ausgerottet würden. Weiter überlegte ich, ob möglicherweise die Grausamkeiten bei den Hundekämpfen so schrecklich und zahlreich sind, so daß ich alle diese Aktivitäten eigentlich unbedingt hätte verurteilen müssen, anstatt sie zu verteidigen. All diese persönliche Seelenforschung betreibe ich nicht nur, weil ich Augenblicke persönlicher Schwäche habe, sondern weil ich wirklich alle meine Vorstellungen über diese Hunde objektiv zu bewerten versuche. Ich möchte nicht eines Tages aufwachen und feststellen, daß ich dickköpfig auf Meinungen beharrt habe, die nicht nur falsch, sondern wirklich schädlich sind.

Dieser Bulldog hat das sichere Gefühl, daß ein »Mack truck« einen wirklichen Bulldog als Kühlerfigur braucht.

Yang mit Mary und Elton III.

Ein Phänomen, daß ich immer wieder beobachtet habe, half mir zu dem Gefühl, daß ich mit meinen Vorstellungen doch nicht zu weit von der Wahrheit liegen könne. Ich habe sehr viele Menschen kennengelernt, die generell die Vorstellung, Hunde miteinander kämpfen zu lassen, verdammten, und später dann als absolute Fanatiker ihre eigenen Hunde in den Kampf schickten. Ein solcher Mann war ein Stafford-Liebhaber, der mich vor Jahren anrief und mich aufgrund meiner Haltung gegenüber Staffs (Was immer dies sein mag!) übel beschimpfte. Ich hatte mit diesem Mann viel Geduld, weil ich von seiner Intelligenz und seinem Wissen - für einen Ausstellungsfan - zutiefst beeindruckt war. Natürlich konnte ich aber seine Auffassung über Grausamkeit und Verwerflichkeit von Hundekämpfen nicht ändern. Aber irgendetwas erreichte ich doch! Denn Jahre später wurde mein Anrufer zum außerordentlich aktiven Hundekämpfer und hinsichtlich der Abstammung all der Kampfhunde im

Während der Besitzer eine Pause beim Spaziergang einlegt, wartet sein gestromter Bulldog geduldig.

LEGENDENBILDUNG

Austin's Punky Face. Foto: Humbolt Pit Bull Club.

ganzen Land zum absoluten Experten geworden. Wann immer ich genaue Informationen über die Zuchtlinie eines bestimmten Hundes brauchte, war er für mich eine der besten Quellen. In all unseren Gesprächen erwies er sich als recht glaubwürdig, seine Informationen basierten auf sorgfältiger eigener Nachforschung.

Dies ist nur eines von vielen Beispielen, und ich weiß wirklich nicht genau, was diese Menschen in das »pit-dog game« herein zieht, im Grund kann es nur der Charme und die Faszination dieser Hunde sein. Denn es gibt eine solche Faszination, die zumindest in einem gewissen Umfang jedermann erfaßt. Es gibt viele Wege, um dem »Bulldog-Fieber« zu verfallen, meist merkt man überhaupt nicht, was einem geschieht. Nachfolgendes Beispiel dürfte dies ausreichend beweisen.

Ein Mann, den wir hier einmal Chuck nennen wollen (natürlich nicht sein richtiger Name), war an einem berühmten College Professor für Landwirtschaft. Er züchtete exotische Rinder und war Besitzer einer sehr großen Ranch, auf der diese Tiere heranwuchsen. Bei einigen seiner Kreuzungsversuche benutzte er ziemlich schwierige Bullen. Eines seiner Probleme war es, Herdenhunde zu finden, die den Zuchtbullen gegenüber keine Furcht zeigten. Auf diesem Weg wurde Chuck eine anerkannte Autorität über Herdenhunde, weil er gezwungen war, eine Hunderasse aufzutreiben, die mit diesem Vieh umgehen konnte. Er arbeitete mit verschiedenen Border Collie-Typen, aber ohne jeglichen Erfolg. Es besteht bestimmt wenig Zweifel, daß der Border Collie wahrscheinlich der beste Allround-Hütehund der Welt, der beste Hund für das Schafehüten ist. Dies wird allgemein anerkannt. Leider konnte aber keiner all dieser Hunde mit den Rindern von Chuck zurechtkommen. Das Gleiche zeigte sich nach kurzem für den Kelpie, den Queensland Heeler und eine ganze Anzahl anderer Rassen.

Erst als Chuck wirklich verstand, wie schwierig das Problem war, konnte er es lösen. Er entdeckte den American Pit Bull Terrier. Richtig, die ersten Hunde, die er einsetzte, waren möglicherweise Mischungen, aber sie führten ihn zu den reinrassigen Bulldogs und bald entdeckte Chuck, daß diese reinrassigen Bulldogs in der Arbeit an der Rinderherd unübertrefflich sind. Ich erinnere mich noch sehr gut des Vaters von Chuck, der mir sein Erstaunen ausdrückte, wie einer dieser kleinen, 45 Pounds schweren Hunde (20 kg) tatsächlich einen jener Riesenstiere unterwerfen konnte, einfach durch Packen an der Nase und Festhalten, wenn er versuchte wegzulaufen. Auf diese Art erwachte in Chuck das Interesse an der Zucht und Genetik solcher »catch dogs«. Eines führte zum anderen, und er forschte weiter nach dem Ursprung dieser unglaublichen Geschicklichkeit und des gewaltigen Mutes. Aus diesem Grund begann er mit dem Studium der Ahnenreihen von Kampfhunden. Nach und nach baute er seine eigene Kampfhundelinie auf und führte sie auch zum Hundekampf. Er war von dem Unglaublichen fasziniert, hing fest am Angelhaken.

Ein in Holland gezüchteter Rüde aus den Nachzuchten von Greenwood's Scarlet. Besitzer: Bob Bock.

LEGENDENBILDUNG

Nicht nur Chuck war vom Bulldogfieber schwer befallen, vor allem seine hübsche Frau verfiel, wenn das überhaupt möglich war, diesen Hunden noch mehr als Chuck. Sie wurde zur anerkannten Expertin.

Ich hatte das Vergnügen, Chuck's Farm (die wir im Westen als eine »Ranch« bezeichnen würden) zu besuchen, und hatte meinen ältesten Sohn mitgenommen, damals noch ein Teenager. Chuck's Farm war so riesig, daß wir mit dem Truck hinausfuhren, um die Hunde, die in den verschiedenen Bereichen über die ganze Farm verteilt arbeiteten, zu sehen. Ich saß zusammen mit meinem Sohn und Casey Jones, der uns zu Chuck's Ranch gebracht hatte, auf dem Rücksitz des Trucks. Das war eine Vorsichtsmaßnahme, denn wir waren Fremde in einem fremden Land, tausend Meilen weg von Zuhause, und konnten leicht auf den Durchgangsstraßen, mit Sicherheit aber in den Wäldern von Chuck's Territorium, verlorengehen. Casey war ein erfolgreicher Anwalt, Sohn eines Senators. Ich fühlte mich schon etwas gehemmt an der Seite eines so würdigen Begleiters, wenn er abwechselnd mit meinem Sohn

Bell's Baby Jones ist ein Nachkomme von Bolio und Red Neck. Besitzer: Larry Bell.

vom Truck heruntersprang, die Gatter öffnete, während wir von einem Farmbereich zum anderen fuhren. Chuck verstand offensichtlich meine Gefühle. Als Casey ein Tor öffnete bemerkte er: »Wenn Casey als Richter amtiert, lassen wir ihm den Vortritt!«

TUDOR'S CHERRY VERPATZT IHRE CHANCE ALS HAUSHUND

Dies ist eine alte Geschichte, sie wurde von Bob Hennenberger in einem alten Magazin *Your Friend and Mine* erzählt, einige Leser haben möglicherweise die Geschichte gelesen. Diese Ausgabe ist heute nicht mehr zu bekommen, deshalb könnten jene »old timers«, die sie noch besitzen, die Genauigkeit meines Gedächtnisses für Details überprüfen. Ich hoffe auf Nachsicht, denn es liegt immerhin mehr als dreißig Jahre zurück, daß ich diese Geschichte gelesen habe!

Aber all jenen, denen die Geschichte noch unbekannt ist, sei gesagt, Mr. Hennenberger (dessen Name ich vielleicht nicht richtig buchstabiert habe) war von Beruf Cartoonist und gleichzeitig ein großer Bewunderer des Bulldogs. Er zeichnete viele spaßige Bulldog-Car-

High Country Russ, ein Nachkomme von Going Light Barney. Besitzer: High Country Bulldogs.

Ein Sohn von Hoover aus einer Tochter von Peterbilt.

toons für Pete Spark, als dieser sein eigenes Magazin publizierte. Bob benutzte solche Zeichnungen, wie ich mich erinnere, ebenfalls, um diese kleine Geschichte zu illustrieren.

Tudor's Cherry war eine rote und rotnasige Hündin, die von Earl Tudor an der Kette großgezogen wurde. Hennenberger war von der hohen Intelligenz der Hündin beeindruckt. Sie beschäftigte sich angekettet selbst, spielte mit Blumen und Grashalmen. Sie schien ihre eigenen Experimente zu betreiben, in der Art, wie sie ihre Pfote gebrauchte, einen großen Grashalm niedertrat und dann aufmerksam beobachtete, wie dieser sich langsam wieder aufrichtete. Es gab noch viele andere Dinge, die sie gleichfalls zeigte, und deren intelligente Ausführung auf Bob großen Eindruck machte. Auf irgendeine Weise nahm Bob Besitz von Cherry, aufgrund ihrer hohen Intelligenz wollte er sie zum Haushund machen.

An dieser Stelle müssen wir die Geschichte unterbrechen und kurz darüber nachdenken, was es eigentlich bedeutet, als reiner Kampfhund aufgezogen zu werden, wie dies gerade bei Cherry der Fall war.

Zunächst wird ein solcher Hund auf ein sehr kleines Umfeld beschränkt, entweder einen Zwingerauslauf und - viel wahrscheinlicher auf eine Kette - und in dieser beschränkten Welt passiert nicht viel. Ab und zu wird der Hund etwas gestreichelt, der Höhepunkt des Tages ist die Fütterungszeit. Und gerade diese Art der Hundezucht - *der Zucht jeder Hunderasse auf diese Art* - betrachte ich als extreme Grausamkeit, weil Hunde außerordentlich intelligente, liebevolle und soziale Tiere sind. Vielleicht ist es nicht so schlimm, wie der Betrachter glauben mag, denn die Hunde kennen kein anderes Leben oder haben sich nach und nach an solche Umstände gewöhnt. Es ist höchst überraschend, wie selbst Menschen sich nahezu jeder Art von Existenz anpassen, schließlich sogar Glück in einer Art Leben zu finden glauben, das ihnen zuvor völlig unerträglich erschien.

Was Bulldogs angeht, wächst in ihnen beim Heranwachsen eine Art Lust am Kampf heran. Da wir selbst keine Bulldogs sind, können wir nur sehr schwer eine Mentalität begreifen, die soviel Freude am Kampf hat. Aber ebenso schwierig ist es für uns richtig zu verstehen, woraus ein Coonhound soviel Freude am Verfolgen der Fährte findet oder welche Gefühle ein Border Collie beim Schafehüten entwickelt.

Accorti's Vashtie.

LEGENDENBILDUNG

Wie dem auch sein mag, in der Regel wird ein Bulldog nur von der Kette gelöst, wenn ein Kampf ansteht. Hat er echte Qualitäten für Hundekämpfe, kommt später eine Zeit, wo er eine entsprechende Betreuung findet. Dann wird er für verschiedene Bewegungsaktivitäten, welche diese Hunde nahezu immer sehr zu lieben lernen, von der Kette genommen. Das von der Kette gelöst werden ist eine Belohnung für sich. Da die Hunde für den Kampf gezüchtet wurden, ihn deshalb lieben, wird es sicherlich niemand wundern, wenn sich die Tiere von der Kette gelöst, außerordentlich erregen und stets hoffen, daß ein Kampf ansteht. Die Begeisterung, die sie demonstrieren, ist überwältigend und ansteckend. Auch die anderen Hunde scheinen zu wissen, was passiert und versuchen, sich in all der Aufregung - und sicher auch aus Enttäuschung, daß sie angekettet bleiben, während der andere Hund all die Freude vor sich hat, loszureißen.

Dies führt uns zu einer anderen, interessanten Frage, Bulldogs sind nahezu ausnahmslos beim Beobachten von anderen kämpfenden Hunden extrem erregt. Offensichtlich wissen sie genau, was passiert, und sie scheinen ihre Aufregung in einer Art Ersatzhandlung abzureagieren. Man kann sie aber auch täuschen. Ich habe zur Zeit zwei Wurfbrüder - Hoover und Isaac - die Freunde geblieben sind, gelegentlich aber Kampfspiele betreiben. Das Ganze sieht sehr echt aus, hier wäre auch ein menschlicher Beobachter zu täuschen. Und es täuscht auch meine anderen Hunde, denn sie toben wie verrückt, und ich muß ihnen beibringen, damit aufzuhören!

Der Leser möge bitte beachten, daß ich durchaus aus Erfahrung davon spreche, daß Bulldogs erregt werden. Es gibt aber Ausnahmen. Beispielsweise hatte Howard Heinzl einmal einen Bulldog, der neben der Pit liegen konnte, ein Nickerchen machte, während in der Pit zwei Hunde kämpften. Und dies war bestimmt ein »game dog«! Mein eigener Dillinger Hund, der vielen seine herausragende »gameness« - ehe ich ihn erhielt - in einem zweistündigen Kampf bewiesen hatte, war von gleicher Art. Man muß aber sagen, dies ist eine recht ungewöhnliche Eigenschaft. Viel typischer war ein Hund, den Heinzl besaß, der - wenn nicht zu weit von dem Punkt, an dem er angekettet war, wo zwei Hunde miteinander kämpften, mehrere Fuß hoch in die Luft sprang, sich in einem Baumast verbiß, an dem er festhing und arbeitete, während die anderen Hunde kämpften. Howard pflegte zu sagen, daß dieser Hund sich mehr ausarbeitete als die Hunde in der Pit!

Kitty, der Bulldog und Barney, ein Foto aus dem Alltagsleben.

Nick's Admiral Kirk.

Oben: *Iron Jaws Mabies Buddy, ein Pitdog-Champion, gleichzeitig Sieger in Unterordnungswettbewerben.*
Oben rechts: *Doug Berben's Whizzer.*
Rechts: *Ein kräftiger junger Bulldog zeigt gutes Potential.*

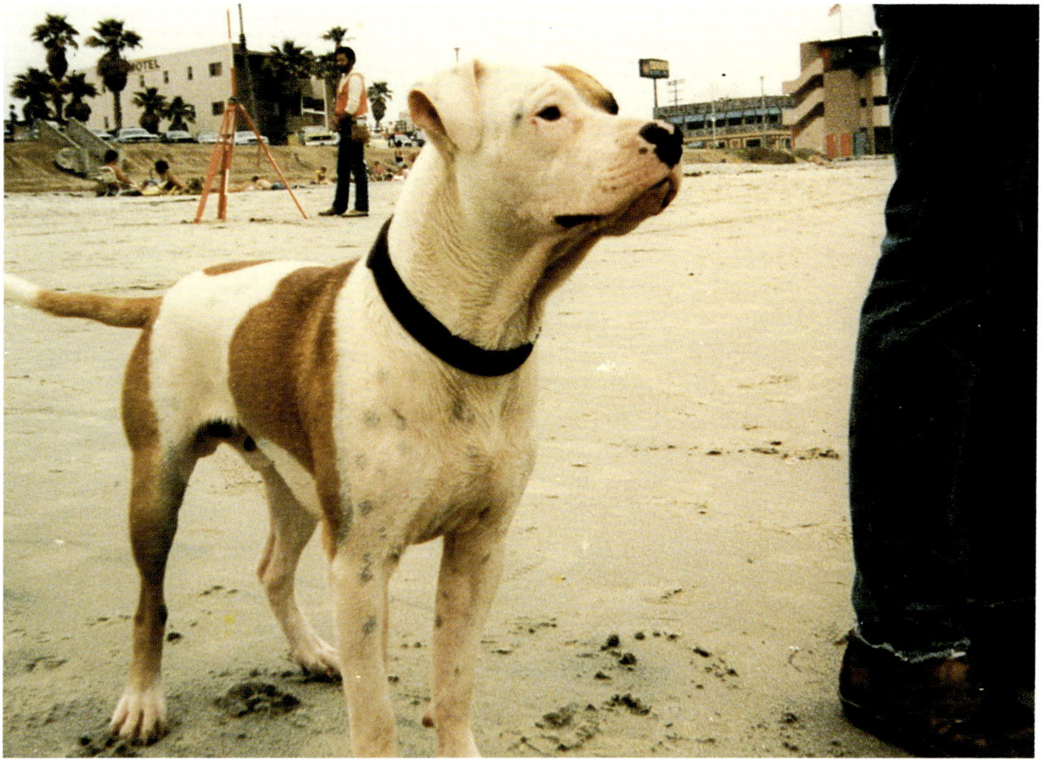
HOTEL

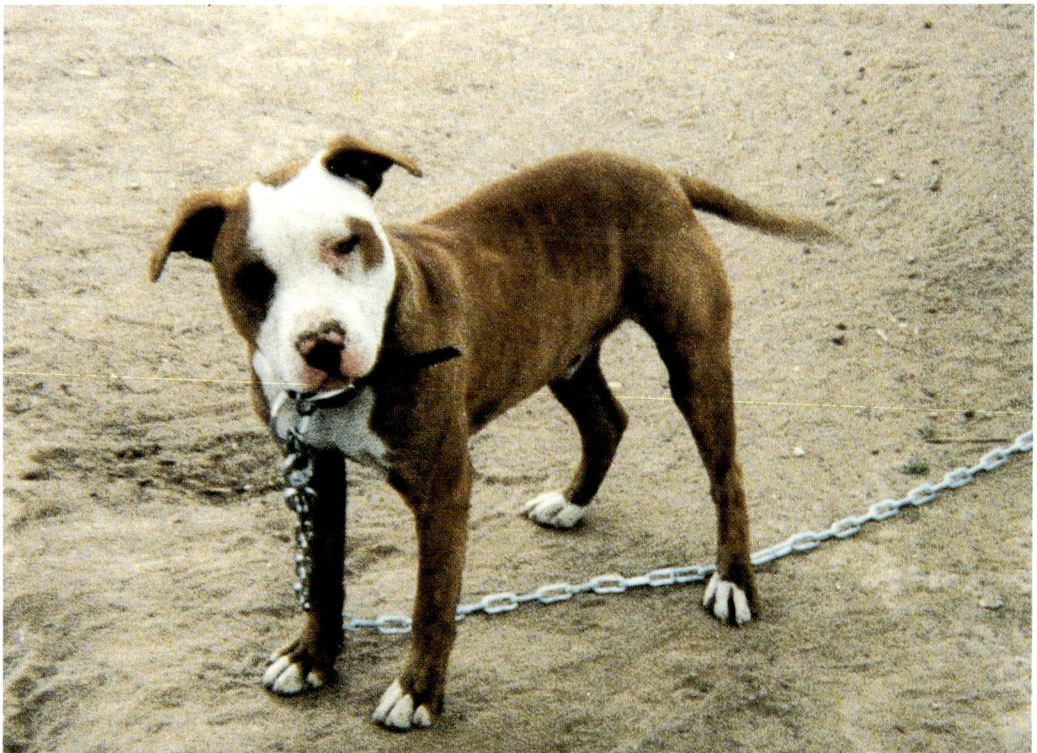

LEGENDENBILDUNG

Wir wollen zu Bob Hennenberger zurückkehren, der sich zum Ziel gesetzt hatte, eine Hündin zum Haushund zu machen, die jene Art von Hundeleben, das ich gerade beschrieben habe, geführt hatte, einen Lebensstil, der ganz einfach darauf ausgerichtet ist, einen Hund zu einem »Kampfnarren« zu machen, zu einem »fight-crazy fool«! Wundert sich jemand darüber, daß viele »pit-dog men« überhaupt nie gewahr werden, wie intelligent ihre Hunde sind, was für vorzügliche Haushunde sie wären? Sie haben ja selbst nur diese kampfverrückten, mondsüchtigen Narren kennengelernt, die keine andere Existenz kennen.

Dies bringt natürlich alles auf den Punkt! Führten diese Hunde ein normales Leben als Haushunde, wären sie noch immer Kampfhunde? Ja, mit Sicherheit! Tatsächlich wären sie sogar bessere Kampfhunde als bei ihrem ihnen auferzwungenen Lebensstil, denn als Haushund hätten sie ihre Intelligenz voll entfalten können. Und da besteht noch die Tatsache, daß ein Kampfhund als Haushund wohl noch mehr Selbstvertrauen besitzt als bei einem Leben im Zwinger oder an der Kette. Erfahrene »pit-dog men« würden all ihre Hunde am liebsten »hand raised« - also handaufgezogen - haben!

Wenn man sich dies alles vor Augen hält, kann man recht leicht voraussagen, welche Erfahrungen Bob mit Cherry machen mußte, die aus ihrem traurigen Kettenhundeleben zum Haushund werden sollte. Bob löste Cherry von der Kette, und sie glaubte, es ginge zum Kampf. Sie ist erregt, aber sie kontrolliert sich selbst, zumindest in gewissem Maße. Bob setzt sie ins Auto, das ist okay! Cherry war auch zuvor schon im Auto - als man sie irgendwohin zu einem Hundekampf brachte.

Pogo mit seinem Freund.

Solis's Champion Brynner ist vierfacher Pit-Sieger.

Zuhause angekommen nimmt Bob Cherry an die Leine, geht mit ihr ins Haus. Wiederum liegt dies nicht völlig außerhalb der Erfahrungen von Cherry, denn sie wurde schon zuvor auch in Pits geführt, die innerhalb des Hauses lagen. Im Haus angekommen erscheinen ihr die Dinge noch immer vertraut, aber es gibt keine Pit, keine Holzwände, ungefähr drei Fuß hoch, um eine 16 Fuß messende geschlossene Kampfarena zu bilden. Und es gibt keinen anderen Hund, nicht einmal den Geruch von Hunden. Cherry ist völlig verwundert, aber alten Gewohnheiten folgend ist sie auf Kampf eingestimmt.

Als Bob sieht, daß Cherry durch die ungewohnte Umgebung in keiner Weise eingeschüchtert erscheint und sich äußerlich ruhig verhält, nimmt er die Leine von ihrem Halsband. Was Bob nicht beobachtet hatte, war, daß Cherry einen leeren Stuhl auf der anderen Seite des Zimmers fixierte. Im gleichen Augenblick, als sie von der Leine losgelassen wurde, stürzte sich Cherry geradewegs auf den leeren Stuhl, bohrte sich in sein weiches Polster, stieß ihn in eine Ecke. Wir können uns Cherry's Verachtung für solch einen »leichten Gegner« vorstellen. Hier gab es für sie überhaupt keinen Widerstand, ihr Gegner lag bereits auf dem Rücken, die Polsterung quoll heraus, und als sie ihren Gegner schüttelte, flogen Polsterung, Holzverstärkung und Federn quer durch den Raum!

Bald hatte Bob Cherry wieder unter Kontrolle, brachte sie von ihrem ruinierten Gegner weg. Er brauchte so wenig Zeit, um zu ihr zu kommen, und doch war schon soviel Schaden entstanden! Viel zu leicht gab Bob auf! Noch am gleichen Tag wurde Cherry an ihre Kette zurückgebracht, wartete auf eine gute, richtige Arbeit an einem anderen Tag.

LEGENDENBILDUNG

HOOVER UND SEIN BALL

Vor vielen Jahren paarte ich eine auf Barney inzestgezüchtete Tochter mit Champion Little Boots, einem Sohn von Grand Champion Hank. Diese Zuchtwahl zielte darauf, gute Zuchthündinnen für mich zu erhalten. Stattdessen bekam ich - vier Rüden. So kommt es zu Frustrationen eines Züchters!

Da ich eigentlich selbst nur Hündinnen haben wollte, verkaufte ich zwei der Rüden, wollte eigentlich auch die übrigen weggeben. Meine Frau hat ein recht gutes Auge für Hunde, besonders gefiel ihr Hoover. Für sie war er ein ganz ungewöhnlich intelligenter Hund und besaß alles, was einen Bulldog ausmacht. Nun, wenn wir schon einen Junghund behalten wollten, wäre es wahrscheinlich besser, beide zu behalten, denn dadurch hatten sie im Junghundauslauf gegenseitige Gesellschaft. Der zweite Rüde wurde Isaac getauft, wenn ich mich richtig erinnere, erhielt er seinen Namen nach Isaac Newton oder Isaac Asimov. Aber mein Freund Jim Isaac glaubte, daß er nach ihm benannt war und sagte immer wieder: »diesen Hund solltest Du eigentlich nicht weggeben!«

Es gehörte zu meinen Alltagspflichten, die Welpen herauszunehmen, mit ihnen Ball zu spielen. Hoover hatte am Ballspiel sehr viel Spaß, auch Isaac liebte es zu spielen, aber wie einer meiner Söhne sagte: »Isaac tut es immer deshalb, weil Hoover es zuerst tut.«

Tatsächlich denke ich, daß Isaac auch ohne Hoover ballspielleidenschaftlich geworden wäre, aber seine Vorstellung - wie gut sie auch war - verblaßte gegenüber Hoover's Geschicklichkeit der Ballbehandlung und unglaublichem Enthusiasmus. Beide Hunde konnten

Der Autor wirft für Hoover den Ball, während Isaac warten muß, bis er dran ist. Anders als die meisten Bulldog-Rüden kommen Hoover und Isaac miteinander gut aus, und entgegen der allgemeinen Auffassung bedeutet dies in keiner Weise, daß sie nicht »game« sind.

Oben: *Riptide Hoover beim Apportieren des vom Autor geworfenen Balls.*
Unten: *Tank.*

dem fliegenden Ball hervorragend nachsetzen, schnappten ihn, schon ehe er den Boden berührte. Beide Hunde tauchten auch begeistert bis auf den Boden des Swimmingpools, um den Ball zu apportieren. Für das Apportierspiel benutzte ich immer schwere, verstärkte Bälle mit eingebauter zusätzlicher Sprungkraft.

Noch im Alter von zwei Jahren lebten Hoover und Isaac im selben Auslauf, wurden gemeinsam gefüttert, ohne Knurren. Alleingelassen kam es zu keinerlei Raufereien. Andere Fachleute konnten dies einfach nicht glauben. Ich erklärte ihnen, daß ich meine Bulldogs ganz einfach richtig aufziehe, und daß sie nur kämpfen, wenn ich es ihnen erlaube. Niemand sagte etwas dagegen, aber ich bin ganz sicher, daß einige die Art, wie ich meine Bulldogs hielt, sehr in Frage stellten. Mir bereitete dies aber keine Kopfschmerzen. Meine Erfahrungen waren immer, daß gerade so leicht zu erziehende Bulldogs manchmal die besten sind.

Eines Tages kam meine Frau Stephanie gelaufen, um mich zu holen, Hoover und Isaac kämpften miteinander. Mein Sohn und ich trennten die zwei Hunde und später, nachdem die Rüden sich wieder beruhigt hatten, waren wir in der Lage, sie wieder gemeinsam zu halten, und sie kamen wieder prima miteinander aus. Ich habe keine Ahnung, was sie zu dem einmaligen Kampf veranlaßt hatte. Im Grundsatz verstieß ich gegen meine eigene Grundregel: Lasse nie zwei ausgewachsene Bulldogs unbeaufsichtigt allein.

Im übrigen machte ich mir um Hoover wenig Sorgen. Auch bei der Rauferei gab es keine Verletzung. Als wir - mein Sohn und ich - zu den Hunden kamen, hielt Isaac, der keine Schramme hatte, Hoover am Ohr, alles was Hoover tat, war bellen. Die Tatsache, daß er Isaac nicht traktiert hatte, beunruhigte mich gar nicht, wohl aber sein Bellen. Nach meiner Erfahrung ist der stummkämpfende Bulldog der beste, die »Geräuschemacher« sind immer verdächtig.

Aber ein paar Wochen später bot sich für John und mich eine zweite Notwendigkeit, die Hunde zu trennen. Es schüttete wie aus Kübeln. Dieses Mal hatte Hoover Isaac gepackt, und beide Hunde kämpften lautlos. Hoover hatte Isaac an der Schulter erwischt, und er hob ihn in die Luft und schleuderte ihn dann wieder auf den Boden. Im Auslauf gab es viele große, schmutzige Pfützen, und es sah so aus, als hätte Hoover Isaac in jede Pfütze getunkt. Es war sehr schwierig, die zwei mächtigen Tiere zu trennen, weil wir alle in dem glitschigen Schlamm ausrutschten.

Ab jetzt sperrte ich Hoover in einen eigenen Zwingerauslauf. Die beiden Hunde kamen überwacht bis heute stets hervorragend miteinander aus, aber jetzt können wir sie nicht länger unkontrolliert zusammenlassen, befolge ich meinen eigenen Rat.

Natürlich hatten wir keinerlei Idee, weshalb die Tiere den Kampf begonnen hatten. Nach meiner Theorie war mit Sicherheit Isaac der Angreifer. Hoover's Bellen bei der vorangegangenen Situation erfolgte wahrscheinlich aus Erstaunen, daß dieser nette Bursche ihn angegriffen hatte.

Wie meist bestätigten sich Stephanie's Gefühle und Voraussagen, denn Hoover wuchs sich zu einem bemerkenswerten Bulldog aus, mit gutem Aussehen und er war außerordentlich intelligent. Ich mußte in seinem Zwingerriegel eine Schraube anbringen, da er herausgefunden hatte, den Riegel selbst zu öffnen. Es läßt sich schwer beschreiben, wie intelligent dieses Tier ist. Ebenso schwierig ist seine ganze Begeisterung für das Ballspiel zu erklären. Als wir einmal am Strand waren, warf ich versehentlich seinen Ball weiter als beabsichtigt. An diesem Tag war das Wasser bewegt, natürlich konnte Hoover unter Wasser seine Nase nicht nutzen. Es war erstaunlich, wie lange er den Atem anhalten konnte, als er tauchte, mit dem Kopf nach dem Ball fühlte, nur seine Rute ragte aus den Wellen. Andere Schwimmer gerieten in Panik. Ein Mädchen lief auf ihn zu, rief: »Der Hund! Der Hund!« - Offensichtlich glaubte sie, daß irgend etwas den Hund ertränkte, ihn kopfüber ins Wasser zog. Wir erklärten ihr, daß er nur seinen Ball suche, und letztendlich kam er mit dem Ball im Fang nach

Riptide Isaac, ein Bruder von Hoover, beim Nachstürmen hinter einem geschleuderten Ball.
Besitzer: Dick Stratton.

Buck, ein englischer Rüde, dessen Abstammung auf Stubblefield's Buddy zurückgeht.

oben. Jedermann fühlte sich genarrt! Ich glaube, solche Hartnäckigkeit und Zielbewußtsein sind ein Spiegel seiner Leidenschaft für das Ballspiel. Nur dies ermöglichte ihm, solange unter Wasser zu bleiben.

Die Leser meines Buches *The World of the American Pit Bull Terrier* erinnern sich vielleicht der Geschichte meiner ballspielenden Hündin Becky, die frei im Haus lebte. Hoover wie ich haben Schuld an ihrem vorzeitigen Tod im Hundehaus. Ich habe bereits erwähnt, daß Hoover durch Öffnen seines eigenen Zwingerriegels wie auch der Türen der anderen Hunde seine Intelligenz unter Beweis stellte. Obwohl ich nahezu immer daran dachte, den Auslauf von Hoover zusätzlich mit einer Verschraubung des Riegels zu sichern, vergaß ich dies eines Tages. Hoover entdeckte offensichtlich, nachdem wir alle das Haus verlassen hatten, daß der Riegel nicht verschraubt war. Wenn ich im Nachhinein versuche, das Unglück zu rekonstruieren, bin ich sicher, daß offensichtlich die Hündin Becky Hoover lose im Zwinger umherlaufen sah und ihn angriff. Ich bin sicher, daß sie diesen Kampf gezielt aufbauen mußte, denn Hoover ist ein unglaublich freundlicher Hund, zögert ganz besonders, mit Hündinnen zu kämpfen. Als meine Familie nach Hause kam, fand sie Becky tot, Hoover und Isaac frei laufend.

Zunächst versuchte ich, die Verantwortung von Hoover auf Isaac weiterzuschieben, aber bald sah ich ein, daß eine solche Taktik hoffnungslos war. Blut klebte an Isaac's Türpfosten und am Riegel, deshalb mußte Hoover seine Untat bereits vollbracht haben, ehe er Isaac herausließ, um mit ihm zu spielen - völlig gewissenlos, was er der armen Becky angetan hatte!

180

Bell's Pinky Jones. Besitzer: Larry Bell.

Obgleich ich heute diese Geschichte et-
as nebenbei und leichtherzig erzähle, wa-
en wir alle über den Verlust von Becky tief
traurig. Sie war über lange Zeit unser gelieb-
ter Haushund, und der letzte Vertreter unserer relativ reinen Wallace-Linie. Becky war
eine eigene Persönlichkeit, wurde viel geliebt, nicht nur von der Familie, sondern
auch von vielen unserer Freunde, eine ganze
Reihe von ihnen waren gar keine Hundeliebhaber. Der Hauptgrund, der meine Frau Stephanie und die übrige Familie davon abhielt,
Hoover das alles sehr nachzutragen, war unser Wissen über den Hund. Jedermann kannte Becky, wußte, daß sie recht rauflustig
war, selbst bis zu ihrem eigenen Tod.

Bei einem zufälligen Zwingerkampf mit
einem extrem groben Hund erwies sich später Hoover als eindeutig »game«. Ich erwähne dies nur deshalb, weil es für den nächsten
Teil der Geschichte wichtig ist.

Wie bereits erwähnt, blieben Isaac und
Hoover nach ihrem zweiten Kampf nie ohne
Überwachung. Trotzdem kam es zu einem
dritten Kampf, wobei die beiden Hunde frei
liefen, als ich den Zwinger reinigte. Wäh-

Unten: *Boots McCoy, Besitzer: Pat Chilton.*

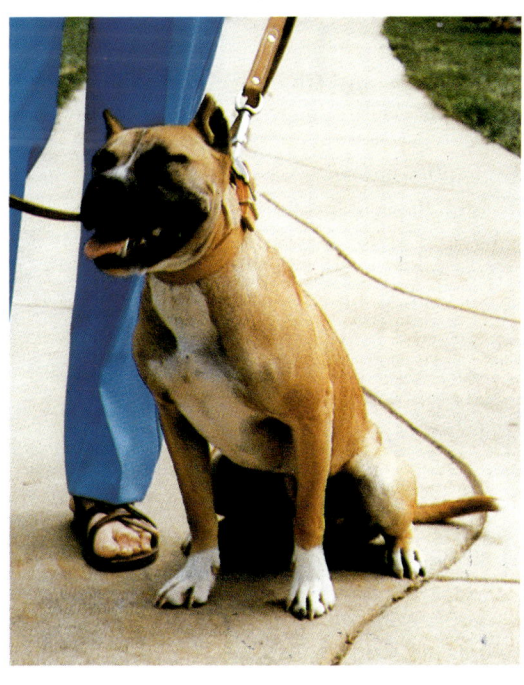

LEGENDENBILDUNG

rend des Zwingerreinigens und Saubermachens aller Räumlichkeiten hatte ich immer die beiden Hunde zusammen laufen lassen, dies auch später weiter erlaubt. Nach getaner Arbeit stellte ich die Gerätschaften weg und spielte längere Zeit mit den zwei Brüdern das geliebte Ballspiel.

Aber dieses Mal hat irgend etwas einen Kampf ausgelöst, nur ganz schwach erinnere ich mich, wie es geschehen konnte. Ich glaube, ich hatte in einem der Ausläufe eine neue, ziemlich aggressive Hündin, die Isaac durch den Zaun herausforderte. Isaac antwortete mit gleicher Münze, während Hoover die ganze Angelegenheit ignorierte. Aber er war noch immer in Spielstimmung und sprang Isaac an, forderte ihn zu neuen Runden des Umhertobens auf. Jetzt war aber Isaac in Kampfstimmung, packte Hoover am Ohr, und es dauerte nicht lange, standen sie mitten im Kampf.

Zu dieser Zeit war ich völlig alleine Zuhause, niemand konnte mir helfen, die zwei kämpfenden Tiere zu trennen. Eine Möglichkeit, dies zu tun, bestand darin, einem von beiden Halsband und Leine überzustülpen, ihn an einem Zaun oder Baum festzubinden. Ein schwieriges Unterfangen! Es forderte einiges Geschick, aber danach konnte ich die beiden Hunde mit Hilfe von einem »breaking stick« wahrscheinlich trennen. Mir kam aber eine andere Idee. Ich wußte, wie ballverrückt Hoover war, daß er mit Sicherheit gar nicht mit seinem alten Freund Isaac kämpfen wollte. Deshalb probierte ich etwas neues. Hoover drückte Isaac an der Schulter auf den Boden, schüttelte ihn brutal. Ich nahm seinen Ball und rollte ihn direkt vor ihm vorbei, querte durch das Blickfeld seiner Augen, die aber noch in mörderischer Konzentration auf Isaac geschlossen waren. Keine Reaktion das erste Mal, aber beim zweiten Mal gelang es, für eine Sekunde erfaßten seine Augen den Ball. Beim dritten Mal rollte ich den Ball so, daß

er direkt in seinem Blickfeld liegenblieb, dann nahm ich ihn auf und warf ihn weg. Hoover ließ Isaac fallen und raste dem Ball nach. Ziemlich heftig packte ich Isaac, der Hoover direkt hinterherfliegen wollte, warf das Zwingergatter zu, in dem sie die Rauferei begonnen hatten. Welches Glück, daß Hoover aus dem Gatter dem Ball nachgestürzt war.

Rosso's Joe D mit der Frage: »Ist noch Suppe da?« Im Hintergrund ein Dobermann.

Ich hatte es geschafft. Ganz alleine hatte ich zwei gute Hunde ohne »breaking stick« getrennt. Ich wußte nur nicht genau, ob ich dies je anderen Hundemenschen erzählen sollte, tat es aber dennoch. Und alle, die Hoover kannten, lachten sich nahezu krumm und schief. Keiner hatte danach eine schlechtere Meinung von dem Hund. Denn in einer Hinsicht ist Hoover

St. Benedict's Cher, frei am Seil schwingend. Besitzer: Mike und Terry Walsh.

anders als andere Bulldogs - es gibt wirklich etwas für ihn, was er noch mehr liebt als den Kampf!

JOCKO IM KNAST

Leser meiner Bücher über den American Pit Bull Terrier erinnern sich sicherlich an Jocko, einen Hund, von dem mir zwei Geschäftsleute, die in meiner Heimatstadt lebten, erzählt hatten. Beide Männer sind schon lange tot und aus diesem Grunde zögere ich, ihre vollen Namen zu gebrauchen. Meine Leser werden verstehen, ich kenne weder ihre Söhne, noch ihre Töchter, wie sie darüber dächten, wenn in diesem Buch ihre Väter als Anhänger von »Pitdogs« geouted würden.

Deshalb möchte ich mich einfach darauf beschränken, den Mann, auf den sich diese Geschichte bezieht, als »Howard, der Boxer« zu erwähnen, aber er war kein gewöhnlicher Boxer. Zweimal kämpfte er um die Weltmeisterschaft, einmal im Mittelgewicht, das andere im Weltergewicht. Diese beiden Kämpfe waren die einzigen, die er je verlor, und er verlor sie aufgrund von Mehrheitsentscheidungen, einmal standen sogar die Stimmen gleich. Ich selbst sah alte Zeitungsausschnitte, in denen Howard als ein Mann von den großartigsten Verteidigungskünsten beschrieben wird, die ein Berufsboxer je besaß.

Howard war auch Rennfahrer, ehe er als Besitzer eines Restaurants ins Geschäftsleben einstieg. Für mich war er eine Art Idol meiner Kindheit. Ich lernte ihn persönlich kennen, da er für interessierte Jungens einen Boxclub sponserte, dessen Mitglied ich wurde. Einige Zeit nach seiner Boxerkarriere arbeitete Howard noch als Agent für aktive Boxer und Berufsringer. In jenen alten Tagen war Berufsringen ein legitimer Sport und gerade die Ringer phänomenale Kämpfer.

Howard befaßte sich in dieser Zeit auch mit seinem Hobby, dem Hundekampf. Er besaß noch immer Pit Bull Jocko, besser gesagt, er kaufte ihn zurück, als seine eigene aktive Kämpferlaufbahn vorüber war. An anderer Stelle habe ich erzählt, daß Howard während seiner Laufbahn als Berufsboxer von Jocko zu sehr abgelenkt wurde.

Viele Leute sind sich überhaupt nicht bewußt, daß Berufsboxen ebenso wie Berufsringen in einigen Ländern vor noch nicht allzu langer Zeit als illegal angesehen wurden, während Hundekämpfe legal waren.

Hundekämpfe sind jedenfalls in vielen Ländern verboten. Weil es aber keine genauen Vorschriften in den Gesetzen gab, machten sich die Polizeibehörden regelmäßig daran, derartige Kämpfe auszuheben, wenn sie etwas darüber erfuhren.

Irgendwie erfuhr die Polizei auch etwas über einen geheimen Kampf zwischen Jocko und einem 28 Pound schweren Pitdog, der in einem Lagerhaus in Denver stattfand. Es war noch ganz am Anfang des Kampfes, Jocko jedoch seinem Gegner schon deutlich überlegen, als

Chako's King wird von seinem Besitzer Ibrahim Abdu ordentlich bewegt.

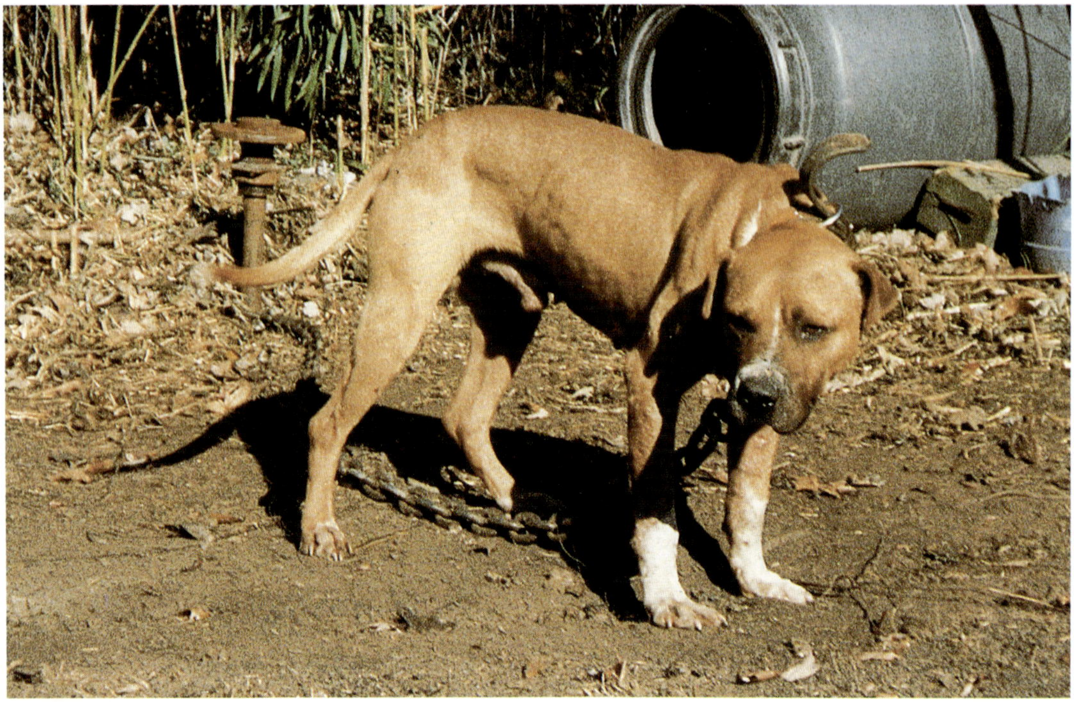

LEGENDENBILDUNG

Links: *M und R's Butch,
ein Halbbruder des groß-
artigen Jeep, sehr »game«.*
Unten links: *Perry's Ms.
Pacman, eine großartige
Pit-Hündin.*

Oben rechts: *STBs Dylan,
Sohn von Champion Peter-
bilt und zweifacher Sieger.*
Rechts: *Greenwood's
Scarlet.*

LEGENDENBILDUNG

plötzlich Alarm geschlagen wurde, die Polizisten hereinstürmten. Die Hundeführer beeilten sich, ihren Einsatz aufzuteilen, und rannten durch einen hinteren Ausgang hinaus. Howard hatte Jocko geführt, lief eine Allee hinunter, trug dabei Jocko unter seinem Trenchcoat. Dies war bestimmt keine leichte Aufgabe, denn Jocko hatte mit der Polizei nichts am Hut, fühlte sich immer noch bei seiner Aufgabe und wollte unbedingt zurück in das Lagerhaus. So benahm er sich nicht als passiver Passagier. Bei seinem Bemühen freizukommen, trat er den Gürtel des Trenchcoats auf, der Gürtel wickelte sich um Howard's Beine, und der stürzte, Kopf voran in einen Abfallhaufen mit alten Büchsen. Jocko war frei!

Zu Howard's Entsetzen lief Jocko geradewegs die Allee zurück zum Lagerhaus. Am Ende der Allee sah sich die Polizei gefährlich bedroht. Beim Anblick des heranstürzenden Jocko waren sie plötzlich wie Bleisoldaten zerstreut, denn sie hatten natürlich keine Ahnung, daß dieser heranstürmende kleine Hund nicht hinter ihnen her war!

Auch Howard lief zurück, kam ins Lagerhaus und fand Jocko nach seinem offensichtlich entkommenen Gegner schnüffelnd, der die Flucht ergriffen hatte. Howard hob Jocko vom Boden, plazierte ihn erneut unter seinem Trenchcoat und versuchte, aus dem in Dunkelheit liegenden Lagerhaus zu schlüpfen. Aber die Polizei stand mit auf ihn gerichteten Lampen

Ein Bulldog, von seinen Besitzern George und Patte Owens eigens gekleidet, um recht »cool« zu wirken.

vor ihm, und so wurde er doch gefangen genommen. Howard und sein Sekundant für Jocko's Match, ein alter Freund aus dem Kampfhundesport, waren die einzigen Fische, die der Polizei an diesem Abend ins Netz gingen. Sie alle drei wurden zusammen in eine Zelle gesperrt, Howard, sein Freund und Jocko. Und trotz der äußeren Umstände fanden sie in dieser Nacht alle etwas Schlaf, obgleich sie keine Ahnung hatten, was am nächsten Morgen auf sie zukäme. Die meisten Probleme mit dem Schlafen hatte Howard, denn Jocko bestand darauf, seine Pritsche zu teilen und verschaffte sich außerordentlich entschieden einen fairen Anteil am zur Verfügung stehenden Platz.

Als der Morgen dämmerte, sprach Howard mit dem Polizisten, was man tun könne, um den Hund hinauszuführen, damit er sich lösen konnte. Der Polizist fragte den wachhabenden Captain, der die Idee, Howard den Hund ausführen zu lassen, ablehnte. Da er aber selbst ein Hundeliebhaber war, bot der Captain seine Hilfe an, mit Jocko spazieren zu gehen. Howard übergab Leine und Halsband dem Offizier und Jocko zog ihn durch die Halle hinter sich her. Howard und sein Partner waren recht amüsiert, wie dieser kleine Hund durch seine Stärke den Captain überraschte, ihn fast von den Beinen riß. Jetzt aber faßte der Polizist die Leine mit festem Griff und versuchte mit so viel Würde loszumarschieren, wie bei diesem ihn fast umschmeißenden 28 Pfund schweren Hund möglich war.

Eine alarmierend lange Zeit verstrich, Howard und sein Freund wurden schon ziemlich unruhig. Als der Captain zurückkehrte, kam er ohne die geringste Würde. Er stürzte herein, Blutspritzer an seiner Uniform, auch Jocko war voller Blut, aber sein Fang stand offen, zeigte ein echtes Grinsen. Wie wild wedelte er mit der Rute, war mit sich selbst zufrieden und glücklich, seine zwei Freunde wiederzusehen. Der Captain zeigte eine Mischung von widerwilliger Bewunderung, leichtem Ärger und ernsthaften Sorgen. »Dies ist ein Teufelsbraten,« stieß er hervor, »macht daß ihr wegkommt, vergeßt, daß ihr je hier gewesen seid. Erzählt niemand etwas darüber!«

Die beiden Männer waren natürlich begeistert, jetzt frei zu sein, aber sie konnten es sich nicht versagen, nachzufragen, was in aller Welt geschehen war. »Nun,« erzählte der Captain wehmütig, »der Deutsche Schäferhund des Bürgermeisters ist ein schrecklicher Raufer. Als er sich auf diesen kleinen Hund stürzte, glaubte ich, er würde ihn umbringen. Aber ich hätte mich nicht um den Kleinen beunruhigen brauchen, obgleich er sofort am Boden lag. Dieser kleine Hund tötete den großen von unten! Und die ganze Zeit hatte ich mich um ihn gesorgt! Ich hätte aber gar keine Angst um ihn haben müssen. Er ist der Teufel selbst, nicht wahr? Schau ihn Dir an, wie er mit der Rute wedelt, glücklich wie ein Idiot - mordsfidel und völlig zufrieden mit sich selbst! Nun, meine zwei Gentleman, bitte entschuldigen Sie mich, ich muß an meine Arbeit, einen Tierkörper beseitigen!«

So brauchte Jocko doch tatsächlich einen Hüter des Gesetzes in eine recht undankbare Situation. Aber trotz alledem - so erzählte Howard - sie wurden nicht nur mit dem Captain gute Freunde, sondern der Captain selbst zu einem glühenden Anhänger von Kampfhunden.

Booger und Penny - die Eltern von Going Light Barney.

Oben: *Fonseca's Jenny, eine Enkelin von Fonseca's Pincher. Besitzer: Martin Street.*
Visavis: *Su-Mesh und Boss. Su-Mesh ist ein Nachfahre von Going Light Barney. Besitzer: Jesse Azure.*

DIE ZUCHT BESSERER PIT BULLS

===========================
**»Der größte Fehler wäre, so
meine ich, keinen Fehler
zu sehen!«**
THOMAS CARLYLE
===========================

Der erste Rat, den ich zur Pit Bull-Zucht geben möchte, lautet - züchte nie! Richtig betrachtet ist es viel billiger, einen guten Welpen zu kaufen als zu versuchen, einen perfekten Hund selbst zu züchten. Das Halten mehrerer Hunde bedeutet immer eine schwerwiegende Verantwortung. Sie müssen richtig versorgt werden, bei Regen oder Sonnenschein, krank oder gesund. Es bedarf einer Art von Hingabe, welche die meisten Menschen nicht bereit sind aufzubringen, zumindest kein Mensch bei klarem Verstand! Weiterhin wäre es sehr vernünftig, sich vor Augen zu halten, daß der Verkauf solcher Hunde in der Öffentlichkeit als eine Art Verbrechen gilt, zumindest in der bizarren Welt der Pitdog-Anhänger. Also wenn Du genauer darüber nachdenkst, ist dieser besondere Rat sicherlich nicht unbegründet.

Die heutige Situation ist ganz einfach, daß die Rasse American Pit Bull Terrier unter stärkstem Druck steht, ja einige schwachsinnige Zeitungskolumnisten und politische Opportunisten fordern sogar, daß bereits der Besitz eines Hundes dieser Rasse als ein Vergehen angesehen wird. Dies alles ist natürlich reine Hysterie, aber ungewöhnliche Dinge geschehen gerade in Zeiten der Hysterie. Im alten Schottland, vierhundert Jahre zurück, wurden nach einem Angriff eines Bulldogs auf einen Menschen durch königliches Dekret alle mastiffartigen Hunde ihren Besitzern weggenommen und getötet. Die Begriffe »Mastiff« und »Bulldog« schienen damals etwa gleichberechtigt zu sein, bezogen sich nur auf verschiedene Größen der gleichen Hunderasse, zumindest in bestimmten Bereichen und zu bestimmten

DIE ZUCHT BESSERER PIT BULLS

Zeiten. Niemand wundert sich sicher, daß die Importe nach den USA in erster Linie aus England und Irland stammen.

In unserem Land haben wir heute natürlich keine königlichen Dekrete, aber wir sollten uns nichts vormachen! Einige unserer Politiker haben sich als viel schlimmer erwiesen als irgendein Monarch. Das schlimmste daran ist aber, daß es für diese Hysterie, die zu einer ausgrenzenden Gesetzgebung führte, gar keine Grundlage gibt. Es ist wichtig, daß diese Hunde keinesfalls in Hände von Menschen kommen, die sie nicht verstehen, sich nicht für sie verantwortlich fühlen. Aus diesem Grunde ist es für diese Hunde auch das beste, wenn sie in der Öffentlichkeit überhaupt nicht verkauft werden. Für die meisten Menschen sind sie im übrigen viel zu schade!

Deshalb ist die Verachtung von »Hundehändlern« in dieser Rasse nicht grundlos, hat eine lange Tradition. Darum mußt Du auch, wenn Du diese Art Bulldogs züchtest und die Rasse wirklich liebst, ihr helfen möchtest, sehr genau wissen, wo Deine Welpen hingehen sollen. Alle Plätze müssen der Haltung eines Pit Bulls angemessen sein. Bei all der damit verbundenen Arbeit gibt es in der Hundezucht ohnedies wenig Profit. Bedarf es dann noch spezieller Vorsichtsmaßnahmen, wie dies nun einmal die Umstände für diese Rasse diktieren, ist der Profitrahmen in aller Regel mehr als begrenzt.

Trotzdem gibt es unter uns jene armen Seelen, die nun einmal in der Zucht eigener Hunde ihren größten Erfolg sehen. Wenn sie dann mit einem selbst gezüchteten Ausnahmetier herauskommen, bedeutet dies nicht nur Züchterstolz, sondern sie bestätigen in diesem Tier alle ihre Favoriten der Vergangenheit, da alle diese alten, bewährten Blutlinien in diesem selbstgezüchteten Tier stecken.

Für die Bulldog-Zucht braucht man von Anfang an solides Wissen. Es ist viel besser, im voraus zu studieren und zu lernen, als auf dem harten Weg, nämlich Lernen aus begangenen Fehlern - auch für die Hunde ist dies viel besser. Zu den schlimmsten Fehlern der Züchter gehört es, nicht genügend wählerisch zu sein. Einige sind ihrem eigenen Zuchtmaterial gegenüber völlig blind, andere gehen - um ein paar Dollar zu sparen - viel zu viele Kompromisse ein. Wenn Du Dir keine gute Zuchthündin leisten kannst, wenn Du die Deckgebühr für einen vorzüglichen Rüden nicht besitzt, dann solltest Du all Dein Geld sparen, bis Du Dir wirklich beides leisten kannst. Dein Start als Züchter verläuft viel besser, wenn Du nicht Dein Zuchtprogramm immer aus einem Loch armseliger Zuchttiere herausscharren mußt.

Die Frage lautet ganz einfach, was macht einen guten Bulldog aus? In all meinen Jahren mit diesen Hunden habe ich immer wieder festgestellt, daß jene miesen Hunde mit unzuverlässigem Charakter nicht aus »Pit-Zuchtmaterial« stammen. Aber fast alle erstklassigen Hunde, die wunderbare Familienhunde wurden, auf der Jagd und in der Hütearbeit Großartiges leisteten, sie stammten aus der Pit-Zucht. Es kann keinerlei Zweifel bestehen, die Pit-Hunde bilden tatsächlich die Welt der Klasse-Bulldogs. Persönliche Gefühle über die Moral, Hunde kämpfen zu lassen, ändern hieran überhaupt nichts. Tatsache ist, charakterlich erstklassige (»game«) Hunde bleiben nicht so gut, wenn man nicht planmäßig auf dieses Charaktermerkmal züchtet.

Dies bedeutet natürlich nicht, daß jedermann, der gute Hunde züchten möchte, sich an Hundekämpfen beteiligen muß. Viele der Hundekämpfer (»pit-dog men«) verkaufen ihre besten Hunde, wenn sie ihre Blütezeit im Hundekampf hinter sich haben; meist werden sie von Leuten gekauft, die sie dann zum Decken für die allgemeine Zucht freigeben. Und genau dies sind die Rüden, die

Visavis: *Heinzl's Hogan, Inzestzucht auf Heinzl's Blind Ben. Besitzer: Martin Street.*

DIE ZUCHT BESSERER PIT BULLS

man als Zuchtrüden einsetzen sollte.

Allerdings mußt Du zunächst Deine Hausarbeiten ordentlich machen, die Geschichte der Rasse, die Geschichte des jeweiligen Rüden kennen, wissen, wer seine Ahnen waren, was hinter dem Hund steht. Diese Aufgabe beschränkt sich aber in aller Regel auf eine Überprüfung der ersten drei Generationen.

Ehe ich näher auf die Zuchttheorien eingehe, möchte ich kurz den idealen »Pithund« beschreiben. Da Zuchthunde aus der Pit zu den besten Hunden führen, müssen wir die Merkmale dieser besten Hunde kennen. Wenn ich dies nun im einzelnen beschreibe, sollte man wissen, daß dies *meine persönliche Meinung über den idealen Pithund* ist. Ich gebe zu, da gab es einige großartige Pithunde, die in der einen oder anderen Hinsicht von meiner Be-

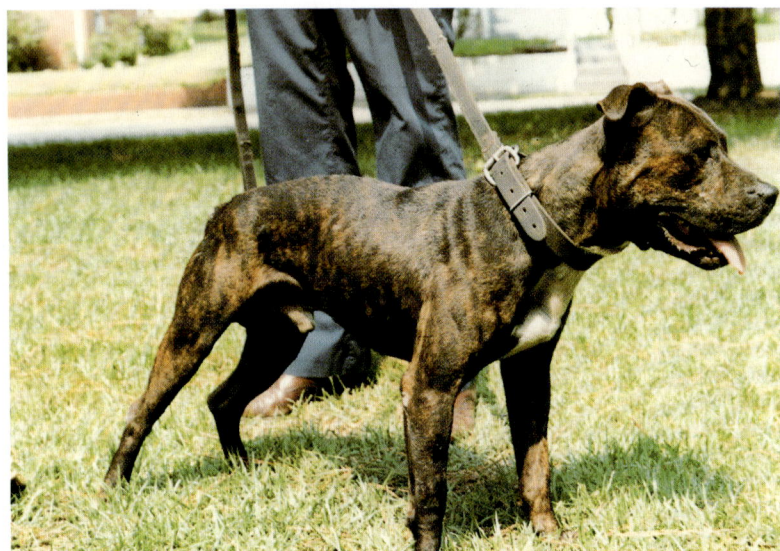

Dunn's Clyde, Besitzer: Tim Dunn.

schreibung abweichen. Wenn aber mein Leser eine richtige Vorstellung über den idealen Pithund durch meine Darstellung gewinnt, dann kennt er auch die Rassemerkmale, die für den richtigen Haushund eines verantwortungsbewußten Hundebesitzers gelten. Dies hilft auch, immer eine klare Vorstellung zu behalten, worauf man bei seinem eigenen Zuchtprogramm unbedingt achten muß.

Als allererstes - ein Pithund besitzt einen felsenfesten Charakter, bleibt unter Druck völlig kühl, ist niemals »schnappig«. Nahezu ausnahmslos sind Pithunde Menschen gegenüber ausserordentlich liebenswürdig, sanft und freundlich - selbst gegenüber Fremden. Die alten Hundekämpfer behaupteten immer, daß gegen Menschen aggressive Hunde Köter seien. Ich bin kein Freund von absoluten Aussagen, aber ich kann mich keines einzigen, gegenüber Menschen aggressiven Bulldogs erinnern, der nicht auch feige war. Natürlich merzen die meisten Hundekämpfer jeden gegen Menschen aggressiven Hund, wenn er diese charakterliche Veranlagung zeigt, bereits beim ersten Mal aus.

Eines der Ausleseprinzipien, das eine solche zuverlässige charakterliche Veranlagung unserer Hunde ermöglicht, ist die Tatsache, daß diese Hunde in der Pit immer wieder hochgenommen und angefaßt werden. Jede Veranlagung eines Hundes, unter solchen Umständen zu schnappen oder zu beißen, wäre außerordentlich unerwünscht.

Ein idealer Pithund hat starken Kampftrieb, er liebt das Kämpfen, aber er behält klaren Kopf, selbst unter dem starken Reiz eines fremden, aggressiven Hundes in seiner Gegenwart.

194

Tucker mit ihrer Besitzerin Pat Wilson.

DIE ZUCHT BESSERER PIT BULLS

Wenn ich auf Hundeausstellungen richte, lasse ich mir von den Hundeführern immer den Kieferschluß ihrer Tiere zeigen. Eine der Gründe hierfür ist festzustellen, ob der Hund über ein Scherengebiß verfügt oder nicht. Ein für mich ebenso wichtiger Faktor ist aber auch herauszufinden, ob der Hundebesitzer seine Hand gefahrlos in den Fang seines Hundes legen kann, selbst zu einer Zeit, da der Hund aufgrund der anderen Hunde ringsum recht erregt ist. Noch nie wurde dabei in meiner Anwesenheit ein Hundeführer gebissen. Dabei muß man noch wissen, daß gerade diese Ausstellungshunde in der Regel nicht einmal besonders durchgezüchtete »Pithunde« sind. Ich habe ein oder zwei Hunde angetroffen, die nach dem Führer oder mir schnappten. Solche Hunde habe ich aus dem Ring gewiesen, aber ich möchte betonen, dies waren ein bis zwei Hunde unter vielen tausenden, die ich selbst gerichtet habe. Gleichfalls konnte ich feststellen, daß Hunde, die ich als absolut erstklassige »game pitdogs« kannte, auf diesen Ausstellungen nahezu immer die ruhigsten Hunde der ganzen Meute waren. Natürlich liebten sie zu kämpfen, aber sie zeigten ausgeprägtes Selbstbewußtsein und Freundlichkeit Menschen gegenüber, wie man dies nur selten bei anderen Hunden beobachten kann. Aber wovor sollten sie sich denn eigentlich fürchten?

Stevens's Pattie, Vater Charlie's Hoss Fly, Mutter Champion Bessie, eine Mischung aller drei Elemente der Hundefamilie Stevens.

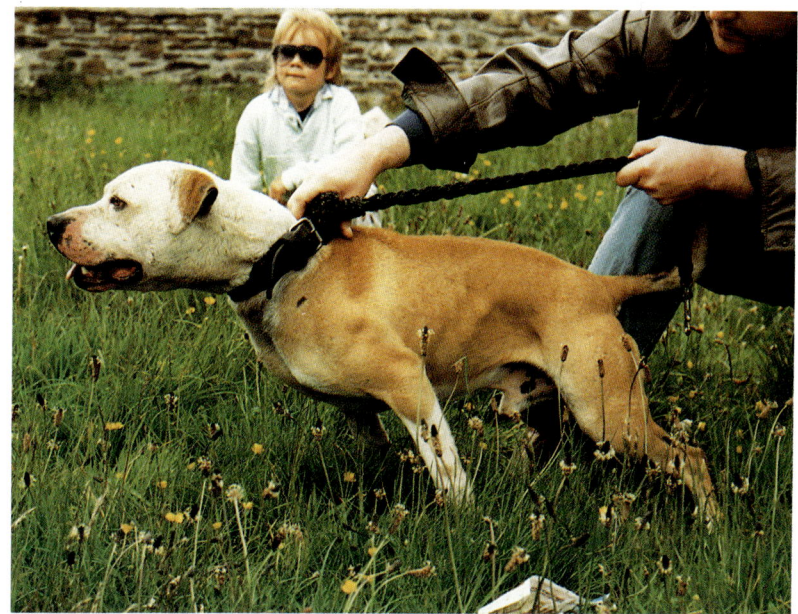

Champion BJ aus den Blutlinien Bolio und Tonka.

Ein guter »Pitdog« geht geradewegs auf seinen Gegner zu, bewegt sich immer vorwärts. Er übt auf seinen Gegner dadurch Druck aus, Schnappen schreckt ihn in keiner Weise zurück. Ein guter Hund vergeudet keine Zeit mit Umherlaufen, sondern stößt kerzengerade zu, versucht festen Halt zu gewinnen. Das Wichtige aber ist, er packt direkt und hält fest. Wenn er keinen guten Griff ansetzen kann, nimmt er mit einem schlechten vorlieb, bis er ihn später zu verbessern vermag. Ein Hund, der festhält, ist immer im Vorteil. Solch ein Hund neutralisiert einen »Wanderschauspieler«, hält ihn ganz einfach fest, macht die Dinge für ihn unangenehm. Hat er Gelegenheit dazu, verändert er seinen Griff, um noch mehr Vorteile zu gewinnen.

Ein guter »Pitdog« hat genügend Luft und Intelligenz, um selbst seinen Kampf auf eine lange Dauer einzurichten. Er ist ebenso hart beim Verletzen wie Schmerzen hinnehmen.

Ein guter »Pitdog« - dies gilt nahezu für alle - kämpft stumm, vergeudet seinen kostbaren Atem nicht durch Knurren. Noch weniger vernimmt man schrille Kampftöne. Obgleich der Griff des anderen Hundes schmerzt, überwiegt die Freude am Kampf den zugefügten Schmerz. Endorphine, die im Hundegehirn entstehen, helfen Schmerzen zu ertragen.

Der ideale »Pitdog« ist ein begeisterter Arbeiter, gleich ob er in der Tretmühle läuft, Ball spielt, an der Sprungstange arbeitet oder in einem Bassin schwimmt. Dieser Enthusiasmus wird durch seine nahezu phlegmatische, angenehme Haltung, wenn er sich in seinem Auslauf befindet oder an der Kette liegt, ausbalanciert. Hyperkinetische Hunde haben den grossen Nachteil, daß sie sich laufend selbst strapazieren und ermüden.

»Gameness« erwähne ich als letztes, sie ist aber die allerwichtigste Eigenschaft! »Gameness« bedeutet, daß weder Erschöpfung, noch Schmerzen, noch das Empfinden, zu unterliegen, die Begeisterung des Hundes für den Kampf in irgendeiner Weise beeinträchtigen.

Ich habe viel Zeit gebraucht, das richtige Bild des perfekten Kampfhundes zu zeichnen. Der Aufwand an Zeit und Raum ist aber unerläßlich, denn verantwortungsbewußte Züchter brauchen ein Ziel, auf das sie hinarbeiten. Obgleich theoretisch man nie den *perfekten Hund* erreichen wird, kann zumindest die große Mehrheit der Einzeltiere dieser Zucht diesen Idealen nahekommen - und wertvolle Nachzuchten bringen.

Oben: *Vashtie.*
Links: *Riptide Bandit (links) und Riptide Rosie (rechts). Beide wohnen heute in Malaysia.*
Visavis: *Moore and Street's Cosmo, ein Sohn von Clayton's Tadpole, Wurfbruder von Grand Champion Art.*

DIE ZUCHT BESSERER PIT BULLS

Die Begeisterung für die Arbeit dominiert bei allen Aktivitäten des persönlichen Lebens, zum Beispiel beim Ballspiel oder Seilziehen. Völlig gleichgültig, mit welchen Aufgaben Du Deinen Bulldog beschäftigst, immer wird er solche Begeisterung zeigen, daß er häufig sogar den Spezialisten für diese Aufgabe überlegen ist. Dies ist die Erklärung, daß wir einen Bulldog fanden, der »Greyhounds wegbliess«, er raste direkt an ihnen vorbei, um die Beute zu packen. Dies hat sich tatsächlich ereignet, aber selbst ich würde nicht vorhersagen, daß ein Bulldog einen Renn-Greyhound im Lauf übertrifft.

Er klettert einen Baum gerade hoch, um seinen Ball zu holen oder irgendein anderes versecktes Spielzeug zu finden. Bei Gelegenheit und genügend Erfahrung übertrifft er im Schwimmen sogar Wasserhunde wie Retriever und Neufundländer.

Kurz gesagt, er ist immer ein wunderbarer Familienhund, stets begeistert für alle neuen Aktivitäten. Dabei ist er niemals ein »hyper dog«, der einen durch seine Nervosität und Unruhe die ganze Zeit verrückt macht. Wichtig aber ist, er ist bestimmt kein Familienhund für jedermann. Aber für diejenigen von uns, die sich nicht mit weniger zufrieden geben, sollte es eine Gewißheit sein, daß dieser Hund genau das ist, was er ist, hierfür über zahllose Jahre der Jagd und des Kampfes gezüchtet wurde.

DIE ERBGESETZE

Seltsamerweise braucht man, um ein erfolgreicher Bulldog-Züchter zu werden, nicht notwendigerweise alles zu wissen, was ich in diesem Kapitel darlege. Mit Sicherheit kann Wissen zum Erfolg helfen, aber Zucht ist mehr Kunst als Wissenschaft. Es bleibt meine feste Überzeugung, daß Bulldog-Leute in jeder Hinsicht besser sein sollten als andere Hundezüchter; wir alle sollten uns bemühen, unserer Hunde wert zu sein. Aus diesem Grunde hoffe ich darauf, daß ich einige von Euch dazu bringen kann, mehr über Genetik zu lernen, in dem ich hier einen kurzen Überblick über all das gebe, was über die Erbgesetze bekannt ist. Einige von Euch haben natürlich hierüber schon einiges Wissen, einige andere bevorzugen es möglicherweise, diesen Abschnitt zu überblättern.

Über zahllose Jahre des Experimentierens haben die Wissenschaftler entdeckt, daß körperliche wie seelische Eigenschaften von Generation zu Generation durch genetisches Material - die Gene - übertragen werden. In der Zeit davor bestand allgemein der Glaube, daß diese Eigenschaften über das Blut weitergegeben werden, und unsere Sprache erinnert noch

Travillion's Black Jack.

200

Grand Champion Mammy.

Behne's Clyde be-achtet das Gesche-hen durchs Fen-ster.

immer an diesen Glauben. Deshalb sprechen wir von »Blutlinien«, »gutem Blut«; und wir sprechen davon, daß das »Blut es beweisen wird«. In Wirklichkeit aber sind die Gene Träger dieser Eigenschaften, und sie sind es, die auf den Chromosomen aufgereiht liegen. Bei Hunden wie Menschen treten Chromosomen paarweise auf, aber der Hund hat mehr Chromosomen als wir Menschen. Menschen besitzen 46 Chromosomen - oder 23 Chromosomenpaare; Hunde haben 78 Chromosomen oder 39 Paare.

Nicht alle Organismen weisen Chromosomen paarweise auf. Einige Pilze beispielsweise haben immer nur Einzelchromosomen. Andererseits gibt es Organismen mit vielfachen Chromosomenreihen, also mehr als zwei. Solche Abweichungen bildeten für die Pioniere genetischer Forschung wirklich ein großes Problem. Unsere Zellen haben ebenso wie die Zellen unserer Hunde paarweise Chromosomen, aber unsere Zellen, die das Geschlecht übertragen, also unsere Sexzellen, sind nur einfach vorhanden. Eine Zelle mit einem einfachen

Chromosom nennt man eine haploide Zelle, Chromosomen mit doppelten Reihen nennt man diploid. So sind unsere Körperzellen allgemein diploid, während unsere Sexzellen haploid auftreten.

Teilt sich eine Körperzelle, verdoppeln sich die Chromosomen, heften sich an den sogenannten Chromatiden an. Die Membrane rund um den Zellkern löst sich auf, ein spindelförmiges Gebilde entsteht, Kernspindel genannt, an dem sich die Chromosomen aufreihen. Zellkern wie Spindelfäden vereinigen sich in der Teilungsphase - der sogenannten Anaphase. Die Chromosomen kommen am gegenüberliegenden Zellpol an, die Spindel löst sich auf. Die Zellkernmembrane bildet sich neu, die Chromosomen entfalten sich, die Zelle ist geteilt, jede neue Zelle enthält den gleichen Originalsatz an Chromosomen, jede ist ein Duplikat der anderen. Diesen ganzen Prozeß nennt man Mitose.

Spermium und Eizelle sind Einzelzellen, treten haploid auf. Man kennt sie als Gameten, als Träger nur eines halben Chromosomenpaars. Bei der Befruchtung vereinigen sich die Zellkerne, das befruchtete Ei oder die Zygote enthält wieder die volle Chromosomenzahl. Aus dieser einzelnen Zelle entstehen all die anderen durch Mitose. Es gibt eine eigene Zellteilung, aus der die Gameten entstanden. Man nennt diesen Prozeß Meiose, es handelt sich in Wirklichkeit um eine doppelte Teilung. Wie bei der Mitose sind die Chromosomen doppelt. Wieder bilden sich Spindelformen, die Chromosomen teilen sich auf, und die Paare trennen sich. Wenn sie die Pole erreichen, verschwindet die Spindel, neue Spindeln bilden sich auf andere Art. Danach trennen sich die Chromosomen wie bei der Mitose. Aus der Meiose entstehen vier Zellen, jede enthält die halbe Chromosomenzahl des Originals. Welche Kopie jedes Chromosoms in die Zelle eingeht, ist rein eine Frage des Zufalls. Jede Kombination ist ebenso wahrscheinlich wie eine andere. Dies ist für den Evolutionsprozeß gut, denn es gibt

Ausstellungschampion Dugan ist gleichzeitig auch ein Gewichtszieher-As.

eine Fülle verschiedener Möglichkeiten, wobei der angepaßteste Organismus am begünstigsten ist. Dies ist gleichzeitig die Basis planmäßiger Hundezucht. Es ist immer wichtig zu wissen, daß es für jede Eigenschaft, auf die man züchtet, auf beiden Seiten eine große Vielfalt von Variationen gibt.

Viele Eigenschaften werden durch ein einzelnes Gen bestimmt. Es gibt aber auch Genpaare, genau wie wir Chromosomenpaare vorfinden. Farbe ist ein Beispiel für eine durch ein Gen bestimmte Eigenschaft bei Hunden. Dabei ist die gestromte Farbe gegenüber rot immer dominant. Wir alle wissen aber, daß gestromte Hunde mit roten gepaart durchaus nicht lauter gestromte hervorbringen. Die Ursache hierfür liegt darin, daß der gestromte Hund häufig den Genotyp **Bb** hat. Das bedeutet, er besitzt ein Gen für die gestromte Färbung, eines für rot. Wenn er auf die rote Hündin ein rotes Gen überträgt, wird ein roter Welpe daraus entstehen. Ein gestromter Rüde, der nur gestromte Allele besitzt, bringt mit einer roten Hündin gepaart nur gestromte Nachkommen. In der genetischen Kurzschrift bezeichnet man einen solchen Hund als **BB**; gleichzeitig nennt man diesen Hund für diese beiden Gene als homozygot.

»The Great One«. Garrett's Champion Jeep gehörte zu den großartigsten Rüden aller Zeiten, er ist hier im Alter von zehn Jahren abgebildet.

Alle Welpen aus einer solchen Paarung werden gestromt sein, ihr Genotyp lautet aber **Bb**. Der Genotyp kennzeichnet die genetisch verankerten Merkmale eines Hundes, der Phänotyp bezieht sich auf die sichtbaren Eigenschaften, beispielsweise äußere Erscheinung und Verhalten. Werden die Welpen aus einer solchen Paarung später untereinander gepaart, ergibt dies eine Vielzahl von Gestromten (im Durchschnitt etwa 75 Prozent) und einige Rote, ausserdem möglicherweise einige Büffelfarbene oder Weiße, über die wiederum rot dominant ist. Der Genotyp der entstandenen Gestromten lautet entweder **BB** oder **Bb**, der Genotyp aller Roten dagegen lautet **bb** (zwei Gene, die gestromt gegenüber rezessiv sind). So muß dies sein, denn wenn irgendeiner der Welpen ein gestromtes Gen besäße, würde dies die Wirkung des roten Gens »maskieren«, der Welpe wäre gestromt.

Dies ist nur ein Musterbeispiel für die Vererbung von durch einzelne Gene bestimmten Merkmalen, häufig nennt man dies die einfachen Mendelschen Gesetze, zu Ehren von Gregor Mendel, einem katholischen Mönch, der diese Erbgesetze entdeckt hat. Bei den Merkmalen, auf die wir bei Bulldogs züchten, befassen wir uns aber mit zahllosen verschiedenen Genen. Dabei ist es sinnlos, darüber zu sprechen, ob »gameness« rezessiv oder dominant ist. Es handelt sich um eine polygen vererbte Eigenschaft, aus diesem Grund kann man den Erbgang auch weder als dominant noch rezessiv charakterisieren. Handelte es sich um ein einfaches Merkmal, entweder dominant oder rezessiv, wäre es sehr einfach, es genetisch zu verankern (»lock it in«), und alle Hunde wären »game«. Das Gleiche gilt für andere Merkmale, beispielsweise harten Biß oder die Geschicklichkeit beim Ringen. Es gibt komplexe Merkmale, an denen zahlreiche Gene beteiligt sind, und deshalb ist die Zucht guter Bulldogs eine echte Herausforderung.

Aus diesem Grund halte ich es auch für außerordentlich wichtig, nur Zuchtmaterial einzusetzen, dessen Zucht klar nachgewiesen ist, die Vorfahren müssen Spitzenqualität aufweisen. Solche Tiere zu finden ist nicht leicht, viel zu viele machen hier Kompromisse. Es gibt nur wenige Züchter, die laufend einen hohen Prozentsatz schon »deeply game dog« hervorbringen. Die Züchter in der Vergangenheit haben dies durch Ausnutzung einer Vielfalt von Zuchttechniken erreicht, aber alle, die wirklich Erfolg hatten, waren hinsichtlich der Qualität ihres Zuchtmaterials absolute Fanatiker. Zu den Mythen um die Zucht guter Tiere gehört, man sollte anstelle eines herausragenden Rüden besser auf den Rüden zurückgreifen, der ihn zeugte. Nach meiner Auffassung besteht planmäßige Zucht in der Anwendung von klaren Prozentrechnungen, ja es gibt überhaupt keinen Zweifel, daß es ein Spiel mit Prozentsätzen ist. Alle Genetiker werden schnell zu Experten in mathematischer Statistik.

Du versuchst laufend, Deine Linie zu verbessern. Wenn Du auf den Rüden zurückgreifst, der Dein »As« hervorbrachte, handelt es sich in Wirklichkeit um einen Stillstand. Vielleicht bekommst Du wirklich ein paar gute Hunde, aber Du kommst mit Deinem Zuchtprogramm nicht vorwärts. Bei planmäßigem Züchten stelle ich mir jedesmal vor, ich arbeitete mit einem Sieb, um ein hervorragendes Tier zu züchten. Wir wissen nicht, welche die entscheidenden Gene sind, wir kennen aber das genetische Material und können beurteilen, wie großartig es ist. Aus diesem Grunde bevorzuge ich es immer, mit einem As zu züchten, das bereits Sohn eines Asses ist, dies ist immer besser als mit seinem Vater. Je mehr großartige Hunde wir auf diese Art hinter unserem Hund stehen haben (natürlich ebenfalls hinter den Hündinnen), um so besser sind unsere Chancen, gute Nachzuchten zu bekommen. Wir haben unsere Prozentsätze verbessert, weil der Durchschnitt der Linie verbessert wurde. Eine gute Daumenregel ist, daß man im allgemeinen um so bessere Welpen erhält, je höher der Qualitätsdurchschnitt der Ahnen des Tieres ist, auf die es gezüchtet wird. Dies wiederum ist der Grund, warum »Zufallsasse« so enttäuschende Väter sind. Ein As ist ein Hund, wie man ihn einmal im ganzen Leben hat, aber jedermann erwartet von ihm, daß er die erreichte Qualität noch verbessert. Offensichtlich vermag er dies nicht, es sei denn, er stammt von Ahnen, die alle Spitzenhunde waren - und ich kenne keinen Hund, der über eine solche Ahnenreihe verfügt!

Ein Merkmal macht einen Rüden zum überragenden Zuchthund, wie beispielsweise Dibo und Tombstone - wenn nämlich dieser Rüde in all den Merkmalen, die nun einmal einen guten Kampfhund ausmachen - oder zumindest für die meisten dieser Merkmale, homozygot ist. Wie ich bereits erwähnte, bedarf es einer riesigen Anzahl von Genen, um einen guten Bulldog zu züchten. All jene, die von einem »Gen für gameness« sprechen, sind hinsichtlich der Erbgesetze komplette Narren.

DAS DECKEN

Der beste Weg, mit der Zucht einer »game line of Bulldogs« zu beginnen, ist der Kauf einer Hündin aus besten Zuchtlinien - dabei sollte sie auch selbst von Spitzenqualität sein, denn sie wird ja wesentlicher Bestandteil der Ahnenreihe ihrer Welpen. Und diese Hündin sollte dann wiederum mit dem am besten zu ihr passenden Spitzenrüden gepaart werden, zu

Oben: *Dollie's Stained Glass, im Besitz von Chris Harrod.*
Visavis: *Red Dawson mit seiner auf die Hündin Panama Red inzestgezüchteten Hündin (Panama Red war ein berühmter »Pitdog«).*

dem der Züchter Zugang hat. Dieser Rüde muß sowohl in seiner äußeren Erscheinung als auch von seiner Zucht her ein Kandidat für den Titel »der beste Hund im Land« sein. Aus diesem Grund ist es höchst unwahrscheinlich, daß Du diesen Rüden im eigenen Zwinger stehen hast. Deshalb muß Deine Hündin zum richtigen Rüden gebracht werden, bei einer guten Hündin kann dies aber durchaus zu Problemen führen. Die meisten Hündinnen stehen - am richtigen Tag - für Rüden, mit denen sie vertraut sind. Es besteht aber immer die Gefahr, daß sie einen fremden Bulldog-Rüden angreifen.

Jane und Carly Burke mit Burke's Pepple.

Verlaß Dich aber nicht darauf, daß die gleiche Hündin alle Bastard-Rüden ringsum so in die Flucht schlagen wird, manchmal ist sie gerade für einen solchen Mischling ansprechbarer. Wahrscheinlich fühlt sie auf irgendeine Art, daß er für sie nie zum Wettbewerber werden könnte.

Es gibt also beim Decken der Hündin durchaus zuweilen Probleme, deshalb sollte ein Maulkorb zur Hand sein. In den USA hat der Besitzer eines sehr gefragten Zuchtrüden in seinen Zwingeranlagen meist eine eigene Deckkiste. Diese ist ganz einfach eine rechteckige Kiste, in welche Du die Hündin stecken kannst, am einen Ende ist ein Loch für ihren Kopf, durch das sie herausschaut. Die Öffnung enthält einen Schließmechanismus, um zu verhindern, daß die Hündin den Rüden attackiert. Selbst mit diesem ausgeklügelten Hilfsmittel erweist sich die Paarung manchmal selbst mit einem erfahrenen und kooperativen Rüden nahezu als unmöglich. Zuweilen ist es notwendig, das Hinterteil der Hündin hochzuhalten, sie von unten zu stützen. Ein weiterer Helfer wird erforderlich, um sie hinten beidseits festzuhalten. Ich habe schon beobachtet, daß bis zu sechs ausgewachsene Männer versuchten, eine kleine Hündin zu halten. Dann war es wirklich schwierig zu sagen, wer am Ende wohl die Welpen ermöglicht hat! Opfer der persönlichen Würde gehört einfach zu den vielen Kompromissen, die man eingehen muß, um eine gute Linie von Bulldogs zu züchten.

Ich persönlich bevorzuge, soweit dies möglich ist, völlig natürliche Paarung. Es kann durchaus das Risiko wert sein, die Tiere einmal unangeleint zusammenzulassen. Wenn Du nämlich immer die Hündin in der zuvor geschilderten Methode vom Rüden wegdrehst, sie laufend in ihrer Bewegung einschränkst, kann dies nahezu zur Garantie werden, daß sie ihm gegenüber recht unfreundlich eingestellt ist. Wenn der Rüdenbesitzer zustimmt, lohnt sich immer ein Versuch der natürlichen Paarung, denn dadurch wird für alle Beteiligten das Decken viel einfacher.

Der beste Weg, die natürliche Methode auszuprobieren, besteht darin, die Hündin in einen Zwingerauslauf zu stecken. Dann führt man den Rüden angeleint zu dem Auslauf, läßt ihn sich alles näher betrachten. Natürlich wird er an ihrem Geruch sehr interessiert sein, deshalb umherschnüffeln, in den Bereichen, wo der Hündinnengeruch ist, häufig urinieren. Bei Hunden als sehr olfaktorischen Tieren ist dies ein gutes »Vorspiel«. Durch eine solche langsame Annäherung kann selbst eine sehr aggressive Hündin meist »verführt« werden. Zeigt sie sich dem Deckrüden freundlich und einladend, kann man diesen jetzt ohne Leine in den Auslauf bringen. Natürlich riskiert man dabei noch immer, daß ein Kampf ausbricht, zwei erfahrene Männer und ein paar »breaking sticks« sollten aber einen solchen Kampf schnell zu Ende bringen.

Einige Züchter haben im Frust und aus Verzweiflung Zuflucht zur künstlichen Besamung genommen. Dies mag wirklich eine einfache Lösung sein, aber ich hasse es mit anzusehen, wenn die Rasse American Pit Bull Terrier auf so künstliche Methoden angewiesen ist, daß sie letztendlich nur noch auf diese Art sich fortpflanzen kann.

Sam mit seiner Nachzucht - ein Portrait von Vater und Sohn.

TRAGEZEIT UND GEBURT

Ist die Hündin gedeckt, gehört es zu meinen ersten Aufgaben, sie gegen alle Infektionskrankheiten impfen zu lassen, beispielsweise Hepatitis, Staupe, Leptospirose, Parvovirose..., denn dies befähigt sie, eine zeitlich eingegrenzte Immunität auch auf ihre Welpen zu übertragen.

Eine weitere Notwendigkeit besteht darin, die Hündin jetzt unbedingt von der Kette zu nehmen, gleichgültig, ob es sich um eine Laufkette oder die übliche Achsenkette handelt. Ausschließlich zulässig ist reiner Zwingerauslauf, die Kette könnte die Welpen verletzen. Im allgemeinen habe ich herausgefunden, daß eine Kettenhaltung optimal mit Kette und Laufbahnkombination möglich ist, aber für eine Hündin mit Welpen im Bauch ist ein Zwingerauslauf eine absolute Notwendigkeit.

Gelegentlich sind Hündinnen - gleich welcher Rasse - keine brauchbaren Mütter. Die meisten Bulldog-Hündinnen sind gute Mütter, ebenso gut wie die Mütter irgendwelcher anderer Rassen. Es gibt aber ein Risiko mit kampfverrückten Hündinnen. Ist eine solche Hündin beispielsweise darauf bedacht, einen anderen Hund zu attackieren, könnte sie als Ersatzhandlung einen ihrer Welpen packen und töten. Ich selbst habe noch nie eine Hündin gehabt, die das tat. Aber ich habe auch immer nur mit »game« Hündinnen gezüchtet, sie scheinen mir ruhiger zu sein, selbst in der Aufregung nicht den Kopf zu verlieren.

Hündinnen aller Rassen legen sich gelegentlich auf ihre Welpen und töten sie dadurch. Gewöhnlich passiert dies mit Erstlingshündinnen. Hat eine Hündin erst einmal mehrere Würfe, ist sie im Normalfall vorsichtig mit ihren Welpen, eine gute Mutter. Ich selbst benutze für die Hündin mit ihren Welpen keine eigene Wurfkiste. Eine Wurfkiste ist eine große, rechteckige Kiste mit Distanzleisten ringsum, die verhindern sollen, daß die Hündin die Welpen gegen die Seitenwände quetscht. Nach meiner Meinung ist das beste an einer Wurfkiste, daß sie so groß ist. Deshalb versuche ich, meinen Hündinnen eine besonders große Hundehütte zu geben, nahezu in der Größe einer Wurfkiste, während die Hündin trägt. Nach meiner Meinung sind die Distanzleisten eine unnötige Komplikation, ich weiß aber, daß mit Sicherheit viele Züchter diese Meinung nicht teilen.

Es ist ein verbreiteter Glaube unter den Menschen, daß andere Säugetiere anders als die Menschen bei der Geburt nicht leiden. Nach meinen Beobachtungen ist dies nicht immer richtig. Die Säugetiere zahlen einen hohen Preis für einen solch besonderen Schutz ihrer Nachkommen. Eine Hündin leidet nicht nur bei der Geburt, sondern zu viele Würfe können auch ihr Leben verkürzen. Aus diesem Grund plane ich die Paarungen meiner Zuchthündinnen sehr sorgfältig, lasse sie nicht viele Würfe gebären.

In jedem Fall sollte man es einer Hündin während der Wehen so bequem wie möglich machen. Hast Du eine enge innere Verbindung zu Deiner Hündin, was man von jedem richtigen Hundezüchter erwarten sollte, kannst Du während der Geburt bei ihr bleiben, mit ihr sprechen, sie trösten, sie einfach wissen lassen, daß sie mit all dem nicht alleine gelassen wird. Viele Bulldog-Männer werden über einen solchen Rat lachen, auch andere Hundefreunde. Aber meine lange Erfahrung hat mich zu dieser Auffassung geführt. Ich empfinde, daß gerade diese Bulldog-Hündinnen, so zäh und tüchtig sie sind - ein Recht darauf haben, ein wenig zusätzliche Fürsorge zu finden.

WELPENBETREUUNG

Während des Werfens braucht die Hündin immer ihren eigenen, geschützten Raum, meist wird sie leichter gebären, wenn Du Dich gar nicht einmischst. Es gehört zur Natur aller Hündinnen, nach der anstrengenden Geburt mit ihren Welpen Ruhe zu suchen.

Nach der Geburt ihrer Welpen wird sich die Hündin meist betrachtlich umstellen. Noch immer wird sie sich freuen, Dich zu begrüßen, aber ihr Instinkt ist darauf ausgerichtet, ihre

Bulldogs sind im allgemeinen gute Eltern. Besitzer: Brenda McLendon.

Pogo bei seiner Ankunft im neuen Zuhause.

Welpen zu schützen. Viele Hündinnen werden beim Anfassen der Welpen recht nervös. Zu weilen drängt sie sich auch mit ihrem Körper zwischen Dich und die Welpen.

Leicht ist man in seinen Gefühlen verletzt, immer hat man die Hündin geliebt, fühlte sich auch wiedergeliebt, und jetzt verhält sie sich, als hätte sie kein Vertrauen. Hier muß man einfach wissen, daß dies eine reine Instinkthandlung ist. Und wir wissen, Instinkte lassen sich nicht unterdrücken. Die Hündin weiß, daß Du in Ordnung bist, aber irgendwas in ihr sagt ihr, sie müsse ihre Welpen trotzdem schützen. Ein Trost - nie besaß ich eine Hündin, die es soweit trieb, auch nur zu knurren, geschweige zu beißen. In Achtung der Gefühle der Hündin und ihrer Instinkte bestehe ich in den ersten Tagen nicht darauf, die Welpen anzufassen.

Grundsätzlich liebe ich es, wenn die Hündin ihre Welpen solange wie möglich säugt - durch die Muttermilch erhalten sie Immunität gegen viele Krankheiten. Es gibt aber ein natürliches Alter für das Entwöhnen, und bald kommt die Zeit, da die Mutter weniger und weniger bereit ist, zu säugen und zu pflegen. Zeigt die Hündin diese Haltung, trenne ich tagsüber die Welpen von ihr, lasse sie nur noch nachts bei ihnen. Auf diese Art gewinnt sie etwas Abstand und Ruhe von ihren Welpen, versorgt sie aber noch immer mit Nahrung und der kostbaren Immunität.

Achte darauf, daß Dein Welpenauslauf nicht unter einem Baum oder an anderer Stelle liegt, über der Vogelnester sein könnten. Vogelkot kann eine Vielfalt von Krankheiten übertragen, in allererster Linie *Coccidiose* (Infektionskrankheit von Vögeln).

Spätestens wenn Deine Welpen vollständig von der Hündin entwöhnt sind, stehen die notwendigen Schutzimpfungen an. Die Welpen selbst erhalten jetzt keine Muttermilch mehr, sondern eine warme Milchmischung mit hochwertigem Welpenfertigfutter.

Während dieser Entwöhnungsperiode füttern Wölfe ihre Welpen durch Vorwürgen von Nahrung. Aus diesem Grund stoßen die Welpen häufig gegen den Fang der Hündin und lösen dadurch manchmal einen Würgereiz aus. Bei Bulldogs geschieht dies selten. Da sie schon über so lange Zeit domestiziert sind, scheint diese Eigenschaft weitgehend verloren gegangen.

Wissenschaftliche Forschungen haben ergeben, daß es für Welpen, die Familienhunde werden sollen, besonders wichtig ist, im Alter von sechs bis acht Wochen mit dem Menschen sozialisiert zu werden. Verkauft man Welpen in Familien, sollte dies etwa zu diesem Zeitpunkt erfolgen. Achte darauf, ein verantwortungsbewußter Züchter ist bei der Auswahl, an wen er Bulldog-Welpen verkauft, sehr vorsichtig und wählerisch, achtet auch darauf, nach dem Verkauf stetigen Kontakt zu haben. Gerade Versäumnisse in diesem Bereich sind eine der wichtigen Ursachen für die Probleme, denen sich die Rasse heute gegenübersieht.

Weiterführende Literatur:

Die Übersetzer gestatten sich an dieser Stelle die Anmerkung, daß der Autor bei seinen züchterischen Ratschlägen sich weitgehend darauf beschränkt, auf Besonderheiten, die er beim American Pit Bull sieht, näher einzugehen. Vorstehende Ratschläge reichen mit Sicherheit nicht aus, um gegenüber Tieren wie Menschen verantwortungsbewußte Hundezucht zu betreiben. Wer immer sich mit dem Gedanken der Hundezucht befaßt, als Hündinnenbesitzer wie Rüdenbesitzer, dem werden dringend folgende zwei Bücher aus dem *Kynos Verlag* empfohlen:

Dr. Malcolm B. Willis - GENETIK DER HUNDEZUCHT
Dr. Dieter Fleig - TECHNIK DER HUNDEZUCHT.
Beide Bücher gelten heute international als Standardwerke der Hundezucht.

Christina und Hansel William mit Koty.

Oben: *Swinney's Buster, ein Sohn von Sherwood's Popeye. Besitzer: Matt White.*
Visavis: *Damien, ein bekannter »Pitdog-Zuchtrüde«, ein Sohn von Champion Crash. Er geht von mütterlicher Seite her auf Wallace's Bad Red zurück.*

EIN GUTER JUNGE - AUSGEFLIPPT!

```
===================================
```
»Das Geheimnis stetigen Glücks ist:
Interessiere Dich für so viele Dinge
wie möglich, und reagiere auf Dinge und
Personen, die Dich interessieren,
soweit wie möglich freundlich
- anstatt feindselig.«
BERTRAND RUSSELL
```
===================================
```

Vor einigen Jahren begann ich eine Serie von Geschichten über meine Erfahrungen mit »Hundemenschen«, erzählte vom Anfang meiner Zeit mit Hunden vor mehr als vierzig Jahren. Der Serientitel war »A Good Boy Gone Bad or How I Became an American Pit Bull Terrier Fancier« (Ein guter Junge... ausgeflippt - oder wie ich zum Anhänger des American Pit Bull Terrier wurde.)

Ich meinte nicht wirklich, daß ich schlecht geworden sei - ausgeflippt. Ähnliche Überschriften wählte ich auch für andere Artikel aus anderen Interessengebieten, viele darunter auch ohne nur einen Hauch von Infamie.

Bulldog-Menschen haben eine lange Leidensgeschichte, weil man ihnen aufgrund einer Anzahl von Hysterieausbrüchen, die über den Bulldog umliefen, einen fragwürdigen Charakter unterstellt. Aber diese Menschen reagieren im allgemeinen freundlich, vertragen die Unannehmlichkeiten ihrer Lage und scherzen noch über die Absurdität all dieser Geschehnisse.

Ursprünglich hatte ich geplant, diese Artikelserie erneut zu veröffentlichen, aber sie wurde viel zu umfangreich, um in einem Buch dieser Art wiedergegeben zu werden. Aus diesem Grund fasse ich hier ganz einfach einiges von dem zusammen, was ich über die »Oldies« unter den Hundemenschen früher berichtet habe.

EIN GUTER JUNGE - AUSGEFLIPPT!

STB's Rooster ist ein Enkel von Grand Champion Hope, Sohn von Patrick's Rojo.

In Arizona, wo mein Vater als Einwanderungsinspektor arbeitete, wurde ich zum ersten Mal gewahr, daß es so eine schreckliche Hunderasse gibt. Der Anführer der Grenzpatrouille hielt zu dieser Zeit zu Hause Kampfhähne und eine Anzahl Bulldogs. Ich kaufte mir aber selbst noch keinen Hund, bis wir später in Colorado lebten.

Meinen ersten Hund erwarb ich von Louis Colby mit dem Geld, das ich als Schüler mit dem Austragen von Zeitungen verdient hatte.

Bei meinem nahezu fanatischen Interesse an Bulldogs entdeckte ich bald, daß es ein Magazin namens *Bloodlines Journal* gab, herausgebracht vom United Kennel Club. Dieses Magazin enthielt recht interessante Beiträge über die Hunderasse American Pit Bull Terrier. Durch dieses Magazin entdeckte ich auch das Buch *Thirty-five Years with Fighting Dogs*, das George Armitage in einem Privatdruck herausgebracht hatte, das er in *Bloodlines* zum Kauf anbot. Ich erinnere mich genau, wie dieses Buch mit seinem grünen Umschlag durch die Post ausgeliefert wurde. Der Kommentar meines Vaters war, daß dies für vier Dollars wirklich nicht viel Buch sei. In jenen alten Tagen schien das ein recht kleines Buch für soviel Geld! Für mich war es aber wie reines Gold, ich las und las es immer wieder.

Ich hörte von der Existenz von William Lightner in Colorado Springs. Wenn ich mich richtig erinnere, schrieb ich ihm und fuhr dann mit dem Bus hin, um ihn kennenzulernen. Die Lightner's waren eine köstliche Familie, beide an Hunden außerordentlich interessiert, hatten schon über lange Jahre gezüchtet. Bei meinem Besuch erkannte ich aber einfach noch gar nicht, wie gut ihre Hunde waren, welch große Wertschätzung Familie Lightner bei all jenen Hundeliebhabern fand, die sich für den Hundekampf interessierten. Von den Lightner's bekam ich eine kleine Hündin, die ich über mehrere Jahre hielt. Über Familie Lightner traf ich Winstead in Denver und Ed Weldon in Wyoming. Über Winstead wiederum wurde ich mit Pete Cain und anderen Hundeliebhabern im Bereich Denver bekannt. Zu dieser Zeit waren jedoch die Hunde weder so populär noch so zahlreich, deshalb lebten auch ihre Liebhaber so weit verstreut. Damals waren alle Halter von Bulldogs mehr oder weniger mit Hundekämpfen befaßt. Das bedeutete, daß wenn sie auch selbst ihre Hunde nicht kämpfen lassen, sie dennoch ihre Hunde von Hundekämpfern erhielten. Schon allein die Tatsache, daß jemand einen Bulldog hielt, wurde als Hinweis angesehen, daß er in gewissem Umfang auch schweigend Hundekämpfe billigte. Aber dennoch - es gab keine aggressiven Hunde, keine Unfälle mit Angriffen auf Menschen.

Es entwickelte sich das außerordentlich verbreitete Mißverständnis, daß durch Hunde-kämpfe Hunde gegen Menschen aggressiv würden. Die Tatsache jedoch, daß das Wesen all dieser Hunde absolut zuverlässig war, in einer Zeit und in einem Bereich, in dem alle diese Hunde aus Kampfhundelinien stammten, widerlegt diesen Aberglauben.

Während meiner Jugend kam ich mit einer ganzen Anzahl von Hundeexperten zusam-men, mit vielen von ihnen führte ich laufende Korrespondenz. Zu ihnen gehörte auch Bert Clouse, der einmal Denver besuchte; ich fuhr gleichfalls hin, um mich mit ihm zu treffen und wurde in ein Hundegespräch einbezogen, als wäre ich ein erwachsener Mann. Bert schickte mir Bilder seiner Hunde Big Boy und Kito, und ich konnte diese Bilder - etwa nach 40 Jahren - in einem meiner Bücher wiedergeben. Aber Bert war nie ein Mann für eigene Hundezucht, er gehörte mehr zu der Art, die sich selbst als »Action-Man« sehen. Er liebte die Kämpfe, und er hatte keine Zeit, Welpen großzuziehen.

Young's Southern Bad.

EIN GUTER JUNGE - AUSGEFLIPPT!

Als ich 1950 zum Militär kam, schickte ich meinen Rüden Spook hinunter zu I.D. Cole nach Arizona, mit dem ich schon lange korrespondierte. Nach Beendigung meiner Grundausbildung wurde ich nach Fort Campbell in Kentucky versetzt. Ich unterbrach meine Reise dorthin, um einige Tage bei Cole zu leben. In dieser Zeit traf ich Howard Heinzl, S.W. Hubbard und Earl Prentice. Verglichen mit Colorado gab es in Phoenix eine unglaubliche Anzahl von Hunden mit ihren Menschen. Nach meiner Meinung war es bestimmt kein Zufall, daß die berühmten Dibo und White Rock, um nur zwei herausragende Rüden zu nennen, aus diesem Bereich stammen. Interessant ist auch, daß beide Hunde von Howard Heinzl gezüchtet wurden.

Meine Grundausbildung erfolgte in Fort Ord in Californien, und in dieser Zeit besuchte ich Jack Williams, einen Mann, der es sich zur Aufgabe gestellt hatte, die Blutlinie von Con Feeley rein fortzuführen. Hunde aus der Zucht von Williams standen später in der Ahnen-

Seiner natürlichen Veranlagung nach zieht ein Bulldog tüchtig an der Leine voran. Einige Hundebesitzer stört dies nicht, weil Hund wie Spaziergänger dadurch mehr Bewegung haben.

reihe von Dibo. Ich kannte Jack Williams bereits aus der Zeit, als er noch in Denver lebte. Er war einer der verantwortungsbewußten Hundehalter in Colorado, gehörte aber nicht zu der Gruppe, die zu dieser Zeit Hunde von Lightner hielt. Alleine die Tatsache, daß er eine andere Blutlinie pflegte, trennte ihn in gewisser Weise von den anderen. Aus heutiger Sicht betrachtet, kann ich durchaus verstehen, daß er zu jener Zeit bereits ein »Oldtimer« war, während meine anderen Freunde die Jugend dieser Zeit repräsentierten. Williams war aber für mich immer ein ganz besonders guter Freund, Informationsquelle für viele alte Geschichten und Traditionen der Rasse.

Mit Howard M. Hadley, einem herausragenden Züchter des Staffordshire Terrier, war Jack Williams eng befreundet. Aber sein Herz gehörte unverändert den alten »Pitdogs«; dadurch war er sowohl Lehrer als auch herausragende Informationsquelle über alle diese Hunde. Hadley war ein Neffe von H.L. McClintock aus Oklahoma, dieser wurde allgemein als einer der großartigsten Züchter aller Zeiten, als echte Autorität anerkannt. Ich selbst traf McClintock nie persönlich, aber ich las bei Hadley viele seiner Briefe. Zusätzlich konnte ich

Rick Johnson mit seinem Rüden Buddy.

die Ideen von McClintock durch seine sehr seltenen, aber besonders wertvollen Artikel in *Bloodlines* in mich aufnehmen.

Es stellte sich heraus, daß Howard Hadley auch mit Bob Wallace in Little Rock, Arkansas eng befreundet war, gelegentlich besuchte er ihn dort. Als ich Kalifornien verließ, besaß ich ein Empfehlungsschreiben an Bob Wallace. Hadley sah in Bob Wallace nicht nur einen

EIN GUTER JUNGE - AUSGEFLIPPT!

Carroll's Breen lebt in England.

seiner engsten Freunde in der Hundezucht, sondern für ihn war er auch ein Kandidat für den großartigsten modernen Züchter.

Ich war verständlicherweise daran interessiert, eine Reise zu Bob Wallace zu unternehmen, jedoch traf ich ihn erstmalig bei einem Kampf in Tennessee. Später durfte ich aber sein wunderschönes Zuhause mehrfach besuchen, wurde mit ihm und seiner Frau eng befreundet. Ja - ihr Haus wurde für mich in der Fremde zum eigenen Zuhause, sie wurden so etwas wie Stiefeltern für mich, denn sie hatten keine eigenen Kinder. Und wir kamen ganz besonders gut miteinander aus.

Hier sollte ich noch ein interessantes Geschehnis erwähnen. Oft reiste ich mit einem Freund, mit dem ich gemeinsam beim Militär gedient hatte. Er selbst war eigentlich gar kein Hundemann, aber seine Neugier über Hundekämpfe war geweckt. Aus diesem Grund besuchte er mehrfach Louis Sylvestri zu Hause in San Francisco, fuhr nach Covina zur Familie Hadley und zur Familie Wallace nach Little Rock. Sylvestri war ein sehr erfolgreicher Geschäftsmann, sein Haus ähnelte einem Palast. Auch Hadley's Haus war recht eindrucksvoll, ebenso das Zuhause von Wallace, aber im Vergleich um einiges bescheidener, dabei aber ein wunderbarer Schaukasten für einige erstklassige Hunde. Mein Freund war erstaunt darüber, daß diese »dog men« alle so »wohl betucht« waren - »well heeled« war sein Ausdruck. Als er mich dazu fragte, lächelte ich in mich hinein, denn es waren zufällige Umstände, die dazu geführt hatten, daß er vorwiegend die wohlhabenden Mitglieder der Hundekämpfer-»fraternity« kennenlernte. Nach meinen eigenen Beobachtungen gehört der Hundekampf in erster Linie in den Bereich der arbeitenden Klasse.

Es fiel mir offensichtlich schwer, meinen Freund davon zu überzeugen, aber es ließ sich einrichten, daß er an einigen Treffen teilnahm, die regelmäßig bei Leo Kinard stattfanden. Kinard war in erster Linie als Spieler bekannt, er besaß aber auch ein eigenes Landgut und ein »Drive-in Restaurant«, in dem die Kellner auf Rollschuhen bedienten. Sein Haus lag an einem See, hier hielt er 250 Bulldogs. Er hatte zwei Ganztagsangestellte, die sich nur um seinen Grundbesitz und die Hunde kümmerten. Die Pit, die er für die Kämpfe errichtet hatte, war für jene Tage außerordentlich luxuriös.

Dies alles geschah noch in der Zeit vor dem »Airconditioning«, aber in seinen Hauswänden gab es riesige Ventilatoren, die das Innere kühl hielten. Jeder Ventilator war mit nassem Stroh umgeben, so daß beim Kühlen gleichzeitig die Luft befeuchtet wurde. Während meiner Dienstzeit besuchte ich dort viele Treffen, weil mein Kompaniechef gleichzeitig ein begeisterter Bulldog-Liebhaber war. Ich kam mit vielen »dog men« zusammen, einige waren bereits berühmt, andere - beispielsweise Maurice Carver - sollten in späteren Jahren noch zu Ruhm kommen.

Takithat mit ihrem Rüden Ebony.

EIN GUTER JUNGE - AUSGEFLIPPT!

Obgleich ich während meiner Militärzeit selbst keine Hunde halten konnte, war das für mich eine Zeit der Studien und des Lernens über Hunde. Ich konnte so viele Menschen treffen, an so vielen Versammlungen teilnehmen, die alle in bequemer Reichweite von meiner Stationierung lagen. Selbst als ich nach meiner Dienstzeit beim Militär die University of Colorado besuchte, konnte ich meinen Kopf nicht völlig frei von Hunden halten, schaffte es sogar, während dieser Universitätszeit, daß ich ein oder zwei Hunde selbst halten konnte.

Einer dieser Hunde vermittelte mir eine persönliche Begegnung mit Dr. George Gamov, einem Mann von außerordentlich hohem Intellekt. Als er einmal mit Albert Einstein sprach, ließ sein Kommentar Einstein mitten auf einer verkehrsreichen Straße plötzlich anhalten. Einstein hatte sofort erkannt, wie gut fundiert diese Bemerkung war, sie beschäftigte ihn so, daß er völlig vergaß, wo er gerade war.

Heute ist Gamov aus verschiedenen Gründen in der Wissenschaft eine wichtige Persönlichkeit. Eine seiner Theorien, die sich inzwischen bestätigt hat, bezieht sich auf die Nuclearsynthese, wonach sich in den Sternen neue Elemente bilden. Die andere Idee, die er in die Öffentlichkeit brachte, ist die Theorie des Urknalls (Big Bang), aus dem das Universum seinen Anfang nahm. Nach meiner Meinung war dieser Mann nahezu gleichrangig mit Einstein, aber ich studierte keine Physik, hatte deshalb keine Möglichkeit, seine Vorlesungen zu besuchen.

Wie kam es dann über den Bulldog doch zu einem Treffen? Der Sohn von Gamov besaß einen Deutschen Schäferhund, der sich zufälligerweise auf meinen Hund stürzte. Mein Hund lief an der Kette, der Sohn - etwa in meinem Alter - ließ seinen Hund frei laufen. Der Deutsche Schäferhund wurde zwar nicht wirklich ernsthaft verletzt, aber blutverschmiert, sein Besitzer sehr aufgeregt. Als ich später den Burschen besuchte, war ich überrascht, Gamov zu begegnen. Zu meiner großen Genugtuung wies er seinen Sohn freundlich zurecht, sagte ihm, daß nach allem sein Hund die Feindlichkeiten eröffnet hatte, und daß dies auch gar nicht das erste Mal war. In seiner äußeren Erscheinung erinnerte mich Gamov an Joe Corvino. Ich glaube, es amüsierte ihn, daß dieser kleine Hund einen so großen Deutschen Schäferhund, wie ihn sein Sohn besaß, in die Flucht schlug. Wie dem auch sei, auf diese Art hatte ich Gelegenheit, mit einem der ganz Großen zu sprechen. Für mich wurde es zu einer Privatvorlesung über Nuclearsynthese und Quantenphysik; Gamov war entzückt, daß ich zwei seiner Bücher gelesen hatte und behandelte mich sehr gut.

Cracker gewann den nationalen Gewichtsziehertitel.

Kona überklettert einen Zaun um sich zu vergewissern, ob auf der anderen Seite das Gras grüner wächst.

In meinem späteren Leben führten mich meine Bücher über Hunde noch bei vielen anderen faszinierenden Persönlichkeiten ein, einige davon waren berühmt, andere nicht. Aber all diese Begegnungen waren immer ein großer Gewinn für mich.

EIN GUTER JUNGE - AUSGEFLIPPT!

Kale Veronie mit Agnes, eine Urenkelin von Plumber's Champion Alligator.

Gaddy's Buckshot Red ist ein Rüde aus der Zucht Old Family Red Nose.

Oben: *Heinzl's Gypsy, nach Heinzl's Bummy aus Tempe Tesse.*
Visavis: *Maska's Sadie.*

WERTERHALTUNG

```
=============================
```
**»Freiheit von Kritik kann
nicht versagt werden, ohne
den Fortschritt der menschlichen
Gesellschaft zu gefährden.«**
CHAPMAN COHEN
```
=============================
```

Nachfolgende Geschichten haben mir aus verschiedenen Gründen gefallen, ich dachte, sie fänden auch das Interesse der Leser dieses Buches. Artikel, die in Magazinen veröffentlicht werden, sind in der Regel vergänglich. Meine Hoffnung ist, daß einige dieser Beiträge eine längere Zeitspanne überleben, weil sie in einem Grundlagenbuch über den American Pit Bull Terrier erscheinen.

STREITGESPRÄCH...

Hierbei handelt es sich um eine Debatte, ausgelöst durch einen Leser, der Bulldogs liebt, aber den Wert einiger Behauptungen zu diskutieren wünschte, die ich in meinen früheren Büchern aufstellte. Ich hatte ja von Anfang an gewußt, daß diese Punkte das Interesse der Leser fänden. Die Debatte geht noch weiter, deshalb will ich hier bestimmt nicht versuchen, das letzte Wort zu haben. Die Korrespondenz erschien original in der American Pit Bull Terrier Gazette.

Beitrag Grace L. McDonald:
Offener Brief an Mr. Stratton:

In *The World of the American Pit Bull Terrier*, Kapitel 12, »The Face of Cruelty« (»Das Gesicht der Grausamkeit«) schreibt Richard F. Stratton auf Seite 241: »Manchmal schäme ich mich selbst für die Art, wie ich »Humaniacs« (Menschenrechtsvertreter) beschimpfe. Ich jage sie Hügel auf Hügel ab, fordere sie zu Streitgesprächen heraus, lasse sie absichtlich in Fallen tapsen«.

WERTERHALTUNG

Ein »maniac« (Wahnsinniger) hat einen starken Drang, etwas zu tun. Ich nehme an, wenn »dieses etwas« die Forderung auf menschliche Behandlung aller Lebewesen ist, dann ist man ein »Humaniac«. So bekenne ich offen, in diesem Sinne bin ich ein »Humaniac«. Ich werde keinem Streit, mit wem auch immer, über die Verantwortung ausweichen, die wir - als vermutlich intelligente menschliche Wesen - selbst übernommen haben, als wir den Hund domestizierten, seine Gene für unsere Zwecke manipulierten.

»Pitdog men« behaupten, Hundekampf sei keine Grausamkeit, weil der Hund selbst das Kämpfen liebt, den Kampf möchte, ja den Kampf selbst sucht. Die philosophische Frage des freien Willens des Menschen im Vergleich zum Ergebnis genetischer Einflüsse und Umweltbedingungen wurde lang und hart von Fachleuten ausgetragen, die mehr gelernt haben als ich.

Die Frage der freien Wahl des »Pit Bull« ist sehr viel weniger kompliziert. Der Mensch hat ihn planmäßig dafür gezüchtet, seiner eigenen Spezies gegenüber hoch aggressiv zu sein, hat die Gene zur Unterwerfung und Flucht beseitigt. Diesen Tieren wurde durch menschlichen Eingriff über Genmanipulation jede Wahl genommen. Hunde unterliegen laufender Umweltmanipulation. Diese Hunde verbringen ihr gesamtes Leben an der Kette, ihre Bewegungsmöglichkeiten sind schwerwiegend eingeschränkt, sie leben in enger Nachbarschaft zu anderen aggressiven, ebenso frustrierten Tieren. Ihre aggressive Natur wird laufend stimuliert, dann wieder frustriert. Die einzige aktive Möglichkeit dieser Tiere besteht darin, in Frustation bis zum Ende ihrer Kette vorwärts zu stürmen. Hieraus entstehen Frustationen für Muskeln wie den Charakter, beide positive Merkmale eines Kampfhundes. Auch wenn man einmal den Hundekampf völlig beiseite läßt, stelle ich die Menschlichkeit in Frage, einem liebenswerten Tier diese Art lebenslanger Existenz anzubieten.

Mr. Stratton schreibt auf Seite 242 des gleichen Kapitels weiter: »Zweifellos haben die »Humaniacs« das Gefühl, die »Pitdog men« vergössen ausschließlich Krokodilstränen, wenn ihre Hunde durch Tierschutzorganisationen eingeschläfert werden. Aber *sie sorgen sich wirklich* um ihre Hunde, nicht nur um *Einzelhunde* ihrer Persönlichkeit wegen, sondern weil einige der eingeschläferten Hunde unter den »Pitdog men« berühmt waren, allgemein verehrt wurden«.

Young's
Geronimo.

Larry Bell mit Winn's Red Neck.

Das ernsthafte Gefühl eines Verlustes wird nicht bezweifelt, denn diese Hunde werden nicht nur wegen ihrer Geschicklichkeiten im Kampf verehrt, sondern sie stellen auch einen hohen Geldwert dar. Ihre Besitzer haben beim Kauf wie im Unterhalt viel Zeit und Geld investiert.

Ich hoffe, »Humaniac« bedeutet »den dringenden Wunsch zu humaner Behandlung zu haben« und bezeichnet nicht »unlogische Verrücktheit«. Denn unlogische Verrücktheit ist die einzige Art, die Zerstörung eines Lebewesens, einfach deshalb, weil es im Besitz eines grausamen Menschen steht, zu beschreiben. Ich stimme mit Mr. Stratton in jedem einzelnen Wort überein, das er hinsichtlich radikalen, publizitätshungrigen, geldhungrigen Menschenrechtsorganisationen, ihrem Medienfeldzug gegen die Rasse geschrieben hat. Warum sollten einzelne Hunde getötet, eine ganze Hunderasse der Verfolgung ausgesetzt werden, nur we-

Ein Bulldog-Athlet demonstriert seine große Geschicklichkeit und seine Willensstärke, die für diese Rasse so charakteristisch sind.

Hammonds's Willie Son ist ein Sohn von Hammonds's Willie Boy.

gen Grausamkeiten ihrer Besitzer? Auf Menschen, die dies tun, kann der Begriff »Humaniac« einfach deshalb nicht angewandt werden, weil verfassungsgemäße Freiheit einschränkende Gesetze oder ungerechte Tötung von Tieren schlichtweg inhuman sind. Verrücktheit ja, Menschenfreundlichkeit nein. Seit mir das Schicksal des American Pit Bull Terrier bekannt wurde, habe ich keinen einzigen Penny mehr an die »Society for the Prevention of Cruelty to Animals« oder an die »Humane Society« bezahlt.

Ich stelle jedoch Mr. Stratton's Behauptung in Frage, daß sich die »Pitdog men« um ihre Hunde *sorgen*, besonders um sie als Einzeltiere. Für das Wort »sorgen« (care) bietet das *Webster's Dictionary* folgende Definition: Es umfaßt Gewährleistung von *Sicherheit (safety)*. Und *Sicherheit wiederum wird definiert als Schutz vor Verletzungen.* Wenn Sie, Mr. Stratton, wirklich Hundekämpfe beobachtet haben, würden Sie dann nicht Ihre Behauptung, *»pit-dog men« sorgen sich um Ihre Hunde,* zurückziehen?

Was den *Einzelhund* angeht, habe ich gehört, »pit-dog men« unterstreichen, daß durch den Hundekampf die »gameness« erhalten werde. Nur dadurch sei diese herausragende Rasse möglich, sie stehe in engstem Zusammenhang mit den anderen wunderbaren Qualitäten der Hunde. Dies erfordere eben *das Opfern von Einzelhunden,* um langfristig die Gesamtrasse zu fördern. *Der Zweck heiligt die Mittel* - ein weiteres uraltes philosophisches Argument hebt seinen Kopf! Auf Seite 109 nimmt Mr. Stratton darauf Bezug. Auch Hitler glaubte das, und ein wesentlicher Teil der zivilisierten Gesellschaft stimmte mit ihm in keiner Weise überein.

Tiere, Haustiere wie andere, sind den Menschen zur Nahrung, Kleidung, Arbeit, Wissenschaft, Vergnügen und Gewinn ausgesetzt, das gilt durch die ganze Menschheitsgeschichte. Aber wenn wir Tiere nutzen, haben wir nicht doch als angenommen überlegene, intelligente Wesen, mit einer möglicherweise von Gott gegebenen Seele, die moralische und ethische Verantwortung, dafür zu sorgen, daß für die Tiere Sorge getragen wird, zum einen aus humanitären Gründen, zum anderen um über menschlichen Tierschutz unnötige Schmerzen zu vermeiden? Ich bin zutiefst davon überzeugt, daß vorsätzliches Aussetzen von Tieren, für die wir Verantwortung tragen, ihre Schmerzen, der Unterhaltung wegen, für Wetten, zur Erhaltung der »gameness«, keinerlei wissenschaftlicher Überprüfung Stand hält. Es gibt auch keinen Beweis, daß diese »gameness« irgend etwas anderes als *Grausamkeit* ist.

Die Definition des Wortes *grausam (cruel)* lautet: Bereit, anderen Lebewesen körperliche oder seelische Schmerzen zuzufügen. Man kann sicher voraussetzen, daß die Verletzungen bei Hundekämpfen Schmerzen auslösen. Da dieser Schmerz Folge der durch »pit-dog men« geschaffenen Situation in der Pit ist, bedeutet dies nicht, daß »pit-dog men« grausam sind?

Wiederum in Kapitel zwölf, auf Seite 245 schreibt Mr. Stratton: »Vielleicht gibt es Grausamkeit... wie kommt es aber, daß Menschen, die davon überhaupt nichts verstehen, diese so klar erkennen?«

Vielleicht sollte ich klar stellen, warum ich meine, nicht zur Kategorie jener zu gehören, die überhaupt nichts davon verstehen. Ich lebe mit Pit Bulls. Ich habe zumindest fünfzehn »pit-dog men« getroffen, hatte den Vorzug, ihre Einrichtungen zu besuchen. Ich habe Pit Bull Ahnentafeln studiert, bewundert, welches genetische Wissen bei der Entwicklung der Rasse angewandt wurde, habe viele Diskussionen geführt über Zucht, »gameness«, Griffe, Raufereien und Kämpfe. Ich habe auch die Einrichtungen zum Konditionieren gesehen, gute Unterbringung bewundert. Man hat mir die richtige Anwendung des »breaking stick« gezeigt, und ich habe auch selbst Raufereien unterbunden. Ich lese die *Pit Bull Gazette*, andere Pitdog Magazine, Mr. Stratton's Bücher und Artikel. Ich kenne und liebe viele Pit Bulls als Persönlichkeiten, erkenne zahlreiche, großartige Qualitäten dieser Rasse an. Ich bin aber

Misty geht auf die Blutlinien von Neblett-Creed-Colby zurück.

nicht zwingend davon überzeugt, daß diese Eigenschaften in direktem Zusammenhang zur »gameness« stehen. Meine große Furcht gilt:

1. Jenen törichten Strafgesetzen, die den Hundekampf zu einem schlimmeren Verbrechen abstempeln als von Menschen verübte Anschläge.

Und ich fürchte noch mehr:

2. Diskriminierung, einschränkende Gesetzgebung gegen irgendeine Hunderasse, aufgrund der Aktivitäten jener, die ihre Anhänger sind.

Aber ich glaube wirklich, »*Pit-dog men*« *sind grausam.*

Wenn Mr. Stratton bereit ist, meine Argumente zu beantworten, die Leser es interessant finden, auch den Standpunkt des »Humaniacs« zu lesen, bin ich hierzu durchaus bereit und

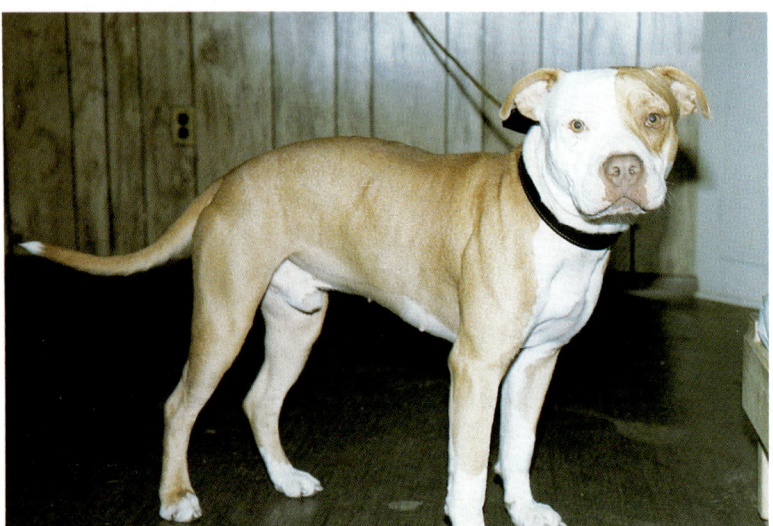

Bellisle's Buddy.

fähig. Im heutigen Beitrag habe ich nur ein Kapitel seiner drei Bücher zitiert. Es wird mir aber durchaus möglich sein, den Schriften von Mr. Stratton noch einiges entgegenzusetzen, die - wie ich es verstehe, die verbreiteten Auffassungen der »Pit Bull fraternity« repräsentieren.

Grace L. McDonald, Redsky Kennels Reg's Exclusively Yellow Labrador Retrievers, Canada.

Stratton antwortet:

»Als ich mich immer und immer wieder darum bemühte, davon träumte, die »Humaniacs« dazu zu bringen, über einige der grotesken Dinge zu debattieren, die sie behaupten, meinte ich natürlich all jene Stumpfsinnigen! Richtig betrachtet waren sie es, die lächerliche Behauptungen über Bulldogs, sie seien gegen Menschen aggressiv, ihre Ausbilder benutzten Elektroschock, um sie zum Kämpfen zu bringen, kleine Kätzchen - zusammen mit Taubenblut, um ihre »Blutlust« zu erregen, aufstellten. Eine weitere Lieblingserzählung bestand darin, wie auf dem Weg zur Pit die »pit-dog men« wiederholt ihre Hunde treten, weil »bösartige Hunde siegen, liebe Hunde nie!« Jedermann, der derartige Behauptungen aufstellt, versteht über Bulldogs nichts und gar nichts, überdies ist er ein gefährlicher Ignorant gegenüber Hunden im allgemeinen.

Wie dem auch sei, mir ging es um Leute dieses Schlags, mit denen ich die Sache ausdiskutieren wollte, und am liebsten hätte ich das in *ihren Magazinen* getan, wo ihre eigenen Le-

Bud, Besitzer: Phil Chaves.

James Kelly mit einer Enkelin des großartigen Rüden Alvin.

Rechts: *Ein typischer Heinzl-Rüde.*
Unten: *Carlene Freeman mit Black Beauty.*

*Auf der Hundeaus-
stellung in San Jose
treffen wir ein Mu-
sterexemplar des
ziemlich verbreite-
ten kleinen Pit Bull.*

ser dann die Chance gehabt hätten, auch die andere Seite zu hören, möglicherweise auch zu bemerken, was für kleine Geister ihre Autoren waren.

Aber was passiert mir jetzt? Mir begegnet ein geschickter »Humaniac« der offensichtlich gebildet ist, der mit solchen philosophischen Vorstellungen wie Freiheit und Selbstbestimmung umzugehen weiß. Und er fragt, ob »das Ziel die eingesetzten Mittel rechtfertigt«.

Ich muß zugeben, vermutlich habe ich selbst meinen Kopf in die Schlinge gelegt, so muß ich versuchen - so schwierig es sein mag - ihn selbst wieder herauszuziehen. Was mir die Sache noch um einiges schwerer macht ist die Tatsache, daß Mrs. McDonald überhaupt kein wirklicher »Humaniac« ist. Da ich selbst dieses Wort geprägt habe, darf ich es wohl auch definieren. Mit ihm meinte ich jene Leute, die sich in ihren Verteidigungsbemühungen von allem, was sie als human ansahen, absolut verrückt benahmen. So waren sie durchaus bereit, Bulldogs »um ihrer selbst Willen« zu töten, waren absolut davon besessen, »pit-dog men«

Champion Gnasher war in England dreifacher Sieger.

ins Gefängnis zu sperren und danach den Schlüssel wegzuwerfen! Mrs. McDonald hat sie selbst desavouiert, deshalb ist sie eben - eben - kein Humaniac. Sie ist ebenso über die Mißhandlung von Tieren besorgt - wie ich selbst es bin - ob man mir es nun einmal glaubt oder nicht!

Was die freie Wahl angeht, gehöre ich nun zufälligerweise zu jenen, die den »freien Willen« - selbst bei Menschen - als eine Illusion ansehen. Und ich glaube, die meisten forschenden Psychologen und Psychiater werden mir zustimmen. Dies ist gar nicht der wichtige Punkt. Ich glaube aber, daß es schon einiger Begründungen bedarf, wenn man behauptet, daß wir tatsächlich, abgesehen von diesen Hunden, eine freie Wahl hätten, was die Zucht auf Kampftrieb angeht. Ich frage, haben die Retriever von Mrs. McDonald wirklich »eine Wahl«, sich so sehr am Apportieren zu begeistern, so ungewöhnliches Interesse für Vögel zu zeigen? Ich möchte auch daran erinnern, Bulldogs wurden für ihre Aufgabe zumindest über hunderte, möglicherweise tausende Jahre gezüchtet. Deshalb bestand diese Rasse weitgehend, wie sie heute ist, schon als wir geboren wurden, als unsere Eltern geboren wurden, als unsere Großeltern geboren wurden und so fort.

Ich glaube die Behauptung, Bulldogs seien darauf gezüchtet, keine Gene für Flucht oder Unterwerfung zu haben, eine Mißinterpretation der Tatsachen ist. An dieser Stelle müssen wir kurz abschweifen.

Tiere mit dem besten Fluchtinstinkt sind Tiere wie Mäuse und Elritzen. Diese armen Geschöpfe fliehen bei jeder Bewegung, fürchten sich selbst vor jedem Schatten. Andere Tiere wie der Tiger, Elefant und Killerwal jedoch haben nahezu keinen Fluchtinstinkt, in erster Linie, weil sie überhaupt keinen brauchen. Aber selbst diese Tiere flüchten vor Geschehnissen wie etwa Ausbruch eines Feuers. Deshalb sind sie nicht völlig ohne Furcht.

Natürlich werden auch Bulldogs vor solchen offensichtlichen Gefahren weglaufen, und sie zeigen völlig normale Furcht vor einigen Dingen wie etwa große Höhe. Natürlich haben die meisten Bulldogs hinsichtlich nahezu jedem Ereignis mehr Verstand als andere Hunderassen. Worauf es aber ankommt ist, daß sie durchaus nicht ohne Selbsterhaltungsinstinkt sind, ganz im Gegensatz zu dem, was viele Autoren behaupten.

Es gibt Dinge, die das Ganze etwas verdecken, beispielsweise Hunde, die Gegenstände wie eine Lokomotive oder eine Dampfwalze angreifen. Die Ursache hierfür ist nach meiner Auffassung der alte Jagdinstinkt, der hier durchbricht. Ursprünglich wurden diese Hunde ja zur Jagd auf Sauen und anderes Wild eingesetzt, deshalb ist ein bestimmter Prozentsatz von ihnen bereit, jedes Gefährliche anzugreifen, solange es kein Mensch ist.

Wie dem auch sein mag, es entspricht einfach der menschlichen Natur, sich nicht daran zu begeistern, »daß der Tiger so herrlich verbrennt«, und dann die Mäuse zu bemitleiden. In diesem Sinne ist der Bulldog ein Tiger, und es gibt wenig Menschen, die seinen Mut nicht bewundern. Die Zucht dieser Rasse hat viele, viele Jahre gefordert, tatsächlich viele Generationen Menschen, es handelt sich dabei wirklich nicht nur um die einfache Elimination einzelner Gene. Im Gegenteil, ganz bestimmt entstand der Bulldog aufgrund planmäßiger Zucht auf einen ganz komplexen Mechanismus, der ihm eine so unglaubliche Ausdauer und Stärke gab, daß es ihm selbst möglich ist, alle Schmerzen in der Hitze des Kampfes zu ertragen.

Mrs. McDonald berichtet, daß sie selbst gesehen hat, wie Bulldogs meistens gehalten werden, und mißbilligt, was sie dabei angetroffen hat. Hierzu kann ich nur versichern, daß es eine Vielfalt von Möglichkeiten gibt, wie Bulldog-Leute ihre Hunde halten, dies gilt aber für alle Hunderassen. Ich habe Zwingerausläufe gesehen, die waren so groß, daß die Hunde nicht einmal das Gras niedergetreten hatten. Und selbstverständlich habe ich mehrfach betont, daß nach meiner Auffassung die Draht- und Kettenmethode von Bob Wallace die beste sei, um Zwingerhunde zu halten. Gleichzeitig habe ich als einen der grausamsten Punkte der Haltung von Kampfhunden gebrandmarkt, daß die Meisten viel zu viele Hunde aufziehen und halten, um wettbewerbsfähig zu sein. Am Ende haben sie dann viel zuviel Zwingerhunde, um die sie sich zu wenig kümmern. Aber wiederum gilt das Gleiche für die Ausstellungsfans und für die Schlittenhundefanatiker, um die Retrieveranhänger gar nicht erst zu erwähnen. Allerdings muß ich zugeben, daß ich keine so negative Haltung gegenüber Ketten habe wie Mrs. McDonald. Obgleich ich genügend Zwingerausläufe besitze, bevorzuge ich eine gute Kettenkonstruktion, weil dabei die Hunde mehr Berührung und Kontakt finden. In aller Regel haben sie dabei auch mehr Quadratmeter an Auslauf.

Ich bin nicht der Auffassung, daß Hunde laufend stimuliert, dann in ihrem Kampftrieb frustriert sind, wenn man sie nahe beieinander ankettet. Die Hunde gewöhnen sich aneinander, beachten sich gegenseitig nur wenig. In einigen Fällen kommt es sogar dazu, daß sie sich mit dem Hund daneben anfreunden. Das ist der Grund, warum ein Hund - von der Kette gelöst - oft in direkter Linie seiner Kette zum nächsten Hund läuft, sehr zum Erstaunen jener

Rechts: *Dagos Honey Suckle Rose, die in Californien auf einer vom ADBA veranstalteten Schönheitsausstellung gezeigt wird.*
Unten: *Peltier's Ausstellungschampion Pooper mit ihren Schönheitspreisen.*

WERTERHALTUNG

Besitzer, die nicht verstehen, was hier vorgeht. Natürlich sind einige Hunde anderen Hunden gegenüber aggressiver, dann befreunden sie sich tatsächlich mit anderen Hunden nicht. In der Regel aber gewöhnen sie sich an ihre Nachbarn, und greifen sie nur an, wenn sie erregt sind. Für solche Hunde bedarf es nicht großer Anlässe, damit sie erregt werden, und sie können eine ganze Menge Zeit für den Versuch aufwenden, zum nächsten Hund zu gelangen, wobei sie *frustriert scheinen*. Nach Jahren der Beobachtungen dieses Verhaltens habe ich dieses Stadium als eine Art »köstliches Delirium« (delicious delirium) betitelt.

Sie scheinen sogar Freude daran zu haben. Ich selbst besitze eine kleine Hündin, die den ganzen Tag über darauf wartet, daß sie sich wie ein Idiot benehmen kann, wenn ich einige meiner anderen Hunde loskette. Möglicherweise kann sie auch etwas frustriert sein, aber mit Sicherheit hat sie die größte Freude daran, ihre eigene Futterschüssel zu bekämpfen, bis zum Ende der Kette zu laufen, sich ganz allgemein verrückt zu benehmen. Und auf diese Art arbeitet sie täglich ihre Energien aus, danach scheint sie recht zufrieden zu sein. Ich habe noch keine Minute geglaubt, daß sie im Vergleich zu meinen anderen Hündinnen mehr »game« wäre.

Was meine Erklärung angeht, daß sich die meisten »pit-dog men« wirklich um ihre Hunde kümmerten, damit wollte ich sagen, daß sie eine Liebe für sie empfinden, sich um ihr Wohlergehen kümmern. Es ist wahr, sie schicken sie in einen Kampf, der ihr Leben gefähr-

Buddy, 25 Kilo schwer.

Shreve's Cycle, ein Sohn von Captain Dick und Lucky Madam Red. Besitzer: Stephanie Shreve.

det, aber alles im Leben ist relativ. Einige »Humaniacs« würden sich auf Mrs. McDonald stürzen, weil sie ihren Hunden das Schwimmen gestattet (gefährliche Strömungen und alles andere!). Gute Hundekämpfer lassen ihre Hunde kämpfen, kümmern sich danach um sie, und wenn das Schlimmste eintritt, betrauern sie sie. Ich persönlich habe manchen harten »pit-dog man« beobachtet, wie er mit tränenüberströmtem Gesicht seinen Hund versorgte, besorgt, er könne ihn verlieren.

Vielleicht sollte ich auch erwähnen, daß einige »pit-dog men« Glück genug hatten, über Jahre ihre Hunde kämpfen zu lassen, ohne auch nur einen zu verlieren. Es besteht überhaupt nicht die Absicht, solche Kämpfe bis zum Tode auszutragen. Todesfälle, die eintreten, sind zufällig, in der Regel Folge eines aufgetretenen Schocks.

Abschließend muß ich zugeben, daß einige »pit-dog men« vielmehr am Aufbau ihres eigenen Rufs interessiert sind als an ihren Hunden, einige sind ganz einfach unsensible, üble Kerle. Dennoch kann ich Mrs. McDonald versichern, daß es »pit-dog men« in großer Zahl gibt, die sehr viel mehr Mitleid, vielmehr Verantwortlichkeit für ihre Hunde haben als der normale Hundebesitzer. Und meine Erfahrung ist mit Sicherheit, daß »gameness« in engstem Zusammenhang steht mit dem felsenfesten Wesen und all den anderen Merkmalen, die uns

Links: *Heinzl's Bull Dozer, dreifacher Pit-Sieger.* Unten: *Ein Pit Bull Terrier, vorgestellt auf einer kürzlich veranstalteten Hundeausstellung.*

Roccas's Cherry Brandy, eine »game« Tochter von Ozzie Stevens's Solo und Rocca's Cherry Bomb.

Oben*: Fouse's Rambo gewann in Louisiana beim Gewichtsziehen einen ersten Platz.*

Unten*: Rickie Contreras und seine Freundin mit Trouble.*

allen den Bulldog so wertvoll machen, ja - sogar den Hundekämpfern! Ohne »gameness« werden Bulldogs einfach zu anderen Hunden. Und das bringt uns schließlich zum Rechtfertigen der Mittel, um diese Eigenschaft zu erhalten.

Ich persönlich glaube nicht, daß es hier eine absolute Rechtfertigung gibt. Ich glaube auch nicht, daß irgendein Ziel es gestattet, alle notwendigen Wege einzuschlagen, um es zu erreichen. Aber in diesem Fall sprechen wir davon, Hunden zu erlauben, etwas zu tun, was sie gerne tun möchten (wenn es auch zu schlimmen Folgen führen kann) und dabei gleichzeitig ihren Besitzern zeigen, wer der beste von ihnen ist, gleichzeitig, mit wem gezüchtet werden muß.

Aber was die Retriever von Mrs. McDonald angeht, hier werden einer Taube oder einem Fasan die Federn beschnitten, die Tiere in die Luft geworfen, um die Hunde auszubilden. Die Hunde haben sicherlich ihren Spaß daran, aber Tauben und Fasane weniger - zumindest würde ich annehmen, daß sie es gar nicht lieben. Und sicherlich müssen die Enten es auch nicht mögen, abgeschossen zu werden, so viele werden verkrüppelt, nie aufgefunden, selbst nicht durch den Retriever. Man überläßt es ihnen zu sterben, einen ganz langsamen Tod - und auch sie wurden nicht für ein solches Ende gezüchtet.

Was Kampfhunde angeht, haben wir zumindest *lauter bereitwillige Teilnehmer*, selbst wenn es zahlloser Zuchtgenerationen bedurfte, um diese heroischen und ringsum wunderbaren Geschöpfe zu entwickeln, so wie sie sind.

WIE MAN SEINEN PIT BULL VERNÜNFTIG IN KONDITION BRINGT
Teil Eins

Nachstehend ein Artikel über das Konditionieren, der ursprünglich im Sporting Dog Journal *erschien. Viele der Vorschläge in diesem Bericht sind recht fundiert und auch für den Hundekampf neu. Ich verdanke meinem Freund Fred Maffie die Erlaubnis, diesen Artikel abzudrucken. Er ist heute ein erfolgreicher Schriftsteller und Autor vieler Bücher. Früher führte er Hundekämpfe durch, spricht deshalb aus Erfahrung. Von Fred kann man viel lernen, sowohl aus diesem Artikel als auch aus seinen Büchern.*

Maffie schreibt:

Wie wählt man das richtige Konditionierungsprogramm? Ich weiß es nicht, wir wollen den Fachmann fragen. Seine Antwort zeigt drei Alternativen auf:

(a) Es ist immer die Methode, mit der man am besten zurechtkommt. In der Praxis ist es durchaus möglich, daß der eine vorzüglich damit zurechtkommt, der andere frustriert ist.

(b) Wähle die am meisten gebrauchte, die Methode, mit der die meisten gut zurecht kommen; dabei denkt jeder in erster Linie an die Tradition.

(c) Herr Soundso benutzt nur diese Methode! Dies wird voller Ehrfurcht ausgesprochen, jeder beugt den Rücken schon bei dem Namen von Herrn Soundso.

Vorstehende Aussagen decken das breite Spektrum ab und erwecken den Eindruck, daß - wie alle sagen - es wirklich nichts neues unter der Sonne gibt, insbesondere wenn es darum geht, einen Hund in richtige Kondition zu bringen.

Unterstellt, daß dies richtig sei, bedeutet das »In-richtige-Form-bringen« eines Kampfhundes zwar nichts neues unter der Sonne, aber in sich eine einzigartige Aufgabe. Nicht einmal der menschliche Kollege des Hundes, der Preisboxer, wählt immer exakt die gleiche Methode, ja es sind nicht einmal sehr nahe beieinander liegende Methoden.

Nehmen wir einmal an, der Hund trüge kleine Boxhandschuhe, stände auf den Hinterläufen, würde mit dem Sandsack trainieren - oder ein Preisboxer arbeitete im Verborgenen daran, seine Bauchlinie zu verbessern, seinen Hals zu stärken!

Du siehst, wie lächerlich dies alles klingt. Es ist bestimmt kein intelligenter Versuch, diese beiden miteinander zu vergleichen, den zweibeinigen Preisboxer, der in seinen leuchtenden Hosen so eindrucksvoll auftritt und daneben seinen vierfüßigen Kollegen. Es gibt hier einfach keine Ähnlichkeit. Sie als gleich zu bezeichnen raubt ihnen ihren stolzesten Besitz. Nimm ihm seine leuchtenden bunten Hosen und Du hinterläßt ihn in größter Peinlichkeit, Schultern herabhängend, Knie zusammen, zu Tode betrübt. Auf der anderen Seite stellen wir uns einen ebenso erschrockenen Fido in einem kleinen Trikot von gleicher Farbe und Streifen vor, wobei wir natürlich für seine Rute ein kleines Loch geschnitten haben. Du siehst,

Gewichtsziehen ist ein Wettbewerb, in dem sich Pit Bulls durch große Kraft und Ausdauer auszeichnen. Hierbei besiegen sie häufig Hunde, die eigens zum Gewichtsziehen gezüchtet werden.

*Frank Rocca
mit Rocca's
Dice.*

wie falsch dies alles wäre. Was für den einen die stolzeste Aufmachung bedeutet, dessen würde sich der andere zu Tode schämen! Sie sind verschieden, völlig verschieden, der Kampfhund und der Preisboxer. Aufgrund all dieser vernünftigen Argumente geben wir diese Tatsache von vornherein offen zu.

Absolut einzigartig ist es auch, einen Kampfhund in richtige Kondition zu bringen, dies darf niemand leugnen. Und doch scheinen mir im Hinblick auf das Konditionieren die Hundeleute noch ziemlich am Anfang des ABC zu stehen - sie erinnern sich, was andere getan haben, verehren es, bemühen sich, praktisch zu sein, wobei »practical« oft die Wahl des kleineren Übels für sie ist. Nirgendwo, niemals habe ich irgend jemand einen Plan ausarbeiten sehen, wie man speziell einen Kampfhund in richtige Kondition bringt. Gesucht wird ein sorgfältig ausgearbeiteter Plan, der sich an alle richtet, die sich dafür interessieren, der den Kampfhund zum Kampftermin in beste Form bringt.

Immer war es etwas Ausgeborgtes, Nachgeahmtes - was unsere Vorfahren taten, und was ebenso unsere modernen heutigen Helden treiben. Moderne, aufgeklärte Sportler wie Schwimmer, Gewichtheber oder Leichtathleten benutzen stattdessen eine wissenschaftlich fundierte Methode. Und ich fürchte, mit all dem, was wir gerade tun, sind wir ganz zufrieden, weil... weil... nun, ich vermute, ganz einfach aus dem Grund, daß es wirklich nichts neues unter der Sonne gibt.

So, das ist die augenblickliche Lage, kurzfristig wie langfristig betrachtet - es gibt nichts neues unter der Sonne!

Arme alte Sonne! Es tut ihr wirklich gut, daß sie als eine so strahlende Lady auftritt, dazu verdammt, alle vierundzwanzig Stunden wieder und wieder aufzugehen - bis in alle Ewigkeit - und dabei nie auf irgend etwas neues herunterzustrahlen. Ist es nicht erstaunlich, daß die leuchtend scheinende kleine Lady nicht zynisch wird, so sehr ist auf unserer Welt alles immer das gleiche. Wie kann sie überhaupt noch ein so fröhliches Gesicht machen, angesichts all dieser Gleichheit? Ist sie überhaupt nur einfach eine Verrückte, eine grinsende Idiotin, senil geworden nach all diesen herrlichen Zeiten des Beobachtens dieser sich überschlagenden Wunder, die Du, lieber Leser, und ich jetzt entwickeln?

Halt, warte noch eine Minute, vielleicht trifft sie nach all diesem nie endenden, leben-spendenden aktiven Wissen auf jemanden, der sagt: »Nichts neues unter der Sonne? Welch ein Quatsch! Es gibt immer einen neuen Tag - einen neuen Anfang!«

Irgendwie mag ich das alte Mädchen so lieber, Du nicht? Es tut so richtig gut, dieser Gesichtswinkel, ich glaube, wir sollten sie jetzt einer Psychoanalyse unterziehen.

Jetzt wirst Du aber wahrscheinlich ungeduldig und sagst mir, ich sollte endlich zur Sache kommen - dasselbe passierte mir von Seiten meiner Frau, die gelesen hat, was ich bisher ge-schrieben habe. In Ordnung, für den Rest dieses Artikels verspreche ich das! Ich gehe Schritt für Schritt vorwärts, überfliege nichts, um zuerst am Ende des Plans anzukommen, so ver-führerisch dies auch sein mag. Dank Dir, mein liebes Weib, daß Du mich auf die Erde zu-rückgeholt hast. Aber die Sonne war mir so nahe, wärmte mich durch und durch, so hatte ich gehofft, ich könnte noch auf ein Schwätzchen bleiben.

Banjo, zweifacher Pit-Sieger, Bezwinger von Grand Champion Henry, beim Training auf dem Laufband. Besitzer: Jeff Fontenot.

Oben: *Lavasseur's Smokey, ein beim UKC eingetragener American Pit Bull Terrier.*

Links: *Hale's Oklahoma.*

Oben rechts: *Adam's Billie Jean.*
Rechts: *King Limeys Champion Smuggler, ein dreimaliger Sieger in England.*

WERTERHALTUNG

In Ordnung!

Stelle Dir jetzt einfach vor, daß wir einen Hund in gute Kondition bringen wollen. Nur - wir haben dies noch nie getan! Wir wissen eigentlich überhaupt nichts darüber. Was würden wir überhaupt tun, wenn wir niemand fragen könnten, uns niemand korrigiert?

Eine interessante Vorstellung, man wäre der allererste, der einen Hund für einen Kampf in richtige Kondition bringt. Weit hergeholt? Überhaupt nicht! Wir müssen nur verstehen, daß die Tatsache, daß sich schon jemand zuvor mit Konditionieren eines Hundes befaßt hat, in keiner Weise bedeutet, daß seine Erkenntnisse richtig sind. Wenn Du dies überlegst - siehe - wir sind schon wieder bei Punkt Eins angelangt.

Und gerade dickköpfige Skeptiker, schwer umzubringende Solipsisten (philosophische Lehre von der alleinigen Wirklichkeit des eigenen Ichs) wollen wir sein. Wir wollen immer zunächst wissen, *warum* wir etwas tun - und dann *was es bewirkt*. Wir müssen immer wieder

Carl Griffirhi's Buck, Vater Skipper, Mutter Beauty, 35 Kilo schwer für die Rasse ein ungewöhnlich großer Hund.

fragen, wir sollten nicht einmal die einfachsten Grundvoraussetzungen übernehmen, solange nicht, bis wir sie sorgfältig neu überprüft haben. Und erst wenn wir das volle Vertrauen in uns selbst haben, daß wir diesen Weg ohne zu Mogeln gehen - ohne das Gefühl, aus Verzweiflung eventuell eine lebensrettende Methode übersehen zu haben, erst dann können wir an unsere eigene Intelligenz glauben, an Originalität, an Einfallsreichtum und Zuneigung zu unserem Hund.

Zuneigung zu unserem Hund hätte ich als erstes setzen sollen, denn ohnedies sind wir als »dog men« nicht das Salz in der Suppe wert. Was sagen sie uns - diese munteren braunen Augen, wenn sie uns so voller Vertrauen ansehen? Denke immer daran, vornehmer Herr oder elender Lump, in diesen vertrauensvollen braunen Augen ist jeder von uns Gott ganz nahe. -Wir sollten von Anfang an die Wichtigkeit unserer Verantwortung kennen!

Und jetzt haben wir unser Szenario, ich überlasse Dich Deinen eigenen Bemühungen. Ich habe keine Ahnung, was Du tun würdest, wenn Du der allererste wärst, der einen Hund in

Champion Zipper ist ein Sohn von Grand Champion Zebo.

richtige Kondition bringt. Ich weiß ganz genau, was ich tun würde, ja, ich habe dies alles ja schon selbst getan.

Ehe ich einen eigenen Hund kämpfen ließ, ja noch bevor ich mich überhaupt entschied, ob ich dies tun wollte, unterzog ich mich über mehr als drei Jahre einem ausgedehnten »Versuch und Irrtum-Experiment« wie man einen Kampfhund am besten in Kondition bringt. Und in dieser Zeit kam ich zu einem Ergebnis, das mir als eine völlig lebensfähige Kombination von Denken und Handeln erschien, zu meinem eigenen persönlichen Konditionsprogramm. Und dieses Programm konnte ich dann in all den Jahren, während ich mich aktiv an Hundekämpfen beteiligte, immer mehr und mehr verfeinern.

Austin's Junior.

Natürlich behielt ich mein Konditionsprogramm nahezu exklusiv für mich selbst. Wenn ich es heute preisgebe, dann nur, weil es für mich persönlich, lieber Leser, nicht mehr wichtig ist. Ich unterwerfe mich der modernen Gesetzgebung, nicht etwa - wie Du vielleicht meinst, weil ich ein braver kleiner Knabe sein möchte. Es gibt ganz einfach nichts mehr, was ich zu beweisen habe, und deshalb gibt es auch für mich keinen Anlaß, die Hundekämpfe fortzusetzen.

Ich weiß nicht, ob meine Methode als etwas neues unter der Sonne qualifiziert werden wird, sie ist aber mit Sicherheit weit ab von den konventionelleren Methoden. Was Wirksamkeit angeht, glaube ich von ganzem Herzen, daß mein Programm einen Hund ebenso gut oder besser formt als die meisten anderen Methoden, die sonst betrieben werden. Im Vergleich zu den anderen ist es aber sicherer, leichter und macht vor allen Dingen Mensch und Hund sehr viel mehr Freude.

Vielleicht kann ich am besten mein Konditionsprogramm verständlich machen, wenn ich zunächst darlege, inwieweit es von den konventionellen Methoden abweicht.

Die übliche Methode besteht darin, an fünf bis sechs Tagen der Woche mit dem Hund zu arbeiten - manchmal zweimal täglich - ihn dann ein oder zwei Tage ruhen zu lassen. Bei meiner Methode gilt genau das umgekehrte - ich lasse meine Hunde an zwei Tagen in der Woche arbeiten, lasse sie bis zur nächsten Arbeit immer etwa zwei bis drei Tage ausruhen.

So besteht bereits auf den ersten Blick ein bedeutender Unterschied zwischen den beiden Methoden. Dieser Unterschied ist so groß, daß einige meiner Leser vielleicht jetzt daraus schließen, daß in meinem Gehirn linde Lüftchen anstelle des gesunden Menschenverstandes herrschen. Das möchte ich auch überhaupt nicht leugnen. Besser eine blühende Vorstellungs- kraft - pflege ich zu sagen - als irgendeine altehrwürdige Idee, die schon durch ihre Tonnage alle Gedanken unterdrückt. Euch, die Ihr von diesem Gewicht bereits so niedergedrückt seid, daß Ihr Euch bereits entschieden habt, nicke ich neugierig zu, zwinkere mit den Augen und segle unter frischem Wind weiter.

Wieviel Arbeit und wie häufig ist für unsere Hunde das beste? Dies ist der Kernpunkt aller Fragen.

Um eine richtige Antwort zu finden, müssen wir genau überprüfen, was wir von unserem Hund erwarten. Das ist eigentlich leicht. Wir erwarten von ihm, daß er in der Lage sein muß, aber zwei - ja bis zu drei Stunden zu kämpfen. Wir müssen also unseren Hund so durcharbei-

Arsuffis Yipper, 13 Kilo schwer, Siegerin ihrer Klasse.

Nell's ROM hat ein einziges Mal verloren, wird aber aufgrund ihrer »gameness« hoch geschätzt.

Rechts: *Dieser auf einer Hundeausstellung plazierter Rüde entspricht der Durchschnittsgröße eines Pit Bull.*
Unten: *Tucker plaziert sich zur Freude seiner jungen Führerin in seiner Klasse auf einer Schönheitsausstellung.*

ten, daß eines Tages er in der Lage ist, drei Stunden anstrengenden Austeilens und Hinnehmens durchzustehen. Ich muß noch einmal unterstreichen, wir konzentrieren unseren Blick auf *einen Tag* - einen bestimmten Zeitpunkt, von heute an in dreißig Tagen - und es dreht sich um den Kampf in einer einzigen Zeiteinheit!

Nun müssen wir mit dem Konditionieren anfangen. Irgendeine Art von »Sparrings Partner« scheidet aus, deshalb müssen wir uns auf eine *gleichwertige Aktivität* einigen, um unseren Hund vorzubereiten. So laßt uns einfach einmal annehmen, 25 bis 30 Meilen Bewegung auf der Straße (Roadwork), in zweieinhalb bis drei Stunden zurückgelegt, entsprächen den Strapazen eines Hundekampfs. Wir befassen uns hier mit der üblichsten Art von Vorbereitung. Wenn unser Hund diese schafft, betrachten wir ihn als in guter Kondition, fähig, einen langen, harten Kampf durchzustehen. Noch einmal - unser Ziel für uns wie unseren für den Kampf vorbereiteten Hund beträgt 25 bis 30 Meilen (40 bis 48 Kilometer) innerhalb zweieinhalb bis drei Stunden.

Wie erreichen wir unser Ziel nach der konventionellen Methode, bei der wir täglich mit unserem Hund arbeiten? Nun - soweit ich laufend beobachten konnte, wird jeden Tag etwas mehr Arbeit zugelegt, also zusätzliche Meilen oder auf der Tretmühle immer so und so viele Minuten länger. Wahrscheinlich könnten wir - außerordentlich einfach ausgedrückt, täglich bei der Arbeit auf der Straße eine Meile zulegen, dann erreichen wir unser Ziel von 30 Meilen am Ende einer Vorbereitungszeit von 30 Tagen.

Jetzt darf ich aber die Probleme, die Nachteile einer solchen Methode erläutern. Wir haben bereits erwähnt, daß der Hundekampf zu einem ganz bestimmten Zeitpunkt als einmaliges Ereignis stattfindet, danach beendet ist. Mir scheint, daß diese konventionelle Methode täglicher Arbeit mehr einen Hund auf *wiederholte Leistungen* trainiert, beispielsweise Schlittenziehen, weil man von dem Hund verlangt, daß er Tag für Tag den gleichen anstrengenden Kurs absolviert, möglicherweise drei Tage hintereinander. Wenn wir unseren Hund zum Schlittenziehen konditionieren wollen, wäre die konventionelle Methode exakt diejenige, die ich auswählte. Wir sollten uns aber vor Augen halten, daß unser Hund keinen Schlitten ziehen soll, sondern kämpfen. Kämpfen genau zu einem bestimmten Zeitpunkt und über eine gewisse Zeit. Wenn wir uns erinnern, daß wir eine Strecke von 30 Meilen innerhalb von drei

Frances Travillion mit ihrem Rüden Jeb Stuart.

Frontenac's Gator Baby mit seiner Besitzerin Karen Block.

Stunden als eine ähnliche Anstrengung ansehen wie einen Hundekampf, dann ist es unsere Aufgabe, dieses Ziel so einfach und schmerzlos zu erreichen wie möglich.

Die konventionelle Methode reicht hierfür nicht aus. Sie besteht aus grausamer Wiederholung, birgt immer die Gefahr, daß unser Hund überanstrengt wird. Tag für Tag wird unser Hund vorwärts getrieben. Man erwartet von ihm, daß er genügend Kraft und Ausdauer gewinnt, daß sich seine Kondition - wenn auch nur geringfügig - gegenüber dem vorangegangenen Tag weiter verbessert. Bis zum Ende der Trainingsperiode muß unser Hund *täglich* (wenn möglich) die Übungen wiederholen, mutet man ihm die körperlichen Anstrengungen zu, die er beim Kampf später *einmal* erbringen soll. In den meisten Fällen erleben wir - durchaus nicht überraschend - daß es unserem Hund *nicht möglich ist*, diese hohen Erwartungen zu erfüllen. Trotzdem fahren wir mit dieser Methode fort. Irgendwie sollten wir doch diese lächerlichen hundlichen Schwierigkeiten meistern. Es wundert dann überhaupt nicht mehr, wenn die Trainingsaufgabe *offensichtlich zu schwierig* wird, man deshalb am Abend eine zweite Periode nachschieben muß.

Dieses tägliche einen Hund vorwärtstreiben, dann auch noch zweimal täglich zu arbeiten, um nach Möglichkeit das angestrebte Ziel zu erreichen, erscheint mir - noch positiv ausgedrückt - risikoreich. Was sich hier wirklich abspielt - wir halten unseren Hund laufend genau an der Grenze seiner Leistungsfähigkeit - und erwarten, daß sich hier ein Gleichgewicht einstellen soll!

WERTERHALTUNG

Noch etwas - das Aufteilen der Trainingszeit auf zwei Perioden täglich entspricht weder quantitativ noch qualitativ den Leistungsanforderungen eines Hundekampfs. Insgesamt gesehen gibt es beim Hundekampf keine Pausen, nur kurze Betreuung beim Aufnehmen, danach geht der Kampf weiter. Aus diesem Grunde glaube ich, daß in der Periode des Konditionierens die Arbeiten darauf beschränkt werden und vollständig sein müssen. Noch einmal - wenn Dein Hund am Morgen zum Kampf antritt und Erschöpfung zeigt, kannst Du nicht um eine Pause bitten, ihn ausruhen lassen und dann am Abend zurückkehren, um den Kampf zu beenden. Eine Vorbereitungszeit (*one workout*) muß die Leistung eines Hundekampfes simulieren, ihr so nahe wie möglich kommen.

Nun darf ich schnell die Methode aufzeigen, die ich bevorzuge. Zweimal wöchentlich arbeite ich mit meinem Hund, steigere die Arbeit auf der Straße an diesen Tagen ungefähr wie folgt:

1. Tag: 5 Meilen. *2. Tag:* 5 Meilen.
3. Tag: 10 Meilen. *4. Tag:* 15 Meilen.
5. Tag: 20 Meilen. *6. Tag:* 20 Meilen.
7. Tag: 25 Meilen. *8. Tag:* 25 bis 30 Meilen.

Wenn ich bei dieser Methode mir irgendwelche Rückschläge vorstellen könnte, hätte ich sie schon vor langer Zeit aufgegeben. Stattdessen konnte ich nachstehende Vorteile nachweislich erreichen:

Colby's Galtie II, Züchter und Besitzer: Louis B. Colby.

Bruiser Smith, zur Sauhatz in Australien vorbereitet.

Der wesentlichste Faktor, der es ermöglicht, mit dieser Methode so leicht das Ziel von 30 Meilen in einem Zeitraum von unter drei Stunden zu erreichen, ist in einem einzigen Wort ausgedrückt - *Ruhe.* Darunter verstehe ich die großzügigen Ruhezeiten, die zwischen den einzelnen Arbeitsterminen liegen. Es gibt einen großen Unterschied, sowohl in der körperlichen Leistung als auch in der Begeisterung bei der Zusammenarbeit, ob man mit einem Hund jeden Tag arbeitet, oder ob zwischen den Arbeitsperioden etwa zwei oder drei Tage Ruhe liegen. Wenn man einen Hund wirklich antreiben muß, um an einem Tag fünf Meilen zurückzulegen, wird es für ihn am nächsten Tag sehr schwierig, sechs Meilen zu laufen, noch schwieriger am übernächsten Tag mit sieben Meilen, u.s.w. Laß dagegen den gleichen Hund am ersten Tag fünf Meilen durchstehen, ihn dann aber *zwei Tage ruhen,* am vierten Tag wird er vor Freude hochspringen, wenn er das Geschirr sieht, zehn Meilen in freudiger Erregung laufen!

Hammonds's Brutus, Besitzer: Gary J. Hammonds.

Beachte dabei, daß der ausgeruhte Hund zu diesem Zeitpunkt die Fähigkeit für zehn Meilen Straßenarbeit unter dem Riemen hat, während der nach dem täglichen Arbeitsschema ausgebildete Hund zur gleichen Zeit erst eine Fähigkeit von acht Meilen erreicht hat. Hieraus ergibt sich folgender Vergleich:

Ausgeruhter Hund: 1. Tag fünf Meilen; 2. Tag Ruhe; 3. Tag Ruhe; 4. Tag zehn Meilen.

Der andere Hund: 1. Tag fünf Meilen; 2. Tag sechs Meilen, 3. Tag sieben Meilen, 4. Tag acht Meilen.

Die Diskrepanz in der Leistung zwischen diesen beiden Hunden erweitert sich mit zunehmendem Konditionstraining immer mehr. Die Vorteile für den immer wieder ausruhenden Hund steigern sich, er sammelt durch jede Arbeitszeit Kraft und freudigen Enthusiasmus. Jede Arbeit verbessert sich - grob gesehen - mit fünf Meilen-Schritten bis zum finalen Auslauf über 25 oder 30 Meilen. Dies ist die leichteste, am wenigsten schmerzhafte und sicherste Methode, die ich mir vorstellen kann, um einen Hund in die erwünschte Kondition zu bringen.

Ein abschließender Vergleich der beiden Methoden kommt zu dem Ergebnis: Meine Methode, einen Hund jeweils gründlich ausruhen zu lassen, bringt den Hund zum erwünschten

Ziel, 30 Meilen in drei Stunden. Das Gleiche erreicht man auch mit der konventionellen Methode - *vielleicht!* Aber - mein Weg erreicht das Ziel in acht Arbeitsperioden, oder in weniger, wenn man dies vorzieht, aber für den Hund ist das Beste, wenn er nicht zu früh den Gipfel erreicht. Meine Arbeit mit dem Hund auf der Straße erstreckt sich auf insgesamt etwa 110 Meilen.

Nach der konventionellen Methode nehmen wir an, wir beginnen mit unserem Hund am ersten Tag mit einer Meile, setzen Tag für Tag eine weitere Meile hinzu, bis das Ziel erreicht ist. Auf diese Art erreichen wir insgesamt 30 Arbeitsabschnitte und legen insgesamt 480 Meilen auf der Straße zurück. Natürlich sind dies alles ziemlich willkürliche Zahlen, meine Absicht besteht alleine darin, das konventionelle Konditionierungsprogramm richtig zu präsentieren, den dahinterstehenden *logischen Sinn* (rationale) aufzuzeigen.

Acht Arbeitsperioden mit insgesamt 110 Meilen oder 30 Arbeitsperioden mit 480 Meilen - wenn wir einmal annehmen, jeder der beiden Wege erreichte den angestrebten Effekt, welcher wäre zu bevorzugen?

Jack Kelly, Herausgeber des Sporting Dog Journal, mit seinem Champion Drummer.

WERTERHALTUNG

Ich habe bereits angekündigt, diesen Beitrag in zwei Teile aufzuteilen, jetzt befinde ich mich bereits nahezu am Ende des ziemlich langgewordenen Teil Eins. Lassen Sie mich diesen mit noch einiger zusätzlicher »Gedankennahrung« beenden.

Auf die Frage, wieviel Arbeit ist zuviel oder zuwenig, möchte ich antworten, daß jeder gut gehaltene, gesunde Hund täglich zumindest eine halbe Stunde von der Kette loskommen sollte. Erfahrene »dog men« der Vergangenheit haben ihre Hunde durch *just a bit of walking* (*etwas Spazierengehen*) in volle Kondition gebracht, dabei wirklich gute Ergebnisse erzielt. Diese Männer kannten genau die natürliche Stärke des Bulldogs, selbst ohne zusätzliches Konditionieren; sie erkannten ebenso klar die Gefahren eines Überarbeitens des Kampfhundes. Viele von uns haben schon erlebt, daß so etwas möglich ist - »konditionierte Hunde«, die in besserer Form gewesen wären, wenn man sie einfach nur von der Kette gelöst hätte!

Andererseits ist es bestimmt wahr, daß man einen Hund durch tägliche Arbeit in erstklassige Kondition bringen kann. Dies ist immer und immer wieder von erfahrenen Fachleuten unter Beweis gestellt worden, die ihre Hunde von innen wie außen vorzüglich kennen. Kurz gesagt, es gibt zahlreiche Wege, einen Hund auf die Pit vorzubereiten, darüber möchte ich überhaupt nicht streiten. Was ich aber sagen möchte, hier gibt es einen Weg, den ich als sicherer und leichter ansehe, als das traditionelle Konditionierungsprogramm, das ich kenne. Es dürfte sich einfach einmal lohnen, es auszuprobieren.

Stevens's Black Pearl, Schwester von Matlock's Truck.

Click's Josh.

Zur Wirksamkeit meines Programms möchte ich noch kurz erwähnen, daß ich es zum ersten Mal nach einer Anreise von über 600 Meilen ausprobierte, und meine Hündin besiegte die Hündin von Fowler in einer Stunde, 40 Minuten und einigen Sekunden. Dabei stand meine Hündin fest auf den Läufen, hätte sicherlich noch eine zusätzliche Stunde kämpfen können. Beim zweiten und dritten Mal hatte ich zwei Hunde gleichzeitig in Kondition gebracht, ließ sie auch am selben Tage antreten, einen direkt nach dem anderen - und zwei Siege!

Ich habe andere sagen hören, wie schwierig es sei, zwei Hunde gleichzeitig in Kondition zu bringen. Nun - bei Anwendung meiner »Methode mit Ruhepausen« (*resting method*) hätte ich sogar gleichzeitig drei oder vier Hunde in Kondition bringen können. Ich habe es überhaupt nicht als schwierig gefunden, zwei Hunde zu konditionieren.

Natürlich habe ich nicht *alle meine Kämpfe* gewonnen, aber im Durchschnitt doch zwei Drittel der Kämpfe. Mit voller Wahrheit kann ich aber sagen, daß ich niemals einen Kampf verlor, weil mein Hund nicht in richtiger Kondition war.

Ich hoffe, meine Leser verzeihen mir, daß ich so laut ins eigene Horn zu stoßen scheine, aber wenn ich bekannte Ergebnisse meiner von mir selbst angewandten Methoden zitiere, kann ich eben nur meine eigenen Erfahrungen darlegen.

Vorstehend habe ich meinen Lesern die Grundlagen vermittelt, was mir ein vernünftiger Weg zum Konditionieren von Kampfhunden erscheint, unterwerfe mich ihrem Urteil. Ich habe die Darstellung so simpel und verständlich gewählt wie ich konnte, zeitweise habe ich den

WERTERHALTUNG

Konditionierungsprozeß auf eine einfache, mathematische Gleichung gebracht. Alles recht und gut. In einigen Kreisen werden solche Gleichungen hochgeschätzt und respektiert. Sie haben auch durchaus ihre Berechtigung, wir wollen aber alle keine Götzendiener sein. Persönlich habe ich nie an Hitlisten geglaubt, auch keine Glaubensbekenntnisse mit religiösem Eifer verfolgt. Ich bin aber auch noch nie auf eine Gleichung gestoßen, die mir nur ein Bruchteil vermittelt, was mir ein Blick in das Auge meines Hundes erzählt. Auch kenne ich keine Gleichungen die voraussagen, wann mein Hund sich Blasen auf der Pfote läuft!

Mit anderen Worten - hiermit haben wir alle rein mathematische Gleichungen aus dem Wege geräumt, jetzt wird es Zeit, uns zu jenen Aspekten der Konditionierung unserer Hunde vorzuarbeiten, die bei weitem über die reine Technik hinausgehen.

Teil Zwei

Die Verträge sind unterzeichnet, die Einsätze bezahlt. Los geht's!

»Los, Dusty, Du hübsches kleines Ding! Der Spaß beginnt!«

Der Spaß, die Arbeit, die enge Zusammenarbeit, die Anspannung der Sinne, die Entschlossenheit, die sich aufbaut, weiter aufbaut - das Fitmachen bis zum letzten, das Konditionieren!

»Bereit, altes Mädchen?«

Ich brauche sie gar nicht zu fragen, ein Blick auf sie, und ich weiß es. Die großen leuchtenden Augen, die Kette scharf gespannt, Dusty tanzt Twist, läuft hin und her, tanzt Springseil! Oh wenn ich nur ein einziges Mal in meinem Leben meine Freude so frei, so rückhaltlos ausdrücken könnte wie Dusty!

Little Holy, eine berühmte Pit-Hündin.

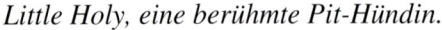

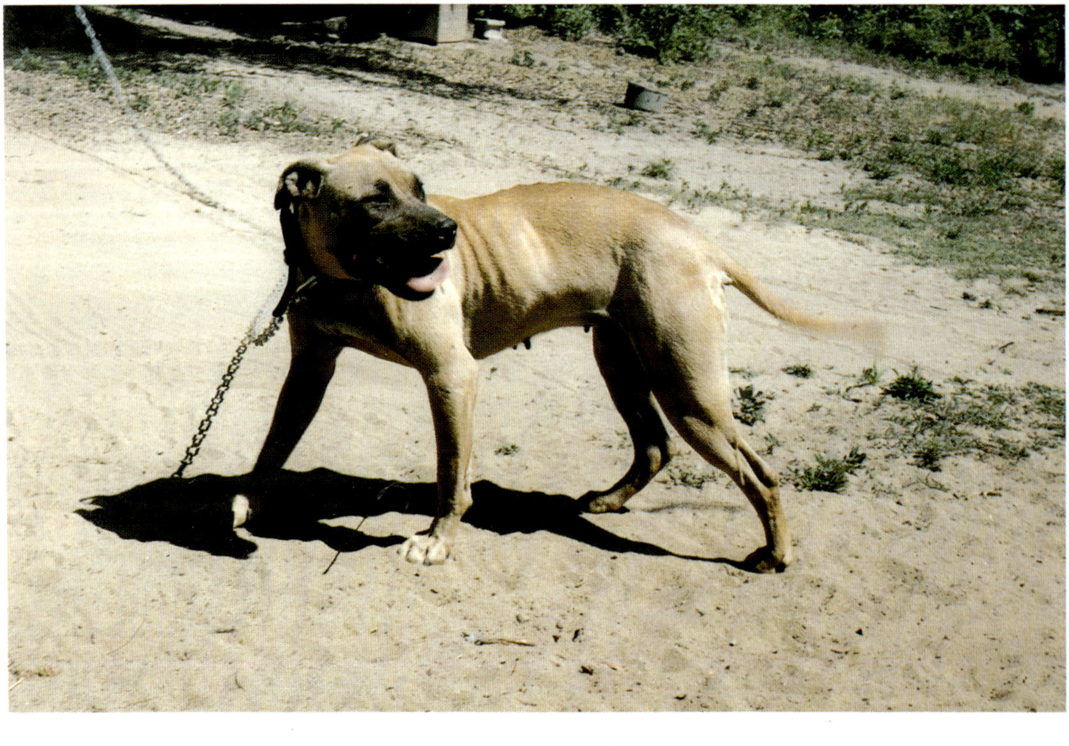

Champion Pretty Boy Floyd (Champion Jack Hammer - Mean Joleen).

Freeman's Rusty Red Boy ohne seine Sonnenbrille.

Sie möchte hinaus auf die Straße, die Straße voran, vor ihren »zweibeinigen Anker«, den sie hinter sich herschleppen will. In diesem Augenblick ist dies alles in der ganzen Welt, was sie möchte, sie steckt voller Leidenschaft. Wild und begeistert wedelt Dusty am Ende ihrer Kette, sie wedelt, um hinauszukommen, ein wildes, sich vorwärts stürzendes kleines Bündel reiner Freunde. Dann braust mir wildes Gebell entgegen, ihr scharfes Kläffen wird schneller, überschlägt sich, je näher ich zu ihr komme.

Und in diesem außerordentlich kritischen Augenblick muß ich anhalten, den Eindruck vermitteln, daß mich etwas anderes interessierte - sofort wird sie ruhig und leise. Irgend etwas in ihrem angespannten kleinen Körper sinkt einfach in sich zusammen. Sehnsüchtig blickt sie zu mir herüber, hofft noch immer, daß ich es mir nicht anders überlegt habe, sie der größten Verzweiflung ausliefere - fällt Weihnachten aus? Dies alles besagt ihr Blick, den sie auf mich richtet, mit dem sie mich fixiert. Und sie steht stocksteif, beobachtet mich, ihre ganze Seele voller Erwartung.

Eine wirklich grausame Mißhandlung, die alte Dusty so hängen zu lassen. Aber wenn wir diesen gesamten »Gebrauchsanweisungsstoff« noch mal überdenken, müssen wir den Hund tatsächlich voller Anspannung auf uns warten lassen, noch einmal überlegen, aber keinesfalls Bummelzugtempo einlegen. Geduld, Dusty, Geduld, wir haben Dich nicht vergessen!

Achtung, Straßenarbeit liegt vor uns, keine Tretmühle, kein Laufband! Warum kein Laufband? Nun - vor allem - ich habe keines. Nie gehabt! Dies ist aber bestimmt nicht der Hauptgrund. Wenn ich wirklich ein Laufband haben wollte, *hätte ich eine solche Tretmühle.*

Als ich mit Tater's Hündin Tuffy arbeitete, bot ein Freund an, mir ein solches Laufband auszuleihen - und ich gebrauchte es mit recht gutem Erfolg. Als ich erstmals Tuffy auf das Band stellte, liebte sie es, ging voll aus sich heraus! Nach 20 Sekunden nahm ich sie herunter! Hätte ich Tuffy ausschließlich auf dem Band fit gemacht, hätte ich sie sehr hart arbeiten lassen können. Dabei hätte ich sie aber auch sehr genau beobachten müssen, darauf achten, daß sie sich wieder beruhigt. Ich kann mir durchaus vorstellen, innerhalb einiger Zeit hätte sie sich wieder beruhigt. In der Pit war sie der beste »Schrittmacher« (»pacer«), den ich je gesehen habe, es gab keinen besseren. *Aber sie liebte dieses Laufband!* Hätte ich es ihr gestattet, sie hätte sich jedesmal - wieder und wieder - müde gelaufen.

Und hier hebt sich die Frage - zu welchem Zeitpunkt wird das Aufbauen des Hundes zu einem Abbau? Kennst Du die Antwort? Bitte nicht zu schnell antworten - nicht schätzen - denken! Ich gebe zu bedenken, daß es für Dich schon schwierig genug ist, zu wissen, wann *Du selbst* bei Deinem *eigenen Trainingsprogramm* zuviel oder zu wenig arbeitest - und Du bist es, der tatsächlich das eine oder andere *selbst erlebt*! Die Grenze zwischen den zwei Richtungen ist außerordentlich dünn, selbst die besten Athleten finden hier meist nicht die richtige Balance. Aber Du nimmst an, Du selbst wüßtest es genau, könntest es für Deinen Hund klar entscheiden?!

Ich weiß nicht präzise, wann genau der Punkt erreicht ist, da Aufbau zum Abbau wird. Weder Du noch ich können dies genau wissen, man kann es einfach nicht mit völliger Sicherheit feststellen. Eines aber weiß ich. Wenn Du daran glaubst, Deinen Hund bis nahe zur Erschöpfung arbeiten lassen zu können, hast Du mit Sicherheit schon bei weitem die dünne

Toro, einmaliger Sieger, Sohn von Malo's Clumpsy.

Oben: *Hammonds's Knockit, ein zweifacher Sieger, Sohn von Hammonds's Vito und Hammonds's Chelsey.*
Unten: *Karyn Ketner und Riptide Stormy Boots, eine Enkelin von Champion Little Boots.*
Visavis: *Double D's Dorsey (Holiday's Desperado - Ford's Dancetown Dolly).*

Locke's Miss Rooster.

Trennungslinie überschritten, gleichzeitig allen gesunden Menschenverstand aus dem Fenster geworfen.

Während Tuffy's Konditionieren stand die Tretmühle meist untätig in der Ecke. Tuffy erwies sich als ein guter Arbeiter, fühlte sich draußen auf der Straße neben meinem Fahrrad trabend am glücklichsten. Dabei zog sie aber nie nach vorne, es bedurfte einer verführerischen Katze oder eines Eichhörnchens, um sie zu einem fliegenden Galopp zu veranlassen - dann hätte aber auch der fliegende Holländer mit ihr kaum mithalten können! Wenn wir dann wieder nach Hause getrabt waren, ließ ich Tuffy noch auf zwei bis drei Minuten auf das Laufband, dabei wurden zwei bis drei Sprints dazwischengeschaltet. Dies alles bewährte sich recht gut.

Aber unverändert bin ich gegen Einsatz der Tretmühle, und zwar aus folgenden Gründen: Als erstes - besitzt Du einen Kampfhund des Typs Tuffy, besteht klar die Gefahr, daß Du Deinen Hund überanstrengst. Wenn Dein Hund sich leicht erregt, sich voll verausgabt, wäre es um vieles besser, den Hund sofort vom Laufband zu nehmen, stattdessen den eigenen gesunden Menschenverstand einzusetzen. Du kennst das Herz und den Charakter dieser Hunde! Ein guter Hund verausgabt sich bis zum letzten, bis zur Grenze, die Herz und Lungen bersten - wenn man sie dabei beobachtet, könnte man trotzdem glauben, sie befänden sich im besten Zustand! Kannst Du ehrlich von Dir behaupten, daß Du mit einem zuverlässigen Maß an Genauigkeit die Situation zu beurteilen vermagst? Das kann ich nicht! Du solltest mir einmal Deinen Maßstab borgen! In jedem Fall bedeutet die Tretmühle einen gewissen Verlust an Kontrolle, das Gefühl, etwas könnte einem aus der Hand gleiten.

Nun zum zweiten: da unser Ausarbeiten des Hundes die Situation eines Hundekampfs soweit wie möglich simulieren soll, bedeutet dies, daß wir unseren Hund über drei Stunden auf dem Band arbeiten lassen müssen. Es sei denn, wir hätten noch eine andere Arbeit zur Ertüchtigung, die wir für das Fitmachen auf dem Band abgestimmt haben. In jedem Fall sind drei ganze Stunden auf dem Band für jeden Hund eine viel zu lange Zeit.

Zum dritten empfinde ich, daß das Laufband die enge persönliche Bindung zwischen Mensch und Hund mindert, dieses Zusammengehörigkeitsgefühl, das bei einer langen Anstrengung so wichtig werden kann. Richtig betrachtet ist die Tretmühle einfach ein mechanisches Werkzeug. Je mehr Mechanik beim Konditionieren, um so weniger geschieht im Bereich des Persönlichen. Wenn Du ein Empfinden für die Verbundenheit mit Deinem Hund besitzt, ein echtes Gefühl der Berührung, dann achte auf die Leinenschlinge in Deiner Hand - durch das Laufband hast Du sie verloren. Nun kannst Du nicht länger die Kraft Deines Hundes *fühlen*, sie mit der Kraft des Vortags bei der letzten Übung vergleichen. Das Gefühl der Leine in Deiner Hand, diese engste Kommunikation, übermittelt laufend Eindrücke, die möglicherweise nur halb wahrgenommen werden. Es sind aufkommende Gefühle, sich krank

Sherwood's Popeye, ein Nachkomme von Anderson's Champion Tonka. Besitzer: Matt White.

oder gesund fühlen, ein vages Unbehagen, ausgelöst durch unser Handeln, Bestätigungen, die Vertrauen auslösen. Auf all dies müssen wir verzichten, wenn wir das Laufband benutzen. Einer unserer wertvollsten Sinne, ein unersetzlicher persönlicher Einsatz - unser Tastgefühl - wurde ausgeschaltet!

Wir haben schon davon gesprochen, wie die Mechanik das Persönliche ausschaltet. Richtig, je länger ein Hund auf dem Laufband bleibt, um so mehr wird er zum Automaten. Hast Du Dir je einen Hund genau angesehen, der zulange auf dem Band war? Seine Augen scheinen nahezu nichts wahrzunehmen, wirken wie hypnotisiert. Hebe ihn vom Band ab, seine Läufe werden sich weiter bewegen! Auf diese Art betreten einige von uns »dog men« das weite Feld der Roboter. Wollen wir das? Ich sage dann: »Gib mir bitte die Ölkanne herüber. Mein Hund gibt so komische Geräusche von sich!« Was für Menschen!

Zum Abschluß noch ein persönliches Vorurteil - wenn ich herumstehe, alle Aktivitäten alleine meinem Hund überlasse, fühle ich mich wie eine taube Nuß. Bei dieser Arbeit sind wir doch Partner, oder nicht? Ich meine schon, daß jeder Mann, der dazu in der Lage, aber zu faul ist, etwas eigene Muskelkraft einzusetzen, sich einfach die falsche Aufgabe gewählt hat, auf der falschen Bühne mitzuspielen versucht. Am besten sollte er es mit etwas anderem versuchen, was mehr zu ihm paßt. Er könnte vielleicht Springmäuse züchten.

Bestimmt, über die Mängel der Tretmühle hätte ich wirklich noch einiges mehr herausarbeiten können. - Aber wir dürfen nicht vergessen, die gute kleine Dusty wartet so ungeduldig, steht immer noch in den Startlöchern.

Riptide Pogo, Sohn von Hoover aus Tar. Zu seinen direkten Vorfahren gehören Grand Champion Hope, Grand Champion Barney und Grand Champion Hank.

Champion Spike ist ein Sohn von Hammonds's Rufus.

»Okay, Dusty! Es hat wirklich lang gedauert!«

Zu gerne möchte ich wissen, ob die Hunde je darüber nachgedacht haben, was für einen seltsamen kleinen Tanzschritt wir »dog men« uns über die Jahre angewöhnten. Diesen lebensrettenden, kleinen Seitenschritt im letzten Augenblick, um zu vermeiden, daß irgendein ekstatischer kleiner Wirbelwind wie Dusty uns mit den Vorderpfoten genau an einer Stelle trifft, wo es uns am meisten schmerzt.

Dies ist meine erste und wichtigste Anweisung an einen Anfänger. Sie ist bereits vor unserem ersten Ausgang notwendig - man muß die Familienjuwelen immer schützen!

Heute haben wir den letzten Arbeitstag mit Dusty, ehe sie zum Kampf antritt. Wir haben sie nach der Methode in Teil Eins in gute Form gebracht. Ich sollte wohl hier keine weitere Zeit vergeuden, um Grundzubehör wie Pfotencreme zum Ballenhärten und noch ähnliches aufzuzählen. Mit anderen Worten, wenn es bereits hunderte von Informationsquellen gibt, möchte ich weder meine noch Deine Zeit damit vergeuden, langweilige Repetitionen niederzuschreiben.

Los geht's, Dusty, und dieses Mal haben wir noch einiges Volk eingeladen, uns zu begleiten. Dusty ist ein guter Arbeiter, der beste! Sie macht meine Aufgabe nahezu bedeutungslos. Anfänglich beim Start ist sie weder zu schnell noch zu langsam. Sie weiß, wir machen uns auf einen langen Weg und richtet ihre Geschwindigkeit darauf ein. Wie gut wäre es, wenn die Arbeit immer so leicht fiele!

Am Anfang zu langsam ist nicht schlimm. Dies ist immer Aufwärmezeit, zunächst müssen die Muskeln gedehnt, Versteifungen herausgearbeitet werden, ehe wir tatsächlich zur Sache kommen. *Zu schnell* ist überhaupt nicht gut, überlege doch einmal! Wo gibt es Sinn bei einem *Hundekampf*, wenn ein Hund bereits von Anfang an alles gibt und über den Rest des

WERTERHALTUNG

Kampfes sich dann den Schweiß vom Gesicht wischen muß. Das Äquivalent zu einem Hundekampf könnte durchaus der Weg eines Verrückten auf einer Provinzbühne sein, der 20 Minuten dafür opfert, die Melodien zu spielen: »Der Segen des Herrn liegt auf Euch!« bis zu der Melodie: »Oh hole mich heraus, lieber Vater, hilf, daß unsere Mutter nicht länger verprügelt wird, die schiffbrüchige Mannschaft braucht Dich!«

Offensichtlich ist der Idiot von der Wanderbühne kein Kampfhund, ihn brauchen wir nicht in Kondition zu bringen, trotzdem, ich kann es nicht genug unterstreichen, wie wichtig es ist, einen guten kleinen Hund, der möglicherweise ein zu begeisterter Arbeiter ist, ruhiger zu machen. Wir dürfen nicht erlauben, daß er sich selbst erschöpft, schon ehe er die Chance für einen zweiten Gang hat. Er muß seine Geschwindigkeit so selbst kontrollieren, daß er *seine zweite Runde zu gewinnen vermag!*

Dieser zweite Gang, die notwendigen Kraftreserven dafür sind außerordentlich wichtig, ein ganz besonderes Phänomen. Nur dadurch ist es möglich, daß unsere Hunde geradezu un-

Band, 15 Kilo schwerer Sohn von Grand Champion Charlie. Besitzer: Stephanie Shreve.

glaubliche Ausdauer bringen, wie wir dies von ihnen erwarten und *die Hunde tatsächlich haben.* Dies ist bestimmt ein seltsames Phänomen, nahezu ein Wunder, wenn man genauer darüber nachdenkt, diese sogenannte zweite Kraft (second wind). Stelle Dir vor, unsere Hunde - oder Du und ich gemeinsam - laufen eine Marathonstrecke - und unseren müden, erschöpften Körpern scheint es unendlich, ehe wir den ersehnten Punkt in weiter Entfernung erreichen.... Und plötzlich, genau wenn wir überlegen, wie in aller Welt wir das Ziel erreichen wollen, plötzlich macht es »klick«! Wo zuvor alles eng und schmerzhaft war, lockern sich im Augenblick unsere Muskeln, unser mühseliges Atmen wird leichter, frei strömt die Luft durch die Lunge. Unsere Schritte werden leichter, wir fühlen uns federleicht, Es ist, als sei plötzlich mehr Sauerstoff in unserem Blut, ja, als hätte sich die Zusammensetzung unseres Blutes verändert, aufgeladen von Vitalität, die von - wo - kommt?

Sechs Monate alter Nachkomme von Heinzl's Raquel.

WERTERHALTUNG

Ich bin ganz sicher, daß ich es wirklich nicht weiß. Weder bin ich Gott, noch ein Wissenschaftler, obwohl einige Leute manchmal letzteres mit ersterem verwechseln. Für mich ist es genug, hier ganz einfach aus meinen praktischen Erfahrungen zu berichten.

Kein scharfes Tempo, keine Verausgabung bis nahe der Erschöpfung zerstört die Möglichkeit, daß sich diese zweite Kraft nach und nach einklinkt!

Mit Dusty gibt es keine solchen Probleme. Sie läuft in flottem Trab neben meinem Rad, ist, wenn wir nach etwa einer Meile einen kleinen Park erreichen, ziemlich locker geworden. Es ist früh am Morgen, der ganze Park gehört uns. Dies ist ein guter, sicherer Platz, Dusty das Geschirr abzunehmen, denn der Park ist voll eingezäunt, und kein anderes Hündchen sollte uns hier beunruhigen. Sobald ich Dusty losgebunden habe, umkreist sie mich, versucht ein Stückchen des aufgerollten Stück Leders einzufangen, das ich aus meiner Gesäßtasche genommen habe. Ich entfalte es, halte es stramm zwischen meinen Händen, und sie packt es!

Henry's Ben. Besitzer: Gary Bouwkamp.

*Heinzl's Sadie,
Besitzer:
Howard Heinzl.*

Was haben wir bisher erreicht? Hinter uns liegt der leichte Trab zum Park, der den Gang vor dem Kampf simuliert. Und jetzt erlebt Dusty plötzlich dieselben Bewegungen, von denen ich erwarte, daß sie ihr auch im Kampf begegnen, nur dieses Mal ist es das Spielzeug, das sie zu fassen versucht, nicht das Ohr ihres Gegners. Sie setzt ihre Kieferkraft ein, genau dasselbe steht bei einem hart ausgetragenen Kampf gleich zu Beginn an.

Ich halte Dusty aktiv, - Ziehen, Stoßen, Abheben der Vorderläufe vom Boden, dies alles simuliert das Aufbäumen des anderen Hundes. Ich lasse Dusty *nicht durch die Luft fliegen*, während sie sich ins Leder verbissen hat. Dies wäre nicht nur unnötig, sondern zudem töricht. Sieht hübsch aus, wenn sie abhebt und rücklings landet! Ein gut austrainierter Hund ist schwer zu verletzen, aber warum das Risiko wagen?

»Sag mir Freund, wie kam es, daß Du Deinen Einsatz verloren hast?« »Nun, Du mußt verstehen, ich schleuderte meinen Hund durch die Luft....!«

Wenn es Fliegen ist, was Dich fasziniert, solltest Du Dir vielleicht einen Kanarienvogel kaufen!

Während ich das Leder in einer Hand halte, fasse ich Dusty's Vorderläufe mit der anderen. Sie zieht ihre Läufe zurück, so daß ich sie nicht erreichen kann, genau das ist es, wozu ich sie veranlassen möchte. »Paß auf Mädchen, packe seine Läufe!« Und wenn sie dann schüttelt, rufe ich ihr zu: »Schüttele ihn! Dusty - *schüttele ihn*!« Hierbei wähle ich eine ganz besondere Stimmlage, sehr aufgeregt, vielleicht auch drohend - was immer *sie aufregt*! Ursprünglich sagte ich es ihr, wenn *sie mich* schüttelte. Später, nach dieser Vorbereitung, schüttelte sie häufig *auf meinen Einsatzbefehl*.

Nach etwa 20 Minuten Training oder so *reicht es mir* - selbst wenn Dusty noch lange nicht genug hat! Deshalb marschieren wir, Hund angeleint, wieder zurück zur Straße zur nächsten Kuhweide hinunter, überqueren diese, dann auf einer schmutzigen Straße über etwa zweieinhalb Meilen zur nächsten Kuhweide, ein Rundweg durch die Weiden von etwa fünf Meilen Entfernung.

Der Anblick eines zuweilen vor uns fliehenden Kaninchens, Kühe in der Entfernung - auch meine ermunternde Sprache, lassen Dusty alle ihre Energien entfalten. Ich wünsche eine solche gelegentliche Energieentfaltung von Dusty selbst nachdem wir mehr als 20 Meilen zurückgelegt haben. Die plötzlichen starken Sprints sind nach meiner Vorstellung die analoge Situation zu den Zeiten, wo Dusty zutiefst im Kampf steckt, wenn ich es gerne hätte, daß gerade noch genug Saft in ihr steckt, den sie auf Anforderung mobilisiert. Ich möchte sie dann dazu bringen, sich aus einem Griff herauszuwinden oder sie zum Aufspringen mobilisieren, wenn sie schon einige Zeit am Boden liegt. Nach dieser Methode arbeiten wir fünf Meilen, bei Dusty habe ich immer die Gelegenheit, das Fahrrad irgendwo zu parken, die nächsten fünf Meilen zu Fuß zu gehen. Sie zieht mit Begeisterung, ohne jegliche Ermüdung.

Walsh's Black Hole of Calcutta. Besitzer: Mike und Terry Walsh.

Wäre sie kein »Puller«, würde ich das Training mit dem Fahrrad fortsetzen. In jedem Kampf gibt es eine wertvolle kurze Zeitspanne, Gelegenheit zum »Leerlauf«. Während der Arbeitszeit möchte ich nicht, daß Dusty stark nachläßt. Ein lebhafter Trab ist erlaubt, aber dies ist schon *genügend Leerlauf.* Ein einfacher Spaziergang ist weitgehend dasselbe wie ein Anhalten - bringt also nichts!

Die Regel ist, den Hund auf die erwünschte Distanz gleichmäßig bis zum Ende durcharbeiten zu lassen, mit einer, nur einer einzigen wichtigen Ausnahme. Diese Ausnahme besagt: wenn man beim Training entdeckt, daß der Hund »nicht in Ordnung ist«, *muß* die Arbeit *abgebrochen werden.*

In neun von zehn Fällen ist Ursache für das »nicht in Ordnung sein«, daß der Hund zwischen den Arbeitsperioden *nicht genügend ausgeruht hat*, möglicherweise mußt Du auch die Ernährung Deines Hundes nochmals überdenken. Der federnde Schritt, insbesondere in der Hinterhand, ist immer der richtige Indikator. Immer muß eine bestimmte Leichtigkeit der Bewegung sein, selbst noch nach 20 oder mehr Meilen des Trainings. Immer muß - vom An-

Duchess, Tochter von Heinzl's Gringo nach Patrick's Miss Boomer. Besitzer: Sara Chapman.

WERTERHALTUNG

Oben links: *Champion Little Cleo, sie stammt aus einem der besten Bulldog-Würfe, die es je gab (Plumber's Soko - Plumber's Cleo). Besitzer: Garry Hammonds.*
Links: *S. & W. Champion Fox mit Terry Williams und seinen Söhnen.*
Oben: *Brad McClure mit McClure's Little Bonnie.*

fang bis zum Ende des Laufens - dieser federnde Schritt erhalten bleiben, der besagt, daß Dein Hund zumindest noch zusätzliche Kraftreserven hat, noch immer ausreichend stark und begeistert für die Arbeit ist. Natürlich kann Dein Hund nicht über volle 25 Meilen Straßenarbeit absolut frisch sein, aber immer so, daß ein Zug von Leichtfüßigkeit erhalten bleibt. Solange Du dies beobachten kannst, ist Dein Hund in Ordnung. Nie aber - *ich wiederhole nie* - darfst Du erlauben, daß der Hund in einen Zustand gerät, bei dem Lustlosigkeit einsetzt, Schwerfälligkeit, müde nachschleppende Hinterläufe. Das Beste und einzig Kluge in einem solchen Fall ist umzudrehen, mit dem Hund ruhig nach Hause zu gehen, ihn zumindest fünf Tage ausruhen zu lassen.

Wenn Dein Hund Spaß an den verschiedenen Übungen hat, wird er auch sicher ein guter Arbeiter. Die meisten empfohlenen Übungen sind auf die eine oder andere Art nützlich. Du allein kannst entscheiden, welche Übungen für Deinen Hund besser passen, ihm beim späteren Kampf mehr nützen. Und auch Du allein mußt festlegen, wie die Übungen durchgeführt werden.

Wie ich immer und immer wieder betont habe, alles, was Dusty bei ihrem Training unternimmt, sollte in irgendeinem Zusammenhang zu den tatsächlichen Erlebnissen später im Kampf stehen. Auch hier ist Abwechslung wichtig, aber der Hund muß gut durchgearbeitet werden, das Training sich intensivieren. Es darf keinesfalls unter einen noch annehmbaren Grad absacken - mit Ausnahme der vorerwähnten Überarbeitung. Wechselseitig Trab und

Champion Brock, ein Staffordshire Bull Terrier in England.

Dollie's Brindle Tyrant.

Renngalopp führen zu Ausdauer. Spazierengehen und dabei stark ziehen entwickelt auf seine Art mehr Kraft und Ausdauer, als dies alleine durch Laufen möglich ist.

So, jetzt sind wir auch in Teil Zwei ganz schön vorangekommen. Du konntest sehen, daß meine Art der Arbeit mit dem Hund vielmehr Freiraum für Improvisation läßt als dies wohl zunächst in Teil Eins schien. Teil Eins hat die Grundregeln erklärt, die Prinzipien, die ich verfolge. Jetzt in Teil Zwei hast Du gesehen, daß es sehr viele Variationen gibt. Man kann unser Training mit einem improvisierten Solo in einem Jazzorchester vergleichen, das »Herausstellen« (taking off), das von jedem Musiker musikalische Kreativität verlangt. Und trotzdem verliert man dabei niemals die Orchesterstruktur, das Grundprinzip aus dem Auge!

Diese Trainingsstunden (workouts) sind schon recht lang, insbesondere zum Ende der Trainingsperiode, es gibt auch keine Zeit für eine Unterbrechung, wenn man mit der Arbeit erst begonnen hat. Wenn ich mit Dusty *gehe* und sie am Fahrrad bewege, dauert ein einzelnes Training zwischen vier und sechs Stunden. Für einen Hundemann können so viele Stunden auf der Straße recht ermüdend sein. Ich erinnere mich recht gut, daß ich zu bestimmten Zeiten mit einem Hund recht ungeduldig werden konnte, insbesondere, wenn er kein guter Arbeiter war. Ich habe ihm auch ein paar härtere Aufmunterungen gegeben als gut war, oder ich könnte durchaus das vielseitige Vokabular der an der Ostküste geborenen Italiener übertroffen und mißbraucht haben. Aber dies alles sind Dinge, die ich sofort danach bereute.

Iron Jaws Mabies Buddy, ein Kampf-hundechampion, gleichzeitig Sieger in Unterordnungs-wettbewerben. Besitzer: W.E. Ritz.

Selbst wenn ich mit einem faulen Sack von Hund trainierte, war es meine Aufgabe, den richtigen Weg zu finden, damit er arbeitete. Konsequenz hat durchaus beim Konditionieren des Hundes ihren festen Platz. Dies ist aber keinerlei Rechtfertigung, die eigene Haltung zu verlieren!

Wenn Du Dich also hinaus auf den Weg machst, *sei wirklich für Deinen Hund da!* Jeder einzelne Hund verdient einen eigenen Weg. Beobachte genau, wie er seine Läufe setzt. Warum ist die Art, wie der eine Hund aufgebaut ist, leistungsfähiger als die Anatomie des anderen. Als ich Tuffy trainierte faszinierte mich immer erneut die Art, wie ihre Hinterläufe beim Galopp arbeiteten, also mit schnellerer Bewegung als beim Trab, aber kürzer als voller Galopp. Diese Hündin hatte die beste Hinterhand, die ich je bei irgendeinem Hund gesehen ha-

Dieser Rüde zeigt die rote Nase, das »Wahrzeichen« (badge) der Linie Old Family Red Nose. Wirklich echte Nachkommen dieser Zucht sind sehr selten.

be. Ihr Spitzname »Beefy« war wohlverdient, denn sie war in diesem Bereich bestens be-muskelt, und diese starken bullenartigen Hinterläufe konnten sie über jeden Zaun heben, der sich ihr in den Weg stellte - insbesondere wenn auf der anderen Seite eine Katze lief. Die Ar-beitsweise ihrer Hinterhand ist wirklich schwer zu beschreiben, denn ich habe nie - zuvor oder danach - einen Hund gesehen, der so vorzüglich aufgebaut war. Dies war weit mehr als reine Muskelbildung, ich glaube, hier war etwas ganz Seltenes - wenn nicht Einzigartiges - auch in ihrer Knochenstruktur. Was immer dies gewesen sein mag, es war gut - es war *extrem gut!*

Ich habe aus ihr einen Wurf von elf Welpen gezogen, und kein einziger dieser Welpen erbte ihre wunderbare Hinterhand. So sind schon viele Jahre ins Land gezogen, seit ich »old

Tuffy« in der Bewegung sah, und dennoch werde ich nie den Anblick vergessen, den sie in der Bewegung bot. Bei den meisten Hunden beobachtet man, daß sie auf einer Seite etwas besser sind, eine Art »Stepp auf einer Seite«. Die andere, weniger gute Seite tut ihre Aufgabe, schiebt vorwärts, eine Art Geben und Nehmen der Bewegung, etwas unausgeglichen. Bei Tuffy arbeiteten beide Seiten völlig gleichmäßig in einer geraden, rotierenden Fortbewegung, wie sich zwei Kolben drehen, in vollkommener Symmetrie, perfekt synchronisiert. Es war ein Genuß zuzusehen. Und ich weiß nicht, ob ich dies je noch mal an einem anderen Hund beobachten darf!

Ich habe mich recht eingehend mit Tuffy beschäftigt, aber vielleicht verstehst Du, es kommt darauf an, daß Du *mit Deinem Hund zusammen bist*. Da gibt es soviel zu sehen, zu studieren, und - *man kann dabei soviel versäumen!* Ich meine, wenn ich nicht über die Arbeit mit meinem Hund nachdenken würde, überlegte ich mir möglicherweise, wie ich mich am besten an ein kleines Filmsternchen anschmiegen könnte; dabei hätte ich aber wahrscheinlich übersehen, daß es etwas ganz besonderes mit der Hinterhand von Tuffy war. Jede Einzelheit, jede Nuance, die Du übersiehst, macht Dich hier schwächer bei dem Versuch, Deinen Hund in Topkondition zu bringen, - vielleicht, in einem tieferen Sinne betrachtet - verarmst Du auch dadurch.

Oh, das mit dem Filmstarlet, verdammt - ich bin abgeschweift, alte Erinnerungen. Du kannst jetzt die Lampe löschen, meine alte wahre Liebe. Ich möchte König in meinem Schloß sein, brauche hierfür aber keine Krone.

So, jetzt haben wir unsere 25 oder 30 Meilen mit Dusty hinter uns. Wir waren hinter ihr, auf der offenen Straße, zu Fuß oder mit dem Fahrrad, wir sind ihr gefolgt, haben all ihre Freude und Begeisterung geteilt. Und wenn die Stunden verstrichen, die Müdigkeit sich einzustellen versuchte, munterte ich uns beide mit Singen fröhlicher Lieder auf. Es waren verschiedene Lieder, meistens Sinatra-Melodien, aber auch ein oder zwei von Mozarts Flötenkonzerten, und Dusty liebt auch ein gutes Boxerlied. Wärest Du, lieber Leser, *wirklich mit von der Partie gewesen*, hätte es mich sicherlich gehemmt. Natürlich drehte sich gelegentlich ein Bulle mit schmerzerfülltem Blick nach uns um. Es ist jedoch allgemein bekannt, daß Ochsen schlechte Musikkritiker sind, so hat es uns in keiner Weise gestört.

Es gibt da noch einen abschließenden Höhepunkt für Dusty's Trainingszeit. Auf 15 Minuten kehren wir noch einmal in den Park zurück, um mehr mit dem Leder zu arbeiten. Du weißt, welche Gedanken bisher hinter dem Training standen. Deshalb kannst Du auch leicht erkennen, warum wir mit dem Leder die Übung abschließen? Denk doch noch einen Augenblick nach, ich habe Geduld.... Richtig, Ihr habt es erraten!

Die Antwort lautet, wir alle wissen, daß zum Ende des Kampfes in der Pit die Hunde ihren Griff etwas lockern. Bei diesem von uns simulierten Finish jedoch möchten wir, daß Dusty's »Match« mit hartem Beißen, einem starken Finish endet. Dies ist ganz einfach der Grund für die Schlußübung.

Dies alles war jetzt die Zeit für Dusty, unsere letzte Arbeit auf dieser langen gemeinsamen Straße.

Was für ein liebes, freundlich blickendes, elegantes, athletisches, hübsches kleines Ding sie doch war - und der beste kleine »Ohrenkämpfer«, der mir je begegnete!

Auf Dein Wohl Dusty!

PIT BULL HYSTERIE AUFGRUND SCHLECHTER PUBLICITY

Dies ist ein Artikel, den ich auf dem Gipfel der allgemeinen Hysterie für The Tribune, *die Abendzeitung von San Diego schrieb. Zumindest hoffe ich, daß dies der Gipfelpunkt war! In diesem kurzen Beitrag versuchte ich, den Inhalt dieses Buches knapp konzentriert wiederzugeben.*

Kitty und Dharma beobachten Dharma's Bodyguard beim Sprung nach dem Holz.

Für uns Anhänger des American Pit Bull Terrier herrschen heute Zeiten des Elends! Vielleicht ist es für mich, der ich drei Bücher über die Rasse geschrieben habe, noch schlimmer als für die einzelnen Besitzer. In meinen vielen Artikeln habe ich den Menschen immer wieder versichert, daß die wahre Natur meiner Lieblingsrasse Menschen gegenüber geradezu extrem freundlich ist. Die Menschen können sich beim American Pit Bull Terrier in aller Regel darauf verlassen, daß er weniger als alle anderen Hunderassen dazu neigt, alleine gelassen ein menschliches Wesen anzugreifen.

Aber die extrem schlechte Presse hat eine Pit Bull-Hysterie ausgelöst, die politische Demagogen inspiriert, ein Verbot der Rasse zu fordern.

Die Frage lautet: Habe ich bisher die Öffentlichkeit getäuscht? Bin ich selbst durch törichte Liebe zu einer unwürdigen Hunderasse blind geworden? Wenn die Antwort auf diese und andere Fragen, die zurecht gestellt werden »nein« lautet, was habe ich dann zu all den in jüngerer Zeit wiedergegebenen Berichten zu sagen, wobei die Kolumne von Ann Landers mit der Forderung auf Ächtung der Rasse an der Spitze steht?

Als erstes - in meiner Verteidigung der Rasse stehe ich nicht alleine. Der Präsident der *Human Society of the United States* unterstrich in einem national ausgestrahlten Fernsehinterview, daß die Schwierigkeiten ein Problem der Menschen, nicht der Pit Bull-Hunde ist. Nach seinen Aussagen hat sich die Anzahl der jährlich durch Hunde verursachten Todesfälle

Oben: *Blue Eyed Lady, Besitzer: Jude Levasseur.*
Visavis: *Champion Sodbuster, auch als »Peanut« bekannt, »a very game pit dog«. Man rät mir immer, ein tüchtiges Mittagessen einzupacken, denn es dauert in aller Regel einige Zeit, wenn er gegen einen harten Gegner kämpft.*

nicht verändert. Richtig ist, daß hierfür in vorangegangenen Jahren Deutschen Schäferhunden und Dobermännern vorwiegend die Schuld zugeschoben wurde, heute sind es die Pit Bulls. Aller Wahrscheinlichkeit nach sind es dieselben Menschen-Typen, die mit Pit Bulls Unheil angerichtet haben, die zuvor andere Hunde mit entsprechendem Gefährdungspotential besaßen.

Richard Avanzino, Vorsitzender der Tierschutzorganisation in San Francisco, bestätigt, daß allein Probleme mit Pit Bulls darin bestehen, weil sie so gute, tüchtige Hunde sind, die bestrebt sind, alles zu tun, was ihre Herren von ihnen verlangen. Besitzen sie einen kriminellen Herren, lassen sie sich von ihm auch zu kriminellen Handlungen dressieren. Richard Avanzino unterstreicht, daß dies der einzige Fehler der Rasse sei.

Richard Koehler, der Dekan der Hundeausbilder und Autor verschiedener Klassiker über die Hundeausbildung, schrieb an Ann Landers, hielt ihr vor Augen, daß sie hinsichtlich einer »erblichen Bösartigkeit« von Pit Bulls Menschen gegenüber »vor dem falschen Baum bellt«. Ich selbst möchte mich jedes Kommentars über eine Frau enthalten, die nicht in der Lage war, ihre eigene Ehe richtig zusammenzuhalten, und sich jetzt für qualifiziert hält, Briefschreibern in persönlichen Angelegenheiten Rat zu erteilen. Jedenfalls hat sie von Hunden überhaupt keine Ahnung, ist völlig ignorant.

Über mehr als 40 Jahre besitze ich American Pit Bull Terrier. Über den gesamten Zeitraum hatte ich nie einen Hund, der einen Menschen beißen würde. Der Grund war die Tatsache, daß diese Hunde hierzu überhaupt keine Veranlagung haben. Ich besaß einige Hunde, die andere Hunde angriffen. Dies war der Grund, warum ich sie auf mein Grundstück beschränkt habe, sie bei Spaziergängen anleinte, wie dies für alle Hunde von den Verordnungen in San Diego vorgeschrieben ist.

Einmal griff einer meiner Hunde tatsächlich einen anderen Hund an, das war, als ich meinen 20 Kilo schweren Pit Bull auf eine Deutsche Dogge losließ, die gerade einen zehnjährigen Jungen in den Laguna Mountains übel zurichtete. Wenn dieser Junge noch heute in San Diego lebt, sollte er wissen, daß es ein Pit Bull war, der sein Leben rettete!

Es ist durchaus möglich, daß alljährlich mehr Leben von Pit Bulls gerettet werden, als von allen Hunden zerstört. Diese Hunderasse arbeitet an schwierigen Tieren auf Rinderranches und Schweinefarmen als »catch dog«. Die Rancher bestätigen mir, daß eine beachtliche Zahl von Menschenleben dabei gefährdet werden könnte, wenn Menschen in rauhem Gelände versuchen müßten, einem störrischen Bullen ein Seil anzulegen. Bei dieser Arbeit wird ein guter »catch dog« zur Lebensversicherung.

Menschen gegenüber hat der Pit Bull eine ähnliche Veranlagung wie der Labrador Retriever. Ebenso wie bei der Labrador-Rasse gibt es aber einige seltene Abweichungen von der Norm. Anders als der Labrador findet ein menschenaggressiver Pit Bull - so selten er auch sein mag - Publizität über das ganze Land, wenn er einen Menschen beißt.

Aufgrund seiner Rassegeschichte als Kampfhund finden Neuigkeiten über Missetaten des Pit Bull viel mehr Beachtung in der Öffentlichkeit als die anderer Hunderassen. Es besteht noch immer das Mißverständnis, daß ein Hund, der andere Hunde angreift, von Natur aus bösartig sei.

Einige Gesetze gegen gefährliche Hunde definieren Hunde, die Haustiere angreifen, als bösartig. Dies ist eine absolute Torheit. Es gibt sogar Ausstellungsstandards von Rassehundezuchten, in denen eigens spezifiziert wird, daß Aggressionsneigung gegenüber anderen Hunden nicht als Bösartigkeit angesehen werden darf.

Der Punkt ist, daß die große Mehrheit der American Pit Bull Terrier anderen Hunden gegenüber einen starken Kampftrieb besitzen. Aber Einzelhunde, die Menschen angreifen, sind so selten, daß Züchter dafür bekannt geworden sind, daß sie zusätzlich andere Hunderassen halten, um ihre Zwinger zu bewachen.

WERTERHALTUNG

Unglücklicherweise sind Pit Bulls sehr populär geworden, insbesondere in Machogruppen, und leider neigen diese Menschen dazu, sich einen aggressiven Pit Bull zu halten. Hinzu kommt noch das Problem mit den Drogenabhängigen, auf die diese Rasse eine überwältigende Anziehungskraft hat. Das Problem liegt im Namen, der so häufig verwendet wird, nämlich »Pit Bull«. Dies ist ein sehr ungenauer Ausdruck, den die Anhänger der Rasse in der Regel selbst gar nicht benutzen, da er auch verschiedene andere Rassen, einschließlich Bull Terrier und American Staffordshire Terrier, umfaßt. Dieser Sammelname wird leider praktisch auf jeden Hund angewandt, der diesen Hunderassen ähnlich sieht. Auf diese Art werden dem American Pit Bull Terrier mehr Angriffe zugeschrieben als der Wirklichkeit entsprechen.

Aufgrund der Tatsache, daß die Rasse so populär geworden ist, deshalb viele kleine Züchter in Schrebergärten der großen Nachfrage wegen einen gegen Menschen aggressiven Hund nicht aus der Zucht nehmen, gibt es möglicherweise heute mehr aggressive Pit Bulls als zuvor. Sie sind aber noch immer eine ganz klare Minorität - eine absolute Ausnahme und Anomalie in der Rasse. Deshalb ist der American Pit Bull Terrier als Rasse im Gegensatz zu den Veröffentlichungen in den Klatschspalten unverändert in seinem Wesen zuverlässig, ein einzigartiger Hund.

Die heutigen Gesetze machen die Hundebesitzer für alle Handlungen ihrer Hunde strikt verantwortlich. Ein Mann in Florida sitzt aufgrund der Untaten seines Pit Bulls wegen Totschlags auf die entsprechende Zeit im Gefängnis. Zwei Leute in diesem Land stehen vor einer gleichartigen Situation. Diese Tatsachen untermauern, daß es überhaupt keiner neuen Gesetze bedarf. Man kann mit den vorhandenen Gesetzen alle jene, die gegen Menschen aggressive Pit Bulls halten, durchaus unter Kontrolle bringen.

DER PIT BULL UND SEINE ZUKUNFT

======================
»Hoffnung, trügerisch wie sie ist,
führt uns letztlich doch über
eine angenehme Straße bis
zum Ende unseres Lebens.«
LA ROCHEFOUCAULD
======================

Während ich dieses Abschlußkapitel schreibe, steht die Rasse American Pit Bull Terrier unter stärkerem Druck als je zuvor. Es gibt drei Gründe für die Verschärfung der Angriffe gegen die Rasse. Zum einen wurde vor kurzem im Norden Kaliforniens ein zweijähriges Kind durch einen American Pit Bull Terrier getötet. Danach - nur wenige Tage später - filmte ein Fernsehteam den Angriff eines Bulldogs auf einen Tierschutz-Kontrollbeamten. Diese Angriffe ließen mein Herz vor Entsetzen schneller schlagen, obwohl dieser Hund bei seinem Angriff bei weitem nicht so heftig und tödlich war, wie es bei einem »game dog« der Fall gewesen wäre. (Glücklicherweise jedoch scheinen diese »game dogs« praktisch niemals aggressiv gegen Menschen zu sein). Und zum dritten muß zugegeben werden, daß in den letzten drei Jahren eine überwiegende Anzahl tödlicher Angriffe durch Pit Bulls erfolgte.

Es ist äußerst interessant festzuhalten, daß obgleich die tödlichen Angriffe in den letzten paar Jahren in erster Linie von Pit Bulls ausgingen, es insgesamt nicht mehr tödlich verlaufende Angriffe gab als zehn oder fünfzehn Jahre zuvor. Damals aber gingen die Angriffe auf eine Vielfalt verschiedener Rassen zurück.

Was mir dies sagt? Es sind die gleichen Menschentypen, die früher einmal die anderen Hunde besaßen, inzwischen aber alle davon überzeugt sind, daß der APBT der »schneidigste« (»toughest«) Hund ist, und deshalb sind sie auf ihn übergewechselt.

DER PIT BULL UND SEINE ZUKUNFT

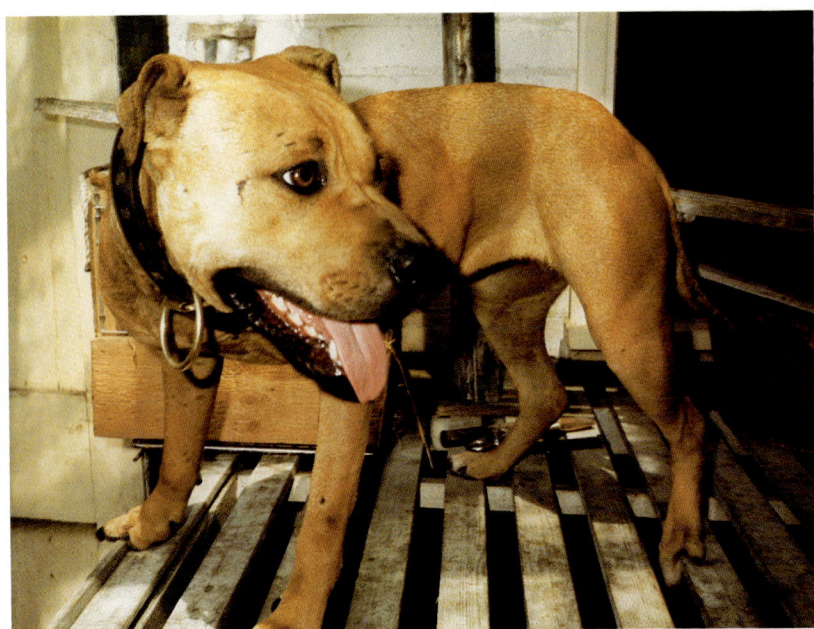

*The Welshman
Angel.*

Bei diesen Menschen wird der Begriff »verantwortungsbewußter Hundehalter« nicht überstrapaziert, möglicherweise denken sie überhaupt nicht darüber nach. Nach meiner Auffassung sind diese Menschen - allgemein gesprochen - entweder Mitglieder einer Macho-Gruppe oder Ghetto-Typen, die nicht nur vom Bulldog, sondern auch von Hunden überhaupt nichts verstehen. Natürlich, die Mehrheit der Bevölkerung versteht von Hunden gleichfalls sehr wenig, aber die meisten von ihnen bemühen sich zumindest darum, etwas über die Hunderasse zu lernen, wenn sie sich den Vertreter einer bestimmten Rasse ins Haus holen.

Ein großes Problem ist die überwältigende Popularität der Rasse, woraus - wie bei jeder Hunderasse - Züchter-Ignoranten auf jede planmäßige Zucht verzichten, ihre Welpen zu relativ niedrigen Preisen über die Lokalzeitungen verkaufen. Da bereits die Züchter selbst überhaupt keine Ahnung haben, erhält natürlich auch der Käufer sehr wenige Informationen von ihnen - noch schlimmer - krasse Fehlinformationen, wie sie ihren Hund halten und versorgen sollen, was sie fairerweise von ihrem Hund erwarten können.

Heute sind Pit Bulls noch immer in den allgemeinen Beißstatistiken niedrig angesiedelt. Das Problem ist, daß sie bei den Statistiken über tödliche Angriffen immer an vorderster Stelle stehen. Bereits vor vielen Jahren schrieb ich, daß ein Bulldog »tausendmal weniger wahrscheinlich Menschen angreife als irgend eine andere Rasse«, wenn aber doch - »würde er tausendmal gefährlicher sein«.

So gibt es heute eine bestimmte Anzahl von Pit Bulls, die Menschen angreifen. Ursache hierfür ist die extreme Popularität der Rasse, daraus entstandenes verantwortungsloses Vermehren.

Hinzu tritt die Faszination der Medien für die Rasse, ein Trend, alle Geschichten um der Sensation willen zu präsentieren. Je schlechter die Zeitung, um so verantwortungsloser und undisziplinierter der sich darin spiegelnde Sensationsjournalismus. Leider haben auch angesehene Zeitungen, Magazine und Fernsehberichte in gewissem Umfang den gleichen Weg eingeschlagen.

Da ich der Autor verschiedener Bücher über den American Pit Bull Terrier bin, erreichen mich Anrufe aller wichtigen Tageszeitungen und Magazine, ebenso Einladungen, in verschiedenen Talkshows mitzuwirken. Diesen Aufgaben habe ich sehr viel Zeit gewidmet, meist in der schwachen Hoffnung, daß ich die Chance erhalte, die Situation in den richtigen Perspektiven aufzuzeigen.

Einige in der Presse veröffentlichten Artikel hatten schreckliche Folgen. Die meisten waren wahrhaftige Hexenjagden auf die Rasse und ihre Besitzer, zielten nachhaltig auf den Appetit der Massen auf Sensationen und besonders Makaberes.

Als Illustration, wie sich diese Dinge abspielen, möchte ich nur einer einzigen Veröffentlichung nachgehen, darstellen, wie die Geschichte aufgemacht wurde. Es handelt sich um das Magazin *Sports Illustrated* und zufällig erschien diese Geschichte vor ganz kurzer Zeit. Hier folgt, was ich zunächst hörte, und was sich danach wirklich ereignete.

Offensichtlich hatte Hector Cazarez, Vorsitzender des Tierschutzkontrollzentrums in San Diego, sich mit dem Magazin in Verbindung gesetzt, zumindest war er der erste, der mir erzählte, daß *Sports Illustrated* eine Geschichte über die Rasse veröffentlichen werde. Meine Frau kommentierte mit einiger Ironie, daß wir jetzt endlich das richtige Magazin gefunden hätten. Wir beide waren aber todunglücklich zu erfahren, daß eine solche Publikation bevorstand. Bittere Erfahrungen hatten uns gelehrt, daß derartige Geschichten in aller Regel den American Pit Bull Terrier als Rasse allein um der Sensation willen völlig falsch darstellten.

Einige Tage später rief mich Ed Swift an, der Autor, der die Geschichte schrieb. Wie immer zeigte ich mich kooperativ und konnte danach nur noch das Beste hoffen. Er erzählte mir, er habe bereits mein erstes Buch gelesen, aber nahezu alle Journalisten erzählen, sie hät-

Eine englische, inzestgezüchtete Hagler-Hündin auf einer Hundeausstellung.

DER PIT BULL UND SEINE ZUKUNFT

ten das eine oder andere meiner Bücher gelesen. Leider zeigt sich in der darauffolgenden Unterhaltung meist, daß es ihnen nicht im Traum eingefallen war. Im besten Fall hatten sie einmal durchgeblättert, sich vielleicht die Fotos und die Zeichnungen angesehen. Entweder war es so - oder sie hatten ein sehr schwaches Erinnerungsvermögen. Das Gespräch mit Autor Swift vermittelte mir den Eindruck, daß er mit Sicherheit mein Buch nicht sorgfältig gelesen hatte, aber zumindest hatte er mehr getan, als sich einfach die Bilder anzuschauen.

Nach einem langen telefonischen Interview bedankte sich Swift für meine Kooperation. Am Schluß fragte ich ihn, ob sein Aufgabengebiet sich auch auf die San Diego Sportteams erstreckte. Als er mir sagte, daß dies der Fall sei, einschließlich der vom Unglück verfolgten Padres, antwortete ich ihm nachdrücklich: »Nun, Sie wissen, daß ich mich schon mit dem Fall der Padres und der Chargers zu befassen hatte. Deshalb ist für mich die Pit Bull-Hysterie eine zusätzliche schwere Belastung meines Gemütszustands. Seien Sie deshalb bitte in Ihrem Artikel freundlich.«

Im Vergleich mit früheren Artikeln in angesehenen Magazinen wie *Time* und *Newsweek* war dieser Artikel dann eigentlich gar nicht schlecht geschrieben. Es war in erster Linie die Bildauswahl, welche die Hysterie steigern sollte. Beispielsweise wurde auf dem Titelbild ein knurrender Pit Bull abgebildet, in großen Schlagzeilen darüber stand »Hüte Dich vor diesem Hund!«. Zu gerne möchte ich wissen, wie sie es geschafft haben, den Hund auf dem Titelbild dazu zu bringen, seine Zähne zu entblößen, denn es entspricht gar nicht der Natur der Rasse,

Medders' Tiger Jack, ein Sohn von Apache Red Ty, geht vorwiegend auf die Zucht Old Family Red Nose zurück.

Riptide Bandit springt nach dem Ball, der im Zaun steckengeblieben ist.

dies zu tun. Aber es entbehrt nicht der Ironie - die Beschaffung guten Fotomaterials kostete mich mehr Zeit als das Interview selbst. Einer der Manager von *Sports Illustrated* hatte mich angerufen und gefragt, ob sie ein Fototeam schicken könnten, um meine Hunde zu fotografieren. Das gestattete ich gerne, und eine Fototeam mit zwei Fotografen kam zu mir heraus und machte zahlreiche Aufnahmen meiner Hunde.

Da waren Fotos, wie Hoover die Tür öffnete. Sie fotografierten mich selbst mit jedem meiner Hunde. Dann fotografierten sie Hoover und Isaac zusammen, außerdem machten sie Aufnahmen des Ballspiels von Hoover und Isaac auf dem Hügel hinter meinem Gelände. Hunderte von Fotos wurden aufgenommen, nach einer Arbeit von zumindest drei Stunden unterhielten sich die Fotografen untereinander. Einer erklärte: »Wir müssen wirklich sagen, daß diese Hunde zehnmal kooperativer waren als die meisten Berufssportler, wahrscheinlich auch noch geschickter!«

DER PIT BULL UND SEINE ZUKUNFT

Das einzige bei mir aufgenommene Foto, das im Artikel erschien, war das Hochspringen von Hoover am Tor des eingefriedeten Hofs. In Wirklichkeit sprang er voller Begeisterung auf und ab, da ich ihm seinen Ball zeigte. Aber die Momentaufnahme ließ ihn erstarren, so daß es aussah, als würde er über das Tor setzen. Dieses Foto hatte zur Unterschrift: »Ein eingezäunter Garten kann Stratton's Hoover nicht halten.« Die klare Folgerung für den Leser bestand darin, daß Hoover jederzeit aus einer Umzäunung ausbrechen könnte, dann für alle recht gefährlich werde. Man muß wirklich Hoover kennen, dabei gewesen sein, um zu verstehen, wie völlig lächerlich diese Unterschrift war.

Dann wurden einige Fotos nachgedruckt, die vor vielen, vielen Jahren in einem *Geo*-Artikel erschienen waren. Ich hatte diese Fotos bereits in der *American Pit Bull Terrier Gazette* als außerordentlich irreführend und schon im Ansatz völlig verkehrt kritisiert. Doch Swift bezog sich auf diesen *Klassiker-Artikel in Geo*, und er zitierte daraus eine ganze Menge von den fehlerhaften Informationen. Es gelang ihm auch, weitere Fehlinformationen von anderen in den Artikel einzubeziehen, etwa von einem Richter in San Diego, der behauptete: »Von allen Haustieren steht der Pit Bull dem wilden Tier am nächsten!«

Man sollte schon ein wenig von wilden Tieren und Pit Bulls verstehen, um nachzuvollziehen, wie unsinnig eine solche Erklärung ist. Da gibt es bereits das verbreitete Mißverständnis, daß wilde Tiere bösartig seien. Natürlich, zur Selbstverteidigung werden viele beissen, aber danach versuchen sie sofort zu fliehen. Eines der Probleme in dieser Frage besteht darin, daß die Öffentlichkeit gerne *Beutegreifen* mit *Aggression* verwechselt. Bei Wildtieren ist dies etwas völlig anderes. Beim Beutegreifen wählt sich das Raubtier die am leichtesten

Unten: *Dixieland Diamond Girl als Junghund, Besitzer: Sara Chapman.*
Visavis: *Riptide Bandit am Ball, acht Fuß (2,40 m) über dem Erdboden.*

DER PIT BULL UND SEINE ZUKUNFT

zu erlegende Beute, erledigt das Opfer so schnell wie möglich, mit keinen anderen Gefühlen der Beute gegenüber als wir einer Kirschtorte gegenüber empfinden. Was das Aggressionsverhalten angeht, verlassen sich die Tiere in der Regel auf Drohgebärden, kämpfen nur, wenn die Drohhaltung nicht ausreicht - und solche Fälle sind sehr selten. Es gibt sehr viele gute Gründe für die Feststellung, daß ein verletztes Wildtier große Schwierigkeiten hat, sich in der Wildnis durchzubringen und zu überleben.

Hervorzuheben wäre, daß es zu den ganz großen Schwächen dieses Artikels gehörte, daß Menschen, die in keiner Weise von Pit Bulls irgend etwas verstanden, auf selber Ebene zitiert wurden wie jene, die durchaus wußten, worüber sie sprachen. Unglücklicherweise waren dann Ignoranten die Basis abwertender Kommentare. Soweit ich dies beurteilen kann, war es immer so. Gerade jene, die derartige abwertende Kommentare über die Rasse abgeben, sind genau die gleichen, die bedauernswert wenig Wissen über die Probleme haben.

Links: *Junghunde nach Snooty, Besitzer: Matt White.*

Visavis: *Jeff Burke mit Brewer's Outlaw, gleichfalls ein Snooty-Sohn.*

Heute hat jedermann seine Meinung über Pit Bulls, aber sie alle sind sich überhaupt nicht mehr darüber im klaren, daß ihre Meinung überhaupt nicht ihre eigene Meinung sein kann. Ihre Empfindungen sind durch die Medien nach der Methode des russischen Verhaltensforschers Ivan Petrovitsch Pablov beeinflußt.

Unverändert ist es das Schlimmste für die Rasse, daß sie so populär geworden ist, ungewöhnliche Einzelwesen sich in den Händen verantwortungsloser Menschen befinden. Sicherlich haben die Medien das Grundproblem nicht selbst geschaffen, es aber durch ihre nahezu unterschiedslos sensationelle Aufmachung wesentlich verschlimmert.

Das Traurige daran ist, daß diese absolut unvernünftige Publizität dazu führte, daß sich viele Menschen vor ihren eigenen Hunden fürchten. Und dies sind Menschen, deren Hunde über viele Jahre geradezu Modellcharakter für gutes Verhalten zeigten. Aber die Leute fürchten, daß die Hunde sich gegen sie stellen könnten, was man sie durch Zitate und Neuigkeiten glauben macht. Häufig wird beispielsweise die Behauptung aufgestellt, der Pit Bull sei eine Zeitbombe, die jederzeit explodieren könne.

Das einzige, was an dieser Behauptung fundiert ist, bezieht sich ausschließlich auf das Verhalten eines Pit Bulls gegenüber anderen Hunden. Ab dem Alter von einem Jahr kann ein

DER PIT BULL UND SEINE ZUKUNFT

Pit Bull jederzeit anderen Hunden gegenüber (manchmal auch anderen Haustieren gegenüber) recht starken Kampftrieb entwickeln. In aller Regel beschränkt sich dies auf fremde Hunde, ich habe manchen Rüden aus einer Champion-Linie von »Pitdogs« gekannt, der schon mit einem vorhandenen Familienhund in voller Harmonie lebt. Zwei Pit Bulls zusammen machen die Situation schwieriger, meine Empfehlung lautet immer, daß man diese Hunde ohne Überwachung nicht alleine zusammenlassen darf.

Einige der Autoriäten, an die sich die Journalisten in den verschiedenen Städten gerne wenden, sind meist die Tierschutzvereine. Diese Organisationen des Tierschutzes befinden sich natürlich jetzt in einer schwierigen Lage. Sie haben meist interessante finanzielle Zuwendungen erhalten, weil sie den Hundekampf nachhaltig verurteilen. Als Gruppe haben sie sich über die letzten zehn Jahre ständig im Kreis gedreht, verschiedene erfundene »Pitdog-Perversionen« angeprangert, beispielsweise das »blutdurstig machen« von »Pitdogs« mit Hilfe von Taubenblut, Ausbilden der Hunde mit kleinen Kätzchen, Amputieren der Vorderläufe der Hunde, so daß sie sich unter ihren Hundegegner drängen können, um ihm den Bauch aufzuschlitzen. Solche laufende Publizität hat ja gerade jungen Machos und Straßenräubern Ideen vermittelt, auf die sie von selbst gar nicht gekommen wären. Diese humanen Organisationen haben durch ihre Öffentlichkeitsarbeit in Wirklichkeit inhumane Handlungen selbst begünstigt und ausgelöst.

Es gibt noch eine andere phantastische Vorstellung, wonach ein Bulldog durch Blutlecken wild gemacht würde. Hier wiederum liegt eine Verwechslung von Aggression (fighting) mit Beute machen (predation) vor. Blut macht einen Bulldog so wenig kampflustig wie eine Katzensuppe oder klares Wasser. Die Geschichte mit den kleinen Kätzchen ist eine üble Folge des allgemeinen Mißverständnisses, ein Kampfhund sei seiner Natur nach aggressiv (vicious) oder man müsse ihn durch solche Methoden aggressiv machen. Angeblich wird er

Tucker und Kitty the Bulldog.

Ironman's Pee Wee, ein Nachkomme von Peterbilt und Grand Champion Hank. Besitzer: Jeff Fontenot.

durch solche verlockende kleine Kätzchen, die er dann töten darf, zu einem erfolgreichen Kampfhund oder - zu allermindest, wird er dadurch bösartiger oder aggressiver. Dies ist überhaupt nicht der Fall, es gibt sehr viele extreme »game Pitdogs« die noch nie Neigung zeigten, irgendwelche kleine Kätzchen zu töten. Dies alles habe ich *Sports Illustrated* detailliert erklärt, aber sie entschieden sich dafür, den Greuelnachrichten jener zu folgen, die alle diese unmöglichen Geschichten in Umlauf gesetzt haben.

Wenn es darauf ankommt, wissen die Tierschutzorganisationen wirklich nicht viel über Kampfhunde. Sie argwöhnen aber immer das Schlimmste, und jeder Hinweis, der ihnen zu-

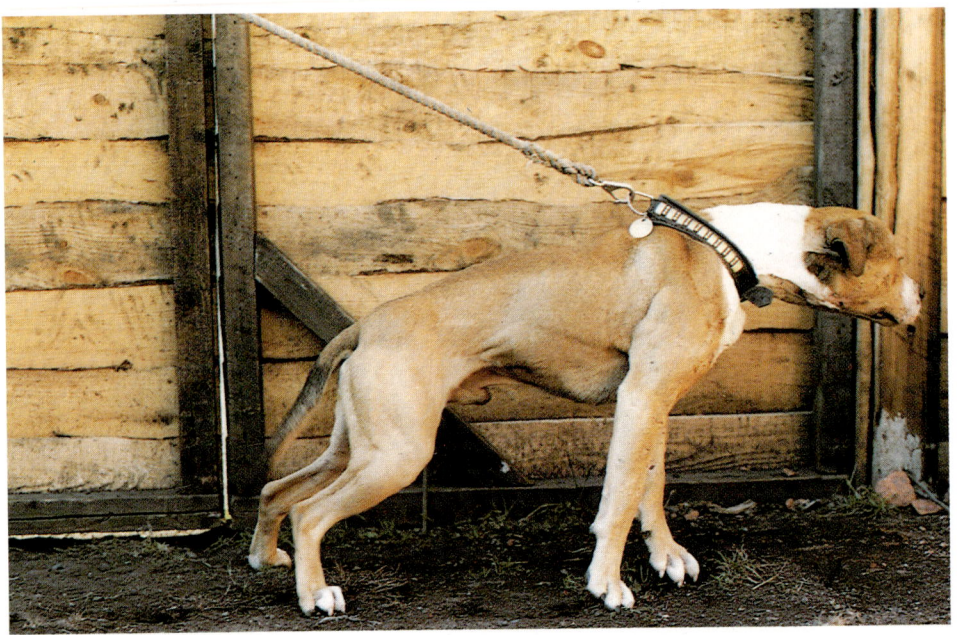

Oben: *Belker, ein APBT, Sieger gegen Champion Gnasher in der Pit.*
Unten: *Troy's Terror, eine 16 Kilo schwere Tochter von Boomer.*

Pat Graham in England mit ihrem Rüden Rhino.

Riff-Raff, Sohn von Little Boots, auf der Ausstellung plaziert.

geht, wird zunächst einmal negativ interpretiert. Was sie Reportern gegenüber zum Ausdruck bringen, in ihren eigenen Publikationen veröffentlichen, ist immer auf Sensation ausgerichtet, natürlich in keiner Weise objektiv. So wird jede Geschichte, soweit hergeholt sie auch sein mag - als Tatsache wiedergegeben, wobei man in aller Regel nicht einmal einen Versuch unternimmt, sich selbst zu vergewissern. Es ist leicht einzusehen, warum sie so gerne alles glauben, was sie hören. Für sie ist der Hundekampf das allerletzte an menschlicher Grausamkeit gegen Tiere. Und Menschen, die solche Handlungen ausüben, ist bestimmt alles zuzutrauen, weshalb sollte man dann erst zweifeln? Eines meiner Lieblingssprichworte (leider erinnere ich mich nicht, woher es stammt) lautet: »Skepsis ist die Keuschheit des Intellekts.« Für mich ist dies zutiefst überzeugend, eine Mahnung, die auch Tierschützer beachten sollten, wenn sie Geschichten über Kampfhunde hören.

Ich persönlich habe Tierschützern gegenüber sehr viel Respekt, ich liebe Tiere, und ich möchte wirklich nicht, daß sie mißhandelt werden. Nebenbei erwähnt, einige dieser Tierschützer hatten sogar das Gefühl, sie könnten etwas von mir lernen. Sie übersandten mir Vorschläge für Gesetzestexte, erbaten meine Prüfung und Ergänzungsvorschläge. Dies geht noch weiter, viele haben klar zum Ausdruck gebracht, daß sie diese Hunderasse mögen. Es handelt sich dabei in aller Regel um Tierschützer, die Gelegenheit hatten, Gutartigkeit und Intelligenz der Pit Bulls persönlich zu erleben.

306

Andere Tierschützer scheinen einen ausgeprägten Haß auf die Rasse zu haben, in erster Linie - wie ich glaube - weil sie sie überhaupt nicht kennen; und in zweiter Linie ist ein Hund, der andere Hunde gefährden könnte, eine noch schlimmere Bedrohung für gefühlsselige Hundeliebhaber, als wenn er Menschen gefährdete. Aber unverändert rufen viele Tierschützer nach einem strengsten Verbot des Hundekampfs, verunglimpfen die Hunde, wagen aber meist nicht Gesetze zu fordern, um die Rasse vollkommen zu verbieten. Beachte, lieber Leser, wie freundlich ich in meiner Wortwahl bin, ich habe den Begriff »Humaniac« nicht gewählt!

Solche Vorschläge sind natürlich Wasser auf die Mühlen anderer Fanatiker, die gleichfalls Opfer der allgemeinen Hysterie sind. Der Grund, warum unsere »Humaniacs« (Entschuldigung) nicht verlangen, daß die Rasse tatsächlich verboten wird, liegt darin, daß die Träger ihrer Organisationen in großem Umfang Rassehundezüchter sind. Solche Mitglieder haben genügend Verstand, um zu wissen, daß wenn erst einmal eine Hunderasse verboten wird, die Tür weit offen für das Verbot anderer Rassen steht. Wird der Pit Bull in Bann getan, wird sich die Hysterie neue Ziele in einer anderen Hunderasse suchen.

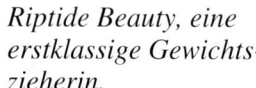

Riptide Beauty, eine erstklassige Gewichtszieherin.

Ich habe gegen die Vorstellung, Pit Bulls seien aggressive Hunde, mit Nachdruck Front gemacht, weil ich weiß, welch eine Verleumdung dies ist. Und ich bin mir nur zu bewußt, welch eine Ironie der Gerechtigkeit es darstellte, wenn eine der wesensfestesten und verläßlichsten Hunderassen verboten wird. Der Gipfel der Ironie besteht aber darin, daß zur gleichen Zeit, da es in den USA einen Riesenaufstand und Geschrei gegen den Pit Bull gibt, als wäre er eine Art »Frankenstein Monster«, und die Dorfbewohner mit Fackeln in der Hand auf Jagd ziehen, immer mehr Länder diese amerikanischen Hunde importieren. Was wir in Amerika verleumden, wird in anderen Ländern hoch geschätzt.

Obgleich ich bestimmt keine gegen Menschen aggressiven Hunde mag, wende ich mich gegen alle Versuche, nunmehr eine Art Verbot von Schutzhunden aufzubauen. In einem Zeitalter, in dem das Verbrechen immer weitere Kreise zieht, haben die Menschen ein Recht, sich in ihrem Haus sicher zu fühlen. Man muß ihnen einen Hund zu ihrem persönlichen Schutz erlauben.

Aber bitte, hierfür sollten sie sich keinen Bulldog wählen! Als allererstes - selbst heutzutage - sind die meisten Bulldogs keine guten Wachhunde. Sie bellen nicht viel, sie lieben Menschen geradezu! Wenn Du aber einen Bulldog hättest, der Menschen gegenüber Aggres-

Shebest's Rosie, zeigt sich als Wachhund.

sion zeigt, wäre dies ein anderer Hund - Du hättest tatsächlich ein sehr gefährliches Tier im Hause! Aufgrund seiner Hartnäckigkeit und Kraft wäre er durchaus in der Lage, einen ausgewachsenen Mann zu töten. Selbst auf die Gefahr mich zu wiederholen, früher wurden solche Hunde in den Löwenkampf geschickt, werden heute noch eingesetzt, um wildgewordene Schweine und aggressive Bullen zu zähmen.

Die meisten Angriffe auf Menschen erfolgten durch Pit Bull-Mischlinge, mit etwas Stafford oder etwas Deutschem Schäferhund oder etwas von irgend einer anderen Rasse dazwischen. Menschenaggressive reinrassige Pit Bulls wurden immer aus der Zucht ausgeschlossen. Nach meiner Auffassung waren auch ihre meisten Angriffe nur halbherzig ausgeführt. Wie schon früher erwähnt, haben wir bestimmt in den Fernsehaufzeichnungen eines Pit Bull-Angriffs auf einen Tierschutzbeamten nicht gesehen, was ein Pit Bull, der echt wütend ist, anrichten könnte. Kein echter Pit Bull könnte mit einer kleinen weißen Stange abgehalten werden, wie bei diesem Ereignis gefilmt wurde. Zweifelsohne war dieser Hund auch nicht verantwortungsvoll gezüchtet, wurde aber wahrscheinlich zum Schutzhund ausgebildet.

Es gibt auch ganz bestimmte Themen, die laufend in der Öffentlichkeit abgehandelt werden, die mich immer wieder beunruhigen, weil sie ganz einfach falsch sind. Eine Angewohnheit ist, daß man laufend von dem Pit Bull als einer »Spezies« spricht. Zur Klarstellung, keine Hunderasse ist eine »Spezies«. Alle Hunderassen sind Unterarten einer Spezies. Aus diesem Grund werden die Bezeichnungen der Hunderassen - entgegen journalistischem Gebrauch - oft in großen Buchstaben hervorgehoben. Die Namen sind richtige Substantive, nämlich die Namen der Unterarten (varieties). Ein anderes Fehlzitat bezieht sich auf die Bösartigkeit, die als Folge von Inzestzucht dargestellt wird. Dies ist einfach unwahr. Inzucht ist

U und S's Tater, einen Tag vor seinem Sieg in der Pit.

ein wertvolles Instrument, wird in der Tierzucht aller Varietäten und Spezien mit Erfolg eingesetzt. Bei Wildtieren wie Menschen ist Inzucht weniger erwünscht, weil ein möglichst breiter Genpol die Anpassungsfähigkeit an die Umwelt erleichtert. Einfach ausgedrückt vermindert Inzucht breite Abweichungen im Genpol, vermag aber nie schlechtes Wesen oder andere unerwünschte Eigenschaften auszulösen. Ein gutes Beispiel für extreme Inzucht bei Hunden bietet in vielen Ländern die planmäßige Zucht von Blindenführhunden!

Eine üble Taktik, die sowohl in Zeitungsberichten wie Fernsehprogrammen gerne genutzt wird, besteht darin, Menschen als Zeugen vorzuführen, die selbst von Pit Bulls angegriffen wurden oder solche Angriffe beobachtet haben. Mit solchen Menschen zu sprechen ist schwierig, denn wer immer menschliche Gefühle besitzt, empfindet extreme Sympathie und Mitleid mit jedermann, dem eine solche Tragödie zugestoßen ist. Dennoch möchte ich darauf hinweisen, daß die Lage, in der sich ein einzelner, der verletzt wurde, oder dessen Familienmitglieder einem Autounfall zu Opfer fielen fühlt - die gleiche wäre, wenn dies seine einzige persönliche Erfahrung mit Autos wäre. Dieser Vergleich wird ungern gezogen, aber ich kenne keinen besseren. Der Hauptunterschied liegt darin, Autos sind potentiell immer gefährlich, die meisten Pit Bulls sind das nicht! Trotzdem, von einem Auto überfahren worden zu sein, macht niemand zum Fachmann über derartige Autos, Pit Bull-Opfer vor der Fernsehkamera werden in aller Regel rein der Sensation wegen befragt.

Emmerts's Tugger als Teilnehmer eines Gewichtsziehwettbewerbs.

Zur Zeit werden in zahllosen Städten und Ländern neue Gesetze entworfen, einige sind sogar schon in Kraft gesetzt worden. So hat die Stadt Hollywood in Florida gerade ein

DER PIT BULL UND SEINE ZUKUNFT

Gesetz erlassen, das für den Pit Bull eine Spezialbehandlung forderte. Es löste landesweit eine Kampagne aus, um diese Verordnung aufzuheben. Der Haupteinwand lautet, daß sie gegen die Verfassung verstößt. Die zynische Absicht heutiger Demagogen ist darauf gerichtet, das Land mit Gesetzen oder Verordnungen so zu überziehen, daß kein Raum mehr bleibt, um der Herausforderung zu begegnen. Aber selbst wenn diese Strategie Erfolg hätte, wären die Verordnungen erfolglos und nicht durchzusetzen. Derartige Gesetze führen im allgemeinen nur dazu, daß die Bürger Gesetze im allgemeinen verachten.

Die Pit Bull-Anhänger sind heute so verzweifelt, daß sie bereit sind, jedes Gesetz zu beachten, das sich nicht speziell gegen ihre Rasse richtet, solange für Pit Bulls keine Sonderregelung festgelegt wird - vom Verbot bis zur Forderung auf besonders gesicherte Unterkünfte und Zusatzversicherungen. Ich persönlich jedoch bin in keiner Weise bereit, irgendein Gesetz zu akzeptieren, das einen bösartigen Hund so definiert, daß er eine Veranlagung hat, andere Haustiere anzugreifen. Da die meisten Pit Bulls andere Hunde angreifen, werden sie durch ein solches Gesetz automatisch ausgesondert.

Joshua Douglas mit seinem Liebling Sweet William.

Persönlich sehe ich auch überhaupt keinerlei Gründe für neue Gesetze. Es gibt keine neuen Probleme. Schon immer hat es jährlich etwa zwölf Todesfälle durch Hunde gegeben. Beteiligt daran waren immer Hunde verschiedenartiger Rassen, einmal - vor langer Zeit - handelte es sich sogar um drei Pekingesen, die eine Kleinkind töteten.

Was sollen wir tun? Alle Hunde verbieten? Die Hundebesitzer sind für alle Handlungen ihrer Hunde voll verantwortlich. Menschen, deren Hunde Menschen angegriffen und getötet haben, wurden in aller Regel wegen Körperverletzung oder Totschlag angeklagt. So wurde beispielsweise in Georgia ein Hundebesitzer wegen Handlungen seiner Hunde zu fünf Jahren Gefängnis verurteilt. Dies ist bestimmt kein neues Phänomen. Ich erinnere mich gut 40 Jahre zurück, als in Florida ein anderer Mann zu noch längerer Gefängnisstrafe verurteilt wurde, weil seine Hundemeute eine Frau getötet hatte.

Natürlich spielt es keine allzu große Rolle, was ich denke. Die meisten von uns leben heute bereits schon unter Gesetzen, die sich gegen gefährliche Hunde richten. Dies ist bei uns in San Diego der Fall, verglichen mit Gesetzen in anderen Städten handelt es sich dabei aber um eine recht vernünftige Verordnung. Wenn es wirklich zu neuen Gesetzen käme, wer bewahrte Dich notfalls vor der Todesstrafe, wenn Dein Hund irgend jemand tötet, es sei denn, der Getötete hätte gerade ein Verbrechen begangen.

Unerläßlich und selbstverständlich - Leute mit Schutzhunden sollten wirklich alle Vorbereitungen treffen, um zu gewährleisten, daß keine unschuldigen Menschen je verletzt werden. Was mich selbst angeht, hatte ich nie einen Bulldog, der absichtlich einen Menschen verletzt hätte. Nie besaß ich einen Hund, der einen Menschen biß, und ich könnte mit der Möglichkeit leben, daß ich in beträchtliche Schwierigkeiten käme, wenn einer meiner Hunde wirklich einen Menschen angreift. Denn so etwas darf ganz einfach nicht passieren!

Für Bulldog-Fans leben wir in unruhigen Zeiten, Zeiten der Frustation und schlimmerwerdender Hysterie. Solche Zeiten sind aber auch eine Herausforderung! Und ich habe immer gefordert, daß nicht jedermann einen Bulldog haben sollte. All Ihr Züchter, bei Euch liegt die Verantwortung, Eure Hunde nicht in falsche Hände zu geben! Andere wiederum werden hoffentlich die Zucht völlig aufgeben. Ich kann kaum die Zeit erwarten, da der Pit Bull nicht mehr so populär ist. Dies kann noch lange Zeit dauern, aber für alle Hunderassen gibt es eine Art Pendeleffekt. Einen gleichen Effekt gibt es auch für menschliche Hysterien. Manchmal scheinen sie ewig zu dauern, aber sie werden dennoch eines Tages vergehen. Am Ende werden wir überleben!

Es gibt Anzeichen, daß kühler Kopf und Vernunft die Situation verbessern werden. Es gibt Zeitungen, in denen Kommentare veröffentlicht wurden, die klar zum Ausdruck bringen, daß für neue Gesetze keinerlei Bedarf besteht, daß die Pit Bull-Situation völlig übertrie-

Perry's Champion Big Mac, Sohn von Champion Little Boots und einer Tochter von Grand Champion Hank.

DER PIT BULL UND SEINE ZUKUNFT

Links: *Double D's Harley D schleppt 20 Kilo Kettengewicht.*
Unten: *Duran's Bomber, ein Sieger in der Pit. Besitzer: Carl Clark.*

ben wird. Andy Rooney, vorwiegend bekannt durch seine ziemlich törichten Kommentare im »Sixty Minutes Television Programm« ist in Wirklichkeit ein recht intelligenter, geschickter Autor mit fundierten Kenntnissen. Vor kurzem hat er eine Kolumne zur Verteidigung des Pit Bull geschrieben, dabei geschickt die ganze Medienhetze aufgezeigt. Auch der Schauspieler David Steinberg hat vor dem Fernsehen in der Carson Show sehr vernünftig die Pit Bull-Situation dargestellt. Schon immer hatte ich vermutet, daß Komiker intelligenter sind als Politiker, unglücklicherweise hat sich herausgestellt, daß Politiker oft komischer wirken als Schauspieler!

In der Zeit bis zu einer Lösung sollten wir uns alle darum bemühen, außerordentlich verantwortungsbewußte und gut erzogene Hundebesitzer zu sein. Informiere Dich auch über andere Hunderassen, um so mehr wirst Du dann Bulldogs schätzen. Studiere Wölfe, lerne etwas über Ethologie (Tierverhaltensforschung). Wenn Du Dich ebenso für Biologie interessierst wie ich, wirst Du schnell herausfinden, daß die Tierschützer wirklich häufig am falschen Baum stehen und kläffen. Echte Grausamkeit gegen Tiere in unserer Welt besteht darin, wie wir andere Tierarten in der alarmierenden Rate von mehr als einem Tier pro Tag ausrotten!

Und jetzt - freue Dich über Deine Bulldogs. Laß die Hysterie ihren eigenen Weg gehen, bleibe ruhig! Gebärde Dich nicht wie ein Verrückter beim Verteidigen Deiner Hunde. Denke immer daran, wir sind vernünftige Menschen. Es gibt sehr vieles, was die Menschheit von diesem außerordentlich bemerkenswerten Tier lernen könnte. Wahrscheinlich ist dieser Hund das einzige Beispiel von echtem Mut in der ganzen Welt. Diesen Mut können nicht einmal wir Menschen erreichen, alle seine Feinde haben Schwierigkeiten, ihm nur nahe zu kommen.

Aber wir können von einem solchen edlen Tier viel lernen! Selbst unter aller schwierigsten Verhältnissen hat dieser Hund seinen Charakter gewahrt, ihn umgibt unverändert ein gewisses Charisma und Würde. Sein Mut, seine »gameness« und ausgeprägter Kampfesmut, haben ihn durch schwierige Zeiten begleitet. Ist es dann zuviel, von seinen zweibeinigen Gefährten, die ihn so bewundern, zu erwarten, daß sie selbst zumindest ein klein wenig seiner Qualitäten besitzen? Wenn wir diese demonstrieren, dann werden wir nicht nur dem American Pit Bull Terrier das Überleben sichern, sondern ihn in alter Qualität erhalten.

Colby's Lotus, Besitzer und Züchter: Louis Colby, ist die Mutter vieler erstklassiger Hunde quer durch die Vereinigten Staaten.

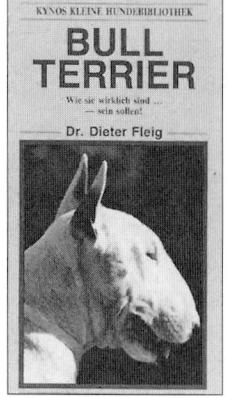

Bandit, das Dossier über einen gefährlichen Hund ist ein dramatischer Bericht aus der vordersten Linie des amerikanischen

Feldzugs gegen gefährliche Hunde. Vicki Hearne entwickelt daraus eine tiefgreifende Analyse menschlicher Beziehungen zum Tier in unserer heutigen Zeit und Umwelt. Daraus wurde das

Hohelied engster Verbundenheit - ... und eine verdammt gute Hundeerzählung.

Man kann in diesem Buch auch eine erschütternde Hundegeschichte sehen, Vicki Hearne ist international als erfahrene Tierlehrerin, Journalistin und Philosophin bekannt. Solch eine Autorin konnte die Geschichte von Bandit nicht einfach als eine Gerichtsreportage, als Sachverständigengutachten abhandeln, nein - ihr geht es um Grundbegriffe wie *Gerechtigkeit* und *die Rechte der Tiere.*

Als Journalistin besitzt die Autorin ein waches Auge, als Philosophin viel Verstand. Ihr reiches Wissen über Hundeerziehung ermöglichte es ihr, in einem dreijährigen Kleinkrieg Bandit aus den Fängen des amerikanischen Gesetzesdschungels zu befreien.

Witzig, spannend, intelligent und mit großem persönlichen Einsatz schildert Vicki Hearne den Kampf gegen Vorurteile, Massenhysterie und Starrsinn. Bandit wird zu einem Buch für jedermann, dem das Wohlergehen unserer Tiere und humane Justiz ein eigenes Anliegen sind.

Leider gibt es nicht nur in den USA fehlendes Wissen um hundliches Verhalten, Massenhysterie, Diskriminierungen menschlicher wie tierischer Rassegruppen - dies dokumentiert eine Welle der Hundefeindlichkeit auch in allen deutschsprachigen Ländern. Auch uns sollte es um *Gerechtigkeit*, um die *Rechte unserer Tiere* gehen!

"Bandit ist wahrscheinlich das beste und tapferste Hundebuch unserer Zeit!" - Dick Koehler

BANDIT - *Dossier über einen gefährlichen Hund*, 300 Seiten,   DM 39,80

KYNOS VERLAG Dr. Dieter Fleig GmbH, Am Remelsbach 30, 54570 Mürlenbach
Telefon 06594 - 653   Telefax 06594 - 452

HUNDE ERZIEHEN . . . LEICHT GEMACHT

Roger Mugford - HUNDEERZIEHUNG 2000 - Irrtumsfreies Lernen
200 Seiten, 67 Farbfotos, DM 49,80
Seit 1979 leitet der international renommierte Verhaltensforscher Dr. Roger Mugford das „Animal Behaviour Center". Sein neues Erziehungssystem für Hunde, mit den Erziehungshilfen **Halti, Kong-toys, dog-stop, aboistop und boomer ball,** leitete eine Wende in der Hundeerziehung ein. Mit einem Minimum an Zwang wird der Hund unter gezieltem Ausnutzen seines eigenen Verhaltensinventars problemlos in die menschliche Familie und moderne Umwelt integriert. Die Forschungsergebnisse von Dr. Roger Mugford revolutionieren die Hundeerziehung - daher der Buchtitel! Anwendbar für die Familienhund-Erziehung wie auch für den Leistungssport. Ein **Muß** für jeden Hundehalter.

Ruth Hobday - AGILITY ... MACHT SPASS!
Band I - Ein Führer Schritt für Schritt - für Anfänger wie Fortgeschrittene
143 Seiten, 190 Fotos und Zeichnungen, DM 32,00
Band II - Kontrolle und Vorführtechnik für Wettbewerber auf allen Leistungsstufen
205 Seiten, 200 Fotos und Zeichnungen, DM 39,80
Agility ist Behendigkeit auf sechs Beinen! Dieser Freizeitsport gewinnt weltweit laufend neue Freunde. Das Ursprungsland ist England und die Autorin gehört zu den Pionieren, die diesen Sport von Anfang an aufgebaut haben. Die beiden Bände führen in alle Geheimnisse der Agility-Ausbildung ein. Wie in England werden diese nun endlich auch in deutscher Sprache erhältlichen Bücher bald auch auf dem Kontinent zum Standardwerk für den Agility-Sport werden.

Heinz Gail -1 x 1 DER HUNDEERZIEHUNG - Ratgeber für erfolgreiche Erziehung
Kynos Kleine Hundebibliothek, 104 Seiten, 74 Fotos, DM 24,80
Nur durch sinnvolle Nutzung der gerade im Welpenalter besonders ausgeprägten Lernfähigkeit des jungen Hundes erwächst Harmonie und Verständnis von Mensch und Hund. Auch „verdorbene Hunde" kann man sinnvoll korrigieren. Wie man das macht, zeigt diese Hundeschule. Eines der besten Bücher, die über die Erziehung unserer Hunde geschrieben wurden. Profundes eigenes Wissen des Autors, unter Ausnutzung der **Wolters-Erziehungsmethode.**

Konrad Most - DIE ABRICHTUNG DES HUNDES - Klassische Erziehungsmethode
16., von **Fritz Rasch** völlig neu bearbeitete Auflage, 232 Seiten, 85 Abbildungen, DM 39,80
Das auflagenstärkste deutschsprachige Erziehungswerk für Gebrauchshunde vom „Schöpfer des Diensthundewesens". Nach der Abrichtungsmethode Mosts lernt jeder Hund schneller, da sie das hundliche Verhaltensinventar voll nutzt. Trotz des mit dieser Methode verbundenen Zwangs bleibt die Arbeitsfreudigkeit weitgehend erhalten, werden zuverlässige Leistungen erzielt. Die Most'sche Abrichtungslehre ist Grundlage der heutigen Ausbildung von Gebrauchshunden.

John Rogerson - HUNDEERZIEHUNG ... TIERISCH GUT
64 Seiten, humorvoll farbig illustriert, DM 24,80
Für eine erfolgreiche Hunderziehung gibt es zwei Wege - Unterdrückung unerwünschter Handlungen oder Verstärkung richtigen Tuns durch Lob. Das Aktivieren erwünschter Handlungen, wie es John Rogerson geradezu meisterhaft in diesem Buch dokumentiert, führt zur Hundeerziehung tierisch gut! Schritt für Schritt leitet der Autor den Leser durch alle Einzelheiten, die er zur Erziehung seines Haushundes wissen muß. Besonders beeindruckend die Erläuterung, wie menschliche Stimme, Mimik und Hände den Hund lehren.

Richard A. Wolters - NEUE WEGE DER JAGDHUNDEAUSBILDUNG
- Früherziehung auf wissenschaftlicher Grundlage - nicht nur für Jagdhunde!
212 Seiten, 270 Abbildungen, DM 46,00
Eine präzise Ausbildungslehre Schritt für Schritt - vom 7 Wochen alten Welpen bis zum Jährling am Beispiel des Labradors. Mehr als eine halbe Million verkaufter Ausbildungsbücher dokumentiert das Ansehen des Autors. Auf den Grundlagen modernster Verhaltensforschung wird die gerade im Jugendalter extreme Lernfähigkeit des Hundes gezielt auf seine Aufgaben ausgerichtet. Trotz klarer Zielsetzung auf die Jagdhundeausbildung ist dieses Buch eine **unerschöpfliche Fundgrube für jeden Hundebesitzer.** Allen Hunden - gleich welcher Rasse - wäre gedient, würden sie nach der **Wolters-Methode,** weitgehend ohne Zwang, erzogen. Sehr empfehlenswert!

KYNOS VERLAG Dr. Dieter Fleig GmbH
Am Remelsbach 30, D 54570 Mürlenbach
Telefon 06594/653, Telefax 06594/452

HUNDE VERSTEHEN ... LEICHT GEMACHT